L'étoffe
des leaders

STEPHEN R. COVEY

L'étoffe des leaders

Traduit de l'américain

par Catherine Cullen

J'AI LU
Bienêtre

Collection dirigée par Ahmed Djouder

Titre original :
PRINCIPLE - CENTERED - LEADERSHIP.
Free Press, une division de Simon & Schuster, New York

À mes collègues

Sommaire

Préface

Pendant mes séminaires j'invite souvent les participants à partager leurs problèmes ou à poser des questions délicates. Cela tourne toujours autour de conflits ou de dilemmes qui ne peuvent être résolus par des approches conventionnelles. En voici quelques exemples :

- Comment puis-je équilibrer ma vie personnelle et professionnelle au milieu de tant de crises et de tensions ?
- Comment puis-je sincèrement me réjouir des succès et des compétences des autres ?
- Comment pouvons-nous garder le contrôle tout en donnant aux autres la liberté et l'autonomie dont ils ont besoin pour être efficaces dans leur travail ?
- Comment pouvons-nous faire pour inculquer les *principes* de la *qualité totale* et de l'amélioration continue à tous les niveaux et à toutes les personnes quand celles-ci se montrent tellement cyniques à cause des nombreux programmes qu'elles ont subis par le passé ?

Vous vous êtes peut-être posé ces questions alors que vous affrontiez des défis dans votre vie personnelle et dans votre entreprise. En lisant ce livre, vous pourrez comprendre et acquérir les principes fondamentaux du leardership efficace.

Donnez un poisson à un homme et vous le nourrirez pendant une journée. Apprenez-lui à pêcher et vous le nourrirez toute sa vie.

Au fur et à mesure que vous comprendrez, vous pourrez répondre par vous-même à ces questions et à d'autres aussi difficiles. Sinon, vous aurez tendance à avoir une approche simpliste de la vie et de la résolution des problèmes.

Depuis la publication de mon livre, *Les Sept Habitudes de ceux qui réalisent tout ce qu'ils entreprennent*, j'ai travaillé avec un grand nombre de personnes merveilleuses qui essaient d'améliorer la qualité de leur vie, de leurs productions, de leurs services et de leurs entreprises. Malheureusement, j'ai pu constater aussi que nombre d'entre elles ont une approche peu judicieuse dans leurs tentatives pour améliorer leurs relations et arriver aux résultats désirés. Souvent ces approches sont à l'opposé des habitudes des personnes efficaces. D'ailleurs, mon frère, John Covey, qui est un enseignant reconnu, les a nommées les « sept habitudes des personnes inefficaces » :

- Soyez réactifs : doutez de vous-mêmes et blâmez les autres.
- Travaillez sans objectifs définis.
- Faites la chose urgente en premier.
- Pensez gagnant/perdant.
- Essayez d'abord de vous faire comprendre.
- Si vous ne pouvez gagner, trouvez un compromis.
- Méfiez-vous du changement et ajournez vos tentatives d'amélioration.

De même que les victoires personnelles précèdent les victoires publiques lorsque les personnes efficaces progressent sur l'échelle de la maturité, de même les échecs privés annoncent des échecs publics humiliants lorsque les personnes inefficaces avancent sur *l'échelle de l'immaturité* – c'est-à-dire quand elles passent d'un état de dépendance, où les autres suppléent leurs besoins fondamentaux et satisfont leurs désirs, à un état de contre-dépendance où elles adoptent des comportements du type combattre ou fuir, pour atteindre enfin un état de codépendance où elles coopèrent de manière destructrice avec les autres.

Comment rompre avec de telles habitudes et les remplacer par de nouvelles ? Comment échapper au poids du passé et parvenir à un renouveau dans nos vies personnelles et nos entreprises ?

Ce sont les questions auxquelles ce livre tente de répondre. Dans la section 1, je décris les applications personnelles et interpersonnelles des *principes* d'efficacité ; dans la section 2, je m'attache aux applications managériales et organisationnelles.

Quelques observations préliminaires

Permettez-moi de partager avec vous quelques exemples du problème que nous connaissons tous dans notre vie personnelle et professionnelle, puis, je proposerai une solution axée sur les *principes*.

• Certaines personnes justifient l'utilisation de moyens assez brutaux au nom de la bonne cause. Ils disent que « les affaires sont les affaires » et que l'éthique et les *principes* doivent quelquefois passer au second plan au profit des bénéfices. Ces mêmes personnes ne voient aucune corrélation entre la qualité de leur vie personnelle, chez eux, et celle de leur production et de leurs services au travail. Dans l'environnement social et politique de leur entreprise et des marchés fragmentés à l'extérieur, elles pensent pouvoir user des relations comme elles l'entendent, tout en continuant à obtenir des résultats.

• L'entraîneur d'une équipe de footballeurs professionnels m'a dit que certains de ses joueurs se laissent aller pendant la morte-saison. « Ils ne sont pas en forme quand ils viennent à l'entraînement. Ils ont l'air de penser qu'ils peuvent nous bluffer, moi et mère Nature, qu'ils pourront reformer une équipe et jouer merveilleusement bien quand arrivera la saison sportive. »

• Lorsque je demande dans mes séminaires : « Combien d'entre vous seraient d'accord pour dire qu'une grande majorité d'employés ont beaucoup plus de capacités, de créativité, de talent, d'initiative et d'ingéniosité que leur poste ne le leur demande ? », 99 % répondent affirmativement. En d'autres termes nous admettons tous que nos plus grandes ressources sont gaspillées et qu'un mauvais management des richesses humaines affecte négativement nos résultats.

• Nos héros sont souvent des gens qui gagnent beaucoup d'argent. Et quand un héros – un acteur, un animateur, un athlète, un chanteur ou autre – suggère que nous pouvons obtenir tout ce que nous voulons en vivant selon nos propres lois, nous avons tendance à l'écouter surtout si les normes sociales confirment ses dires.

• Certains parents ne remplissent pas leur devoir vis-à-vis de leurs enfants : ils se comportent en bons parents en public et entretiennent des relations conflictuelles en privé. Ensuite, ils sont choqués de voir que leurs adolescents s'adonnent à la drogue, à l'alcool et au sexe pour combler le vide qu'ils éprouvent.

• Un jour, j'ai invité un dirigeant à impliquer tous ses employés et à prendre six mois pour écrire un énoncé de mission d'entreprise et il m'a répondu : « Vous ne nous connaissez pas, nous allons vous faire ce truc-là en un week-end » – ils essaient de reconstruire leur mariage en un week-end, de renouer une relation avec leur fils en un week-end, de changer la *culture* d'une société en un week-end. Mais certaines choses ne peuvent tout simplement pas se faire... en un week-end.

• Beaucoup de parents prennent la révolte et le rejet des adolescents comme une atteinte personnelle parce qu'ils sont émotionnellement trop dépendants de l'image que leurs enfants ont d'eux ; ils ont établi une situation de complicité où chaque partie a besoin des faiblesses de l'autre pour compenser ses manques.

• Dans le management tout est souvent réduit à des chiffres. Le mois de juillet est le règne des opérateurs, le mois de décembre appartient aux comptables. Et les chiffres sont souvent manipulés en fin d'année pour faire bonne impression. Ils sont censés être précis et objectifs, mais la plupart des gens savent qu'ils sont établis à partir d'hypothèses subjectives.

• Les séminaires de motivation rebutent la plupart des gens, car ils n'ont rien de plus à transmettre qu'une série de platitudes ponctuées d'histoires drôles. Les gens veulent de la substance. Ils veulent des processus. Ils attendent plus qu'une simple aspirine ou un sparadrap pour leur faire oublier la douleur. Ils veulent résoudre leurs problèmes chroniques et obtenir des résultats à long terme.

• Une fois, dans un séminaire de formation, j'ai découvert qu'un groupe de responsables venaient là sans conviction, parce que leur P-DG les avait « forcés à venir s'asseoir pour écouter pendant quatre heures une kyrielle de pensées abstraites ». Ces cadres faisaient partie d'une culture paternaliste et dépendante qui voyait la formation comme un coût et non comme un investissement. Leur entreprise gérait le personnel comme des objets.

• À l'université, nous demandons aux étudiants de nous répéter ce que nous leur avons dit ; nous les testons sur le contenu de nos cours. Ils apprennent à se débrouiller dans le système, ils s'amusent, paressent et s'activent à la dernière minute pour obtenir des notes correctes. Et ils pensent souvent que la vie fonctionne de cette manière.

Nous avons certaines habitudes inefficaces parce que nous avons été conditionnés socialement à avoir une pensée de bricoleur à court terme. À l'université, beaucoup d'entre nous travaillent peu au début pour ensuite se mettre à bachoter et passer les examens avec succès. Mais le bachotage existe-t-il dans les travaux de la ferme ? Pouvez-vous passer deux semaines sans traire les vaches et vous précipiter pour les traire sans arrêt pendant des heures ? Pouvez-vous « oublier » de semer au printemps, ne rien faire tout l'été et vous réveiller à l'automne pour rentrer la récolte ? De telles pratiques agraires nous feraient rire, mais dans un environnement universitaire il nous arrive de procéder ainsi pour décrocher les notes et les diplômes nécessaires à l'obtention des postes que nous convoitons, même si nous n'avons pas acquis une solide culture générale.

La solution : se concentrer sur les principes naturels

Certains problèmes ne peuvent être résolus par des approches conventionnelles. Une attitude facile, rapide et amusante ne s'applique pas aux travaux de la ferme parce que nous sommes soumis aux lois naturelles et aux *principes*. Les lois naturelles fondées sur les *principes* fonctionnent même si nous n'en sommes pas conscients et même si nous ne leur obéissons pas.

La seule donnée pérenne est la loi de la ferme : je dois préparer la terre, planter, cultiver, désherber, arroser, surveiller la croissance et le développement des plantes jusqu'à maturité. Ainsi, dans un couple ou face à un adolescent en pleine crise d'identité, il n'y a pas de solution rapide pour arriver et tout arranger avec uniquement une attitude positive et une poignée de formules à succès. La loi de la récolte est souveraine. Les lois naturelles et les *principes* fonctionnent quoi qu'il arrive. Il faut mettre ceux-ci au centre de notre vie, de nos relations et de nos engagements en tant que dirigeants et en tant qu'entreprises.

Si j'essaie d'utiliser des stratégies, des tactiques manipulatrices, pour forcer les autres à faire ce que j'attends d'eux, alors que mon propre caractère présente des faiblesses ou que mes compétences sont douteuses, j'irai à la longue vers l'échec. Si nous mettons de côté la rhétorique et les bonnes intentions, s'il y a peu ou pas de confiance, nous n'aurons aucune base pour obtenir une réussite permanente. Mais si nous apprenons à gérer les choses et à diriger les autres, nous aurons de meilleurs résultats, parce que nous libérerons leur énergie et leur talent.

Nous pensons souvent que le changement et l'amélioration doivent cheminer de l'extérieur vers l'intérieur plutôt que l'inverse. Même si nous identifions en nous-même le besoin de changement, nous pensons d'habitude qu'il nous suffit d'acquérir de nouvelles compétences plutôt que de faire preuve d'intégrité face à des *principes fondamentaux*. Mais des avancées significatives sont souvent la conséquence de ruptures internes avec des manières traditionnelles de penser. J'évoque ce processus en parlant de *changement de paradigme*.

Le leadership axé sur les principes introduit un nouveau paradigme – nous devons organiser nos vies, la gestion de nos entreprises et de nos employés autour de certains *principes* correspondant au *nord magnétique* sur la boussole. Dans ce livre j'expliquerai ce que sont ces *principes*, pourquoi il faut être axé sur eux et comment y parvenir. (Ces chapitres ont été publiés sous forme d'articles dans le journal *Executive Excellence*, une coédition de notre institut Principle-Centered Leadership. Depuis huit ans, dans le journal *Executive Excellence*, quelque cinq cents auteurs représentant les meilleurs penseurs sur le management en Amérique, ont confirmé le paradigme du leadership axé sur les *principes*.)

Notre efficacité est fondée sur certains *principes* immuables – les lois naturelles et humaines sont aussi réelles, aussi pérennes que celles de la pesanteur dans le domaine de la physique. Ces *principes* sont imbriqués dans le tissu de toutes les sociétés civilisées et constituent la racine de toute famille ou de toute institution qui perdure et prospère.

Les *principes* n'ont pas été inventés par nous ou par la société. Ce sont les lois de l'univers qui se rapportent aux relations et aux entreprises humaines. Ils sont partie intégrante de la condition humaine, de la conscience. Selon que les gens admettent ou non les *principes fondamentaux* tels que l'équité, la justice, l'intégrité, l'honnêteté et la confiance et vivent en harmonie avec ceux-ci, ils s'orientent soit vers la survie et la stabilité soit vers la désintégration et la destruction.

Mon expérience m'a montré que les personnes font instinctivement confiance à ceux dont la personnalité est fondée sur des *principes justes*. Nous en avons la preuve dans nos relations à long terme. Nous apprenons que la technique est relativement peu importante comparée à la confiance qu'on nous accorde quand nous sommes dignes de confiance à long terme. Lorsque la confiance est bonne, nous communiquons instantanément, facilement et sans effort. Même si nous avons du mal à nous exprimer clairement, les autres nous comprennent. Mais lorsque la confiance est faible, la communication revient à une perte de temps épuisante, inefficace et terriblement laborieuse.

Il est assez facile de travailler sur la personnalité. Tout ce que nous avons à faire est d'apprendre de nouveaux savoir-faire, de réorganiser des schémas de langage, d'adopter des techniques de relations humaines, d'utiliser des méthodes de visualisation ou de renforcer notre propre estime. En revanche, il est plus difficile de changer nos habitudes, de développer de nouvelles vertus, d'apprendre des disciplines fondamentales, de tenir des promesses, d'être fidèles à des vœux, de montrer du courage ou d'être réellement sensibles aux sentiments et aux opinions des autres. Cependant, c'est là le vrai test et la manifestation de notre maturité.

S'estimer, d'une part, et se soumettre à des causes et des *principes* supérieurs, d'autre part, représente le paradoxe de la plus haute forme d'humanité et le fondement du leadership efficace.

Le leadership à la boussole

Les *principes justes* sont comme des boussoles : l'aiguille montre toujours la bonne direction. Si nous savons la lire, nous ne serons pas perdus, perturbés, trompés par des directions et des valeurs en opposition. Les *principes* sont des lois naturelles évidentes et se valident eux-mêmes. Ils ne bougent ni ne changent, mais ils nous montrent le *nord magnétique* de notre vie lorsque nous naviguons en suivant les différents courants de notre environnement.

Les *principes* s'appliquent à tout moment et en tous lieux. Ils se manifestent à travers les valeurs, les idées, les normes et les enseignements qui anoblissent, épanouissent, responsabilisent et inspirent les hommes. La leçon de l'Histoire est que, lorsque les peuples et les civilisations ont fonctionné en harmonie avec les *principes justes*, ils ont toujours prospéré. À la base du déclin des sociétés, on retrouve des pratiques irresponsables qui violent ces dogmes. Combien de désastres économiques, de conflits interculturels, de révolutions politiques et de guerres civiles auraient pu être évités s'il y avait eu un véritable engagement social envers les *principes justes* !

Le leadership axé sur les *principes* est fondé sur le fait que nous ne pouvons pas violer ces lois naturelles en toute impunité. Que nous y croyions ou non, elles ont été efficaces à travers les siècles de l'Histoire humaine. Les hommes sont plus efficaces et les entreprises plus responsables quand ils sont guidés et gouvernés par ces *principes* éprouvés. Ce ne sont pas des solutions miracles aux problèmes personnels et interpersonnels. Ce sont plutôt des préceptes de base, qui, appliqués avec constance, deviennent des habitudes de comportement permettant une transformation fondamentale des individus, des relations et des entreprises.

Les *principes*, à l'inverse des valeurs, sont objectifs et externes. Ils opèrent selon des lois naturelles sans tenir compte des conditions. Les valeurs sont subjectives et internes. Les valeurs sont comme des cartes ; ce ne sont pas des territoires, mais simplement des tentatives subjectives de représentation des territoires. Plus nos valeurs ou nos cartes sont en harmonie avec des *principes justes* – avec les choses telles qu'elles sont, les réalités du territoire –, plus elles sont exactes et utiles. Cependant, lorsque les territoires changent constamment, lorsque les marchés évoluent rapidement, toute carte devient vite obsolète.

Une carte axée sur les valeurs peut fournir une description utile, mais la boussole orientée vers les *principes du nord magnétique* fournit une vision et une direction inestimables. Une carte précise est un bon outil de management, mais une boussole est un outil de leadership et de responsabilisation. Lorsque l'aiguille montre le *nord magnétique*, elle est en harmonie avec les lois naturelles. Si nous nous enfermons dans le management par carte, nous gaspillerons des ressources en errant sans but et en perdant des occasions.

Nos valeurs reflètent souvent les idées ou les croyances de notre environnement culturel. Pendant l'enfance, nous développons un système de valeurs qui est une combinaison d'influences culturelles, de découvertes personnelles et de scénarios familiaux. Tout cela constitue les lunettes à travers lesquelles nous regardons le monde. Nous évaluons, nous donnons des priorités, nous jugeons et nous nous comportons en fonction de notre vision de la vie, c'est-à-dire à travers nos lunettes.

Le schéma réactif actuel consiste à compartimenter notre vie et à la vivre en endossant, selon nos obligations, les rôles successifs de conjoint, parent, enfant, dirigeant, responsable d'une association, etc. Parce que chacun de ces compartiments contient son propre système de valeurs, les personnes réactives se retrouvent souvent dans une situation où elles essaient de répondre à des attentes conflictuelles et de vivre selon les valeurs qui changent à chaque rôle ou en fonction de l'environnement dans lequel elles évoluent à un moment donné.

Lorsque les individus harmonisent leurs valeurs personnelles avec des *principes justes*, ils sont libérés de ces anciennes perceptions ou paradigmes. Une des caractéristiques du vrai leader est son humilité, c'est-à-dire sa capacité à enlever ses lunettes et à en examiner objectivement les verres pour voir à quel point ses valeurs, ses perceptions, ses croyances et son comportement sont en harmonie avec les *principes du nord magnétique*. Lorsqu'il y a des écarts, il opère les réajustements nécessaires pour obtenir une plus grande sagesse. Le fait d'axer sa vie sur des principes pérennes lui apporte une nouvelle forme de permanence et de pouvoir dans sa vie.

Les quatre dimensions

Axer sa vie sur des *principes justes* est la clé du développement de ce puissant pouvoir intérieur qui nous permet de réaliser la plupart de nos rêves. Un point central sécurise, guide et responsabilise. Comme le moyeu d'une roue, il unifie, il intègre. C'est le noyau de nos missions personnelles et de nos entreprises. C'est le fondement de la *culture*, qui harmonise les valeurs, les structures et les systèmes.

Ce qui est au centre de nos vies devient la source première de notre système de soutien. De manière générale, ce système est représenté par quatre dimensions fondamentales : la *sécurité*, la *direction*, la *sagesse* et le *pouvoir*. Le leadership axé sur les *principes* cultive ces quatre sources internes de force.

Se concentrer sur d'autres pôles d'intérêt – le travail, les amis, les ennemis, le conjoint, la famille, soi-même, l'Église, les biens, l'argent, etc. – nous affaiblit et nous désoriente. Par exemple, si nous sommes préoccupés par le miroir social, nous permettons aux circonstances et aux opinions des autres de nous guider et de nous contrôler. Si nous manquons de *sécurité* et d'estime de soi, nous sommes émotionnellement plus dépendants des autres ; en manquant de sagesse, nous répétons plus facilement les mêmes erreurs et ne terminons pas toujours ce que nous avons commencé ; en manquant de pouvoir, nous avons tendance à rejeter ce qui nous arrive et à réagir en fonction des conditions externes et des humeurs internes.

Mais si nous centrons nos vies sur des *principes justes*, nous devenons plus équilibrés, entiers, organisés, stabilisés et enracinés. Nous avons une base pour toutes nos activités, pour nos relations et nos décisions. Nous développons aussi un mode de gestion intelligent applicable à toutes les facettes de notre vie, c'est-à-dire le talent, l'argent, les biens, les relations, notre famille et notre corps. Nous pensons que nous devons les utiliser à bon escient et, en bon gestionnaire, en être responsables.

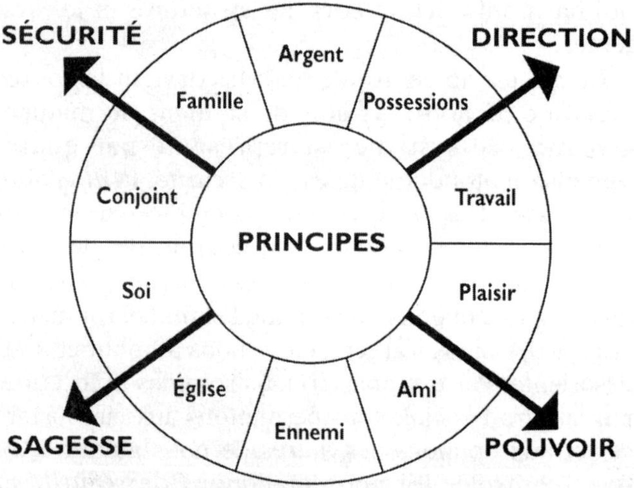

LES DIFFÉRENTS CENTRES DE VIE

Lorsque nous sommes axés sur des *principes*, nous avons une *sécurité* suffisante pour ne pas nous sentir menacés par les changements, les comparaisons ou les critiques ; nous sommes capables de découvrir notre mission, de définir nos rôles et d'écrire nos scénarios et nos objectifs ; nous gagnons en sagesse en apprenant par nos erreurs, en recherchant l'amélioration continue et le pouvoir de communiquer et de coopérer même dans des conditions de stress et de fatigue.

• La *Sécurité*. Notre sens de *sécurité interne* correspond à notre identité, à notre ancrage émotionnel, à notre propre estime et à notre force personnelle. Bien sûr nous éprouvons cette *sécurité* à différents degrés – cela va d'une profonde perception des valeurs intrinsèques à une insécurité intense lorsque notre vie est ballottée par toutes ces forces mouvantes qui la malmènent.

• La *Direction*. La *direction* de notre vie correspond aux normes, *principes* ou critères qui gouvernent nos décisions. Ce guide interne nous sert de conscience. Les personnes qui sont au premier échelon de cette échelle ont tendance à être très dépendantes physiquement et émotionnellement. Elles sont conditionnées par leur style de vie, égoïste, sensuel ou exagérément social. Au milieu de l'échelle, il y a le développement de la conscience sociale – conscience formée et cultivée par les institutions humaines, les traditions et les relations. En haut de l'échelle se situe la conscience spirituelle d'où l'on se sent inspiré par des sources supérieures – une boussole orientée vers *les principes justes*.

• La *Sagesse*. La sagesse implique une perspective sereine de la vie, un sentiment d'équilibre, une compréhension aiguë de la manière dont les différents *principes* sont reliés entre eux. Elle comprend le jugement, le discernement et la compréhension, c'est un tout « intégré ». Au bas de l'échelle de la *sagesse* se trouvent les cartes inexactes, qui conduisent les gens et leurs pensées vers des *principes* déformés et discordants. En haut de l'échelle se trouve la boussole juste et précise de la vie où toutes les parties et les *principes* sont harmonieusement liés entre eux. Lorsqu'on progresse vers le haut de l'échelle, on se sent gagnés par une sensation croissante d'idéal (les choses telles qu'elles devraient être) ; parallèlement, notre approche des réalités (les choses telles qu'elles sont) devient plus sensible et plus pratique. La sagesse comprend aussi la capacité à faire la différence entre la joie pure et le plaisir temporaire.

• Le *Pouvoir*. Le pouvoir représente la capacité d'agir, la force et le courage d'accomplir quelque chose. C'est l'énergie vitale qui permet de faire des choix et de prendre des décisions. Il incarne aussi la capacité à surmonter les habitudes profondément ancrées et à cultiver d'autres habitudes plus nobles et plus efficaces. En bas de l'échelle, nous voyons des personnes qui sont, en fait, dépourvues de pouvoir, sans *sécurité*, à la merci des événements, des circonstances et des autres. Elles ne sont que le reflet des opinions et des consignes de ces derniers ; elles n'ont pas une véritable perception de la joie et du bonheur. En haut de l'échelle nous voyons des personnes qui ont une vision et une discipline, dont la vie est le produit fonctionnel de décisions personnelles plutôt que des conditions externes. Elles provoquent les événements, elles sont *proactives* ; elles choisissent de répondre à des situations en fonction de *principes* immuables et de normes universelles. Elles assument la responsabilité de leurs sentiments, de leurs humeurs et de leurs attitudes ainsi que de leurs pensées et de leurs actions.

Ces quatre éléments – la *sécurité*, la *direction*, la *sagesse* et le *pouvoir* – sont interdépendants. La *sécurité* et la *direction* conduisent à la véritable sagesse et la *sagesse* permet de libérer et de dégager du *pouvoir*. Lorsque ces quatre éléments sont en harmonie, ils donnent une grande force à une personne au caractère noble, équilibré et intégré.

LES CENTRES ORGANISATIONNELS

Le leadership axé sur les principes inclut les *Sept Habitudes* de ceux qui réalisent tout ce qu'ils entreprennent, ainsi que des *principes* pratiques et des processus appropriés. Parce que le leadership axé sur les principes se concentre sur les *principes* et les processus fondamentaux, il en résulte souvent de véritables bouleversements culturels.

Quand on met les *principes* au centre de sa vie, on se rend compte qu'il faut traiter les autres personnes comme on souhaite être traité. Vous voyez alors vos concurrents comme une source d'enrichissement, des amis qui peuvent vous stimuler et vous montrer vos faiblesses. Ni vos concurrents ni les conditions externes ne menacent votre identité parce que vous avez une ancre et une boussole. Même sur une mer houleuse, vous gardez votre cap et votre jugement. Et votre force vous vient toujours de l'intérieur.

Les centres organisationnels – le profit, le fournisseur, l'employé, l'actionnaire, le client, le programme, la politique, la concurrence, l'image et la technologie – sont imparfaits comparés à un paradigme axé sur les *principes*. Comme pour les individus, les entreprises axées sur les *principes* jouissent de plus de *sécurité*, de *direction*, de *sagesse* et de *pouvoir*.

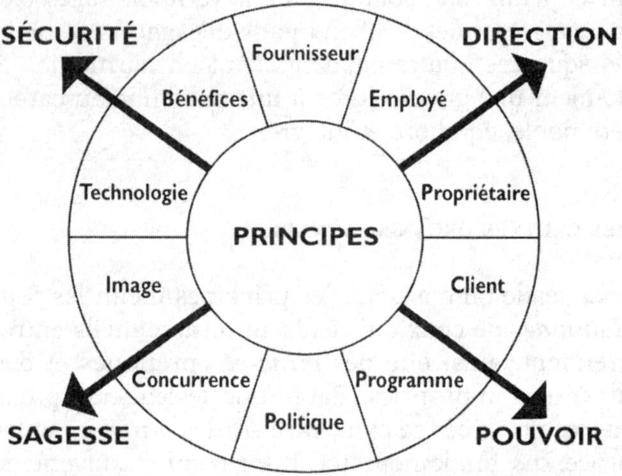

LES DIFFÉRENTS CENTRES ORGANISATIONNELS

Par exemple, si la *sécurité* d'une entreprise vient de son image, de sa trésorerie, de sa position par rapport à ses concurrents ou de l'opinion de ses clients, ses dirigeants ont tendance à trop réagir ou à réagir insuffisamment face aux nouvelles et aux événements quotidiens. De plus, ils ont tendance à voir les affaires (et la vie) comme un gâteau dont les parts sont limitées, à se sentir menacés par le succès et la reconnaissance des autres, et à se réjouir des échecs de leurs concurrents. Bâtir notre *sécurité* sur la faiblesse des autres, c'est permettre à ces faiblesses de nous contrôler.

La vraie responsabilisation vient du fait qu'on a compris à la fois les *principes* et les pratiques et qu'on les applique à tous les niveaux de l'entreprise. Les pratiques sont des applications spécifiques qui conviennent à des situations spécifiques, c'est-à-dire : « Que doit-on faire ? » Les *principes* sont les éléments qui soutiennent les applications ou les pratiques, c'est-à-dire : « Pourquoi doit-on le faire ? » Si les individus ne comprennent pas les *principes* d'une tâche à accomplir, ils se trouvent démunis lorsque la situation change et que de nouvelles pratiques doivent entrer en jeu. Lorsque l'on forme des employés, nous leur inculquons souvent des savoir-faire et des pratiques, le « comment faire ? » spécifique d'une tâche donnée. Mais lorsqu'on leur apprend les pratiques sans les *principes,* nous avons tendance à les rendre dépendants à notre égard ou à l'égard d'autres personnes, d'autres instructions ou d'autres consignes.

Les leaders axés sur les *principes* sont des hommes et des femmes de caractère, qui travaillent avec compétence comme « à la ferme » avec « les *graines* et la terre », sur la base de *principes naturels*, et qui érigent ces *principes* au centre de leur vie, de leurs relations avec les autres, de leurs accords, de leurs contrats, de leur processus de management et de leurs énoncés de mission.

Le défi, c'est d'éclairer et non de critiquer. C'est d'être un exemple et non un juge.

SECTION I

L'EFFICACITÉ PERSONNELLE ET INTERPERSONNELLE

Introduction

Dans cette section, je sous-entends que le développement du caractère et des compétences est irrévocablement lié aux lois naturelles et aux *principes fondamentaux* ; lorsque nous les suivons, nous acquérons la force de rompre avec le passé, de surmonter d'anciennes habitudes, de changer nos paradigmes et d'atteindre la *grandeur première* et l'efficacité interpersonnelle.

Bien sûr, nous ne vivons pas seuls sur une île déserte. Nous sommes nés dans une famille, nous grandissons dans une société, nous allons à l'école et nous faisons partie d'autres organisations. Une fois que nous exerçons un métier, nous constatons que notre travail nous oblige à interagir fréquemment et efficacement avec d'autres personnes. Si nous n'apprenons pas les *principes* d'efficacité interpersonnelle, nous verrons notre progression ralentir ou même s'interrompre.

C'est pourquoi, dans cette section, je traite des attitudes, des compétences et des stratégies nécessaires pour instaurer et maintenir des relations de confiance avec d'autres personnes. Une fois que nous avons acquis un minimum d'indépendance, notre défi devient alors l'*interdépendance*. Pour cela, il faut pratiquer l'empathie et la synergie en essayant d'être proactifs et productifs.

Tout au long de l'histoire, les découvertes les plus importantes ont impliqué une rupture avec les anciens modes de penser, les vieux modèles et paradigmes. Le leadership axé sur les *principes* est une découverte – un paradigme qui fournit une nouvelle forme de réflexion, qui contribue à résoudre les problèmes classiques de la vie contemporaine :

- Comment réussir à atteindre et à maintenir un équilibre sage et innovant entre le travail et la famille, les ambitions personnelles et professionnelles dans ce contexte de crises et de pressions ?

- Comment garder son sens de l'orientation dans la jungle d'aujourd'hui, alors que nos stratégies et nos cartes ne nous sont plus d'aucune utilité face aux changements spectaculaires qui nous prennent souvent au dépourvu ?

- Comment éprouver une vraie compassion pour les faiblesses humaines et comprendre plutôt qu'accuser ou s'autojustifier ?

- Comment remplacer nos préjugés (notre tendance à étiqueter les personnes pour mieux les utiliser) par un sentiment de respect et de curiosité bienveillante afin de favoriser l'acquisition de connaissances, la réussite et l'excellence chez ceux qui nous entourent ?

- Comment nous responsabiliser et responsabiliser les autres en leur donnant la confiance et la compétence nécessaires à la résolution des problèmes et profiter des circonstances opportunes, sans craindre qu'ils fassent cavalier seul ?

• Comment encourager le désir de changer et de s'améliorer sans créer plus d'inconvénients que d'avantages ?

• Comment devenir des membres actifs d'une équipe fondée sur le respect mutuel et la valorisation de la diversité et du pluralisme ?

• Par où commencer, et comment renforcer la motivation pour apprendre toujours plus et s'améliorer ?

En lisant cette première partie, vous comprendrez les *principes fondamentaux* du leadership personnel efficace et cette nouvelle connaissance vous permettra de résoudre vous-même les problèmes qui se présentent dans votre vie.

QUATRE NIVEAUX, QUATRE PRINCIPES

Le leadership axé sur les *principes* se pratique de l'intérieur vers l'extérieur à quatre niveau différents : 1) personnel (ma relation avec moi-même) ; 2) interpersonnel (mes relations et interactions avec les autres) ; 3) managérial (la *responsabilité* d'assurer la réalisation du travail) ; 4) organisationnel (le besoin d'organiser les employés, de les recruter, de les former, de les rémunérer, de former des équipes, de résoudre les problèmes, de créer des structures, une stratégie et des systèmes en harmonie les uns avec les autres).

Chaque niveau est « nécessaire mais pas suffisant », ce qui veut dire qu'à chaque niveau nous devons nous fonder sur certains *principes*. Dans cette section, je me concentre sur les deux premiers *principes* :

• Être digne de confiance au niveau personnel. Cela dépend du *caractère* (qui vous êtes) et de la *compétence* (ce que vous faites). Si vous avez confiance dans mon caractère, mais pas dans mes compétences, vous ne me ferez finalement pas confiance. De nombreuses personnes bonnes et honnêtes perdent petit à petit leur confiance professionnelle parce qu'elles deviennent « obsolètes » dans leur travail. Sans le caractère et la compétence, nous ne serons pas dignes de confiance et nous ne serons pas judicieux dans nos choix et nos décisions. Sans développement professionnel permanent il n'y a pas de véritable confiance.

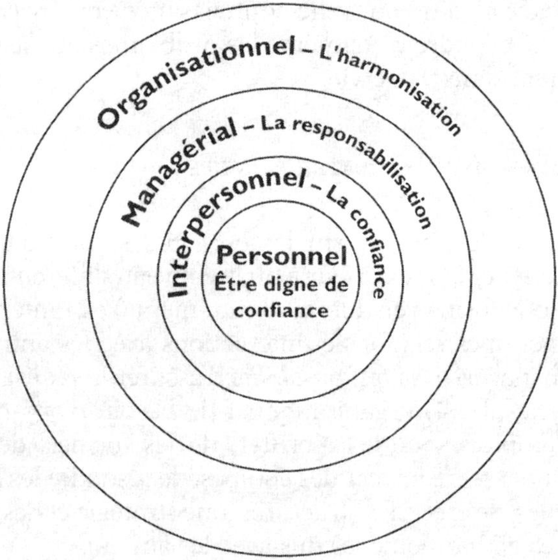

QUATRE NIVEAUX DE LEADERSHIP AXÉ SUR LES PRINCIPES ET LES PRINCIPES-CLÉS

• La confiance au niveau *interpersonnel*. Être digne de confiance est le fondement de la confiance. La confiance représente le compte en banque émotionnel entre deux personnes, c'est ce qui leur permet d'établir un accord de performance gagnant/gagnant. Si deux personnes se font mutuellement confiance, elles développeront une excellente communication, de l'empathie, de la synergie et une *interdépendance* productives. Si l'on est incompétent, on peut s'améliorer grâce à la formation. Mais si l'on a un défaut de caractère, il faut faire et tenir des promesses afin d'augmenter son sentiment de *sécurité interne*, d'améliorer son savoir-faire et de réinstaurer des rapports de confiance.

La confiance – ou le manque de confiance – est la source du succès ou de l'échec dans les relations, les entreprises, les industries, l'éducation et le gouvernement.

Chapitre I

Les *principes* comme base du leadership

D'après mes recherches et mon expérience personnelle, j'ai pu isoler huit caractéristiques chez les leaders axés sur les principes. Ces traits distinctifs ne caractérisent pas seulement les leaders efficaces, ils sont autant de signes de progrès pour nous tous. Observons brièvement chacune de ces caractéristiques.

L'apprentissage permanent

Les personnes axées sur les *principes* s'enrichissent constamment en lisant, en cherchant des formations, en suivant des cours, en écoutant les autres... Cette curiosité leur permet de développer sans cesse leurs compétences, leur capacité à faire des choses. Elles acquièrent de nouveaux savoir-faire et se tournent vers des centres d'intérêt qui leur sont inconnus. Elles découvrent ainsi que plus l'on apprend moins on en sait ; quelle que soit l'étendue de nos connaissances, elles restent toujours limitées par notre ignorance qui ne cesse elle-même de progresser. Ces personnes axées sur les *principes* sont la source même de leurs connaissances et de cette énergie qui « s'autorenouvelle » sans cesse.

Avec les *principes*, vous développerez vos capacités plus rapidement en apprenant à faire et à tenir des promesses ou des engagements. Au départ faites-vous une promesse simple et facilement réalisable, et continuez ainsi jusqu'à ce que vous ayez le sentiment d'acquérir un peu plus de maîtrise. Alors vous pouvez passer au niveau supérieur du défi : promettez-vous autre chose de plus difficile et tenez votre promesse jusqu'au bout. Et ainsi de suite, en augmentant chaque fois le niveau... En faisant cela vous gagnerez une meilleure opinion de vous-même ; votre sentiment de maîtrise de soi augmentera ainsi que votre confiance dans votre capacité à vaincre chaque niveau.

Abordez le processus avec sérieux, car si vous vous engagez sans aller jusqu'au bout, votre propre estime sera affaiblie et votre capacité à faire et à tenir une autre promesse s'en ressentira.

LE SERVICE À LA BASE DE TOUTE MISSION

Ceux qui fondent leur existence sur des *principes* envisagent leur vie comme une mission et non comme une carrière. L'éducation leur a appris à rendre service. En fait, chaque matin ils « s'attellent » et mettent « le joug » du service en pensant aux autres.

Imaginez-vous chaque matin vous préparant à remplir vos différentes tâches de leader. Imaginez-vous en train de prendre le harnais et de l'enfiler en pensant au travail de la journée. Imaginez-vous permettant à quelqu'un d'autre d'ajuster le joug ou le harnais. Imaginez-vous attelé avec une autre personn3e à vos côtés (un collègue ou votre conjoint) et apprenant à conduire ensemble.

J'insiste sur cette notion de service, illustrée par l'attelage, car pour ceux qui veulent réglementer leur vie, la notion de fardeau est indispensable. Nous pouvons l'envisager comme un exercice moral ou intellectuel, mais si nous n'avons pas le sens des responsabilités, de la contribution, au sens propre – un poids que nous devons tirer ou pousser – ce sera une vaine tentative.

L'énergie positive

Les personnes qui construisent leur existence sur les *principes* sont joyeuses, agréables, heureuses. Leur attitude est optimiste, positive, rayonnante. Leur esprit est enthousiaste, plein d'espoir et de confiance en l'avenir.

Cette énergie positive est comme une aura qui les entoure et qui transforme les champs d'énergie négative autour d'elles. Et quand il leur arrive d'entrer en contact avec des rayonnements de ce genre, elles ont tendance à les neutraliser ou à les éviter. Quelquefois, elles s'éloignent tout simplement de la sphère empoisonnée. La sagesse leur donne le sens de l'humour et de l'à-propos nécessaire pour y faire face.

Soyez conscients de votre propre énergie et sachez la dominer et la faire rayonner. Dans une situation conflictuelle ou chargée d'énergie négative, essayez de pacifier l'atmosphère, de ramener l'harmonie pour désamorcer l'énergie destructrice. Vous découvrirez ainsi à quel point l'énergie positive s'autocommunique, particulièrement quand elle est associée à la confiance.

Les *principes* de base de l'existence permettent de réagir avec modération et tempérance face aux comportements négatifs, aux critiques ou aux faiblesses humaines. Les personnes qui suivent ces *principes* ne sont pas surprises ou menacées par la faiblesse des autres, elles ne sont pas naïves puisqu'elles sont conscientes de ces faiblesses. Mais il faut savoir que le comportement et le potentiel sont deux choses différentes. Il suffit de croire dans les capacités propres de chacun. Si l'on accorde à chacun un potentiel « caché », on pourra naturellement lui pardonner et oublier les attaques ou les critiques. Il faut se refuser à étiqueter les autres, à les stéréotyper, à les catégoriser ou à les juger. Ces personnes pensent au chêne lorsqu'elles voient un gland et comprennent le processus qui consiste à aider le gland à devenir un grand chêne.

Ainsi, ma femme et moi, nous sommes-nous trouvés en porte-à-faux à l'égard d'un de nos fils qui, par son comportement, correspondait à l'étiquette que nous lui avions assignée. C'est en pensant à ses capacités propres que nous en sommes venus, petit à petit, à le voir autrement. Lorsque nous avons cru en lui, l'étiquette est tombée d'elle-même et nous avons cessé de vouloir le faire changer tout de suite. Nous savions, à ce moment-là, que son talent et son potentiel se développeraient à leur propre rythme. Et ce fut le cas, au grand étonnement de notre entourage, y compris des autres membres de la famille. Quant à nous, nous n'avons pas été surpris parce que nous savions qui il était.

En fait, croire c'est voir. Nous devons donc essayer de croire dans le potentiel propre de chacun pour instaurer un climat de croissance et d'aptitude à saisir sa chance. Les personnes centrées sur elles-mêmes croient que la clé est en elles grâce à leur supériorité, leur « truc » par rapport aux autres, mais cela ne peut fonctionner que de manière temporaire. Si vous pensez que c'est en « eux » et non pas en « vous », vous êtes réceptifs, vous encouragez et vous permettez que cela arrive. Dans les deux cas, c'est une prophétie qui se réalise d'elle-même.

Une vie équilibrée

Les personnes qui ont une vie équilibrée lisent des livres et des journaux de qualité et se tiennent au courant des nouvelles et des événements du monde. Elles sont socialement actives, ont beaucoup d'amis et quelques confidents. Elles sont intellectuellement vives et s'intéressent à beaucoup de choses. Il faut lire, regarder, observer, pour apprendre. Dans les limites de son âge et de sa santé, il faut être physiquement actif tout en s'amusant et en prenant du bon temps. Un bon sens de l'humour est indispensable surtout quand il s'exerce à l'égard de soi-même et non pas aux dépens des autres. Ils ont aussi un sens de ce qui est pertinent et ne feraient jamais l'erreur de surestimer ou sous-estimer quoi que ce soit ou qui que ce soit.

Ce ne sont pas des extrémistes – pas de « tout ou rien » – qui divisent le monde en bien et en mal. Ils pensent en termes de priorités, de hiérarchies. Ils ont la capacité de faire la différence, de percevoir les similitudes et les contrastes dans chaque cas. Cela ne signifie pas qu'ils ne possèdent pas une éthique des situations. Ils reconnaissent pleinement les absolus, condamnent courageusement le mal et se font les champions du bien. Leurs actions et leurs attitudes sont adaptées à la situation – équilibre, tempérance, modération, sagesse.

Un bon cadre dans ces conditions ne sera, ni un bourreau de travail, ni un fanatique religieux, ni un maniaque de la politique, ni un boulimique ou un adepte des régimes, ni *a fortiori* un drogué du plaisir ou un martyr du jeûne…

Ces managers ne sont pas enchaînés à leur planning et à leur agenda. Ils ne se condamnent pas eux-mêmes pour leurs erreurs ou les bévues sociales qu'ils ont pu commettre. Ils ne ressassent pas ce qu'ils ont fait la veille ou ne rêvent pas de ce qu'ils feront demain. Ils vivent de manière sensée, dans le présent, et planifient avec soin l'avenir en s'adaptant avec souplesse aux changements de circonstances. Leur honnêteté est perceptible dans leur sens de l'humour, leur aptitude à admettre et à oublier les erreurs et à accomplir leurs tâches avec entrain.

Ils n'éprouvent pas le besoin de manipuler autrui par des colères intimidantes ou en jouant les martyrs. Ils sont sincèrement contents du succès des autres et n'en éprouvent aucune jalousie ou envie. Ils acceptent avec humilité les éloges comme les blâmes. Ils anticipent le succès au-delà de l'échec, le seul véritable échec étant celui dont on ne peut tirer aucune leçon ou aucun enseignement.

La vie comme une aventure

Les dirigeants qui veulent appliquer ces *principes* dans leur vie et leur travail se doivent de savourer la vie. Parce que leur sérénité leur vient de l'intérieur et non de l'extérieur, ils n'ont pas besoin de cataloguer ou de stéréotyper tout et tout le monde pour se rassurer. Ils apprécient de retrouver d'anciennes connaissances comme ils apprécient de commencer chaque jour avec un esprit neuf et ouvert, tels des explorateurs courageux qui partent en expédition pour des contrées inexplorées ; sans savoir ce qui les attend, ils sont convaincus de l'intérêt de la nouveauté et de l'apprentissage par l'expérience : aborder des terres nouvelles qui apporteront forcément quelque chose de nouveau. Plutôt que de puiser dans les ressources de leur confort habituel, dans la *sécurité* de leur camp de base, ils trouvent leur sérénité dans l'initiative, la créativité, la volonté, le courage, l'énergie et l'intelligence innée.

Ils redécouvrent les autres à chaque rencontre et s'y intéressent en posant des questions et en s'engageant vis-à-vis d'eux. Ils savent écouter et tirer profit de l'échange et du partage. Ils ne se limitent pas dans leur jugement à des succès ou des échecs passés. Ils ne mettent pas les autres sur un piédestal et ne se laissent pas impressionner par les personnes haut placées ou célèbres et ne sont les disciples de personne. Ils ne se laissent pas facilement dérouter et cherchent à s'adapter à n'importe quel imprévu, un de leurs *principes fondamentaux* étant la flexibilité, la souplesse.

Leur vie est véritablement épanouie.

La synergie

La synergie est l'association de plusieurs facteurs qui concourent à une action où le tout est supérieur à la somme des parties. Une personne qui vit selon ces *principes* est synergique et devient un catalyseur de changement. Elle est capable d'améliorer pratiquement n'importe quelle situation dans laquelle

elle se trouve. Elle travaille durement et intelligemment pour être productive, mais de manière créative et constructive.

Un bon dirigeant se devra donc d'associer harmonieusement ses employés au sein d'une équipe en essayant de pallier les faiblesses des uns par les forces des autres. Pour atteindre l'objectif fixé, il devra déléguer son pouvoir facilement et naturellement, puisqu'il a confiance dans ses collaborateurs. Nulle menace n'est perçue dans les capacités d'autrui, donc nul besoin de surveillance, voire d'espionnage par jalousie.

En cas de conflit, il faut savoir garder ses distances et dissocier les personnes du conflit ou du problème qui apparaît en se concentrant sur les intérêts et les préoccupations des autres plutôt que de camper sur ses positions. Petit à petit, les autres perçoivent la sincérité et entrent dans un processus créatif de résolution des problèmes. Ensemble, on arrive à des solutions synergiques qui sont en général bien meilleures que les propositions d'origine grâce au compromis par lequel chacun donne et reçoit.

Le renouvellement

Finalement, il faut mettre en jeu les quatre dimensions de la personnalité humaine : physique, mentale, émotionnelle et spirituelle :

– d'une part, en pratiquant régulièrement sous une forme ou une autre, des exercices de gymnastique équilibrés, modérés, notamment des exercices cardio-vasculaires – qui utilisent les muscles des jambes et font travailler le cœur et les poumons. Cela donne de l'endurance, améliore les capacités du corps et du cerveau grâce à un apport d'oxygène plus important. Les exercices d'étirement pour la souplesse et la résistance développent aussi le tonus et la force musculaire ;

– d'autre part, en entraînant son esprit par la lecture, la résolution de problèmes créatifs, l'écriture et la visualisation ;

– émotionnellement, en apprenant la patience, afin d'écouter les autres avec sympathie, d'éprouver l'amour inconditionnel et d'accepter la *responsabilité* de ses propres décisions et réactions ;

– enfin, spirituellement, en se concentrant sur la prière, l'étude des Saintes Écritures, la méditation et le jeûne.

Je suis convaincu que si une personne passe une heure par jour à faire ces exercices de base, elle améliorera la qualité, la productivité et la satisfaction de toutes les autres, y compris celles consacrées au sommeil, qui y gagnera en profondeur et en qualité. Il n'y a pas de moment dans la journée qui vous donnera autant de satisfaction que celui que vous passerez à affûter vos outils – c'est-à-dire à mettre en œuvre ces quatre dimensions de la personnalité humaine. Une pratique quotidienne transformera rapidement et définitivement votre vie.

Certaines de ces activités peuvent être réalisées n'importe quand dans la journée ; d'autres auront besoin d'être planifiées. Sur le moment, elles vous prendront du temps, mais, à la longue, elles vous en feront gagner énormément. Nous ne devons jamais passer trop de temps à utiliser nos outils sans les entretenir. En se concentrant trop sur la conduite on finit par oublier de prendre de l'essence.

Je sais que si je fais cette heure d'exercice tôt le matin, je réalise une victoire sur moi-même qui me garantit la réussite de ma journée. Mais si je néglige tout ou une partie de ce programme, je perds cette assurance et deviens la proie idéale du stress et de toute autre forme de pression.

Cette notion de renouvellement permanent de soi nous forge petit à petit un caractère fort et sain, associé à la volonté et la discipline et orienté vers le service des autres.

Chapitre II

Rappel des *Sept Habitudes*

Sept dons humains uniques

Pour passer en revue les *Sept Habitudes* de ceux qui réalisent tout ce qu'ils entreprennent il faut identifier le don humain qui correspond à chaque *Habitude*.

Les dons associés aux *Habitudes 1, 2 et 3* sont des dons humains primaires. S'ils sont utilisés à bon escient, on peut s'approprier les dons secondaires par la pratique des *Habitudes 4, 5 et 6*.

Le don qui correspond à l'*Habitude* 7 renouvelle le processus de croissance et de développement.

Les dons primaires humains sont : 1) la *conscience de soi* ou connaissance de soi ; 2) *l'imagination* et la *conscience morale* ; 3) la *volonté*.

Les dons secondaires sont : 4) la *mentalité d'abondance* ; 5) le *courage* et la *considération* ; 6) la *créativité*. Le septième don est le *renouvellement de soi*. Ce sont tous des dons exclusivement humains – les animaux n'en ont aucun – et ils se situent sur une échelle à progression verticale.

• *Habitude 1 : Soyez proactif*. Cela correspond au don de conscience de soi ou de connaissance de soi – la capacité de choisir sa réaction. Au bas de l'échelle, on trouve les personnes inefficaces qui se déchargent de leurs responsabilités en blâmant les autres, les événements ou l'environnement, peu leur importe la cause pourvu qu'elle vienne de l'extérieur afin de ne pas être responsables du résultat. Si je vous blâme, je vous rends responsable, je donne ma force à votre faiblesse, ce qui me permet de vous démontrer que le problème vient de vous.

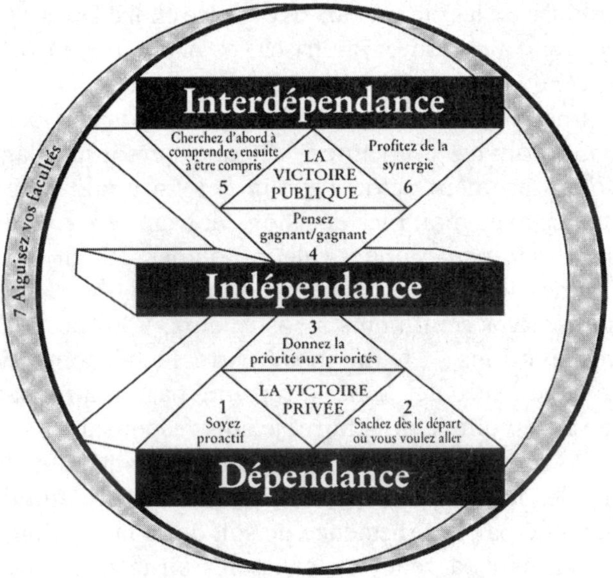

L'ÉCHELLE DE LA MATURITÉ DES *SEPT HABITUDES*

La *conscience de soi* se situe en haut de l'échelle et assure une efficacité croissante : « Je connais mes tendances, je connais le programme qui est en moi, mais je ne suis pas assujetti à ce programme, je peux réécrire mon scénario. » Vous êtes conscients d'être la force créative de votre vie. Vous n'êtes pas la victime des conditions ou du conditionnement. Vous pouvez choisir votre réaction face à n'importe quelle situation, à n'importe quelle personne. Entre ce qui vous arrive et votre réaction, il y a une marge de liberté. Plus vous exercerez cette liberté, plus elle augmentera et, au fur et à mesure, vous cesserez de « réagir à chaud » et vous commencerez à gérer vos choix de manière responsable et détachée – quelles que soient votre *constitution*, votre éducation, les expériences de votre enfance ou les circonstances de votre choix. Dans cette capacité à choisir et maîtriser vos réactions se trouve la clé de l'épanouissement et du bonheur.

Imaginez ce qui arriverait si, au sein de la société, vous pouviez convaincre chaque personne d'agir volontairement selon l'axiome : « La qualité commence avec moi, mes décisions doivent être fondées sur des *principes* et des valeurs soigneusement sélectionnés. » La *proactivité* engendre cette liberté. Elle soumet vos sentiments à vos valeurs. Vous acceptez vos émotions : « Je me sens frustré, fâché, contrarié, mais je l'accepte, je ne le réprime pas ; maintenant je sais ce que je dois faire, je suis responsable. »

Pour en revenir à l'échelle, on part donc d'un statut de victime pour arriver à celui d'un être autodéterminé par la conscience de soi, qui a la possibilité de choisir sa réaction selon les situations et les conditions.

• *Habitude 2 : Sachez dès le départ où vous voulez aller*. Ça représente le don d'imagination et de *conscience morale*. Vous êtes le programmateur, alors écrivez le programme ! Décidez de ce que vous allez faire, en utilisant le temps, le talent et les outils adéquats : « À l'intérieur de mon petit cercle d'influence, je vais prendre les décisions. »

En bas de l'échelle il y a un sentiment de futilité concernant les buts, les objectifs et les efforts d'amélioration. Après tout, si vous êtes totalement victime des circonstances, si vous êtes le produit de ce qui se passe autour de vous, alors que pouvez-vous faire ? Vous vous promenez à travers la vie en espérant que les choses s'amélioreront, que l'environnement sera positif, afin de pouvoir gagner votre pain quotidien et peut-être même quelques gratifications supplémentaires.

À l'opposé, il y a l'espoir et les objectifs : « J'ai un avenir défini en tête ; je le vois et j'imagine ce qu'il sera. » Les animaux ne peuvent pas le faire. Ils peuvent ramasser instinctivement des noisettes pour l'hiver, mais ne peuvent inventer une machine à fabriquer des noix ni se demander : « Pourquoi m'occuper de noix ? Pourquoi ne pas faire ramasser des noix par quelqu'un d'autre ? » Les êtres humains sont les seuls à se poser de telles questions, à imaginer une nouvelle ligne de conduite et à s'y engager en toute conscience.

Pourquoi la *conscience morale* ? Pour être efficace, votre conscience doit gérer tout ce que vous pouvez imaginer, visionner et fabriquer. Ceux qui essaient d'exercer leur créativité sans *conscience morale* créent inévitablement des choses sans conscience. Ils ne font qu'échanger leurs talents créatifs contre des choses « toutes faites » en utilisant leur créativité – leur imagination et leurs capacités visuelles – pour gagner des avantages matériels ou des récompenses sociales. Ils sont alors en profond déséquilibre. Ils peuvent bien réciter leur scénario d'une vie équilibrée, en réalité leur déséquilibre profond est perceptible à travers leur mauvaise humeur.

Ainsi, je trouve rassurant de voir que les lauréats de l'Académie Awards font preuve, pour la plupart, d'une créativité accompagnée de *conscience morale*. Par exemple, dans son film *Danse avec les loups*, Kevin Costner a dit de très belles choses sur les Amérindiens. L'Académie sait que l'industrie du film a une influence énorme et que la création doit être accompagnée d'une conscience des responsabilités sociales.

Exercez-vous à utiliser ces deux capacités humaines : d'abord imaginez-vous allant au bureau cet après-midi ou rentrant à la maison ce soir et tombant en pleine situation de crise : la maison est dans un état catastrophique ; personne n'a fait son travail ; aucun des engagements pris n'a été réalisé... Vous êtes fatigué et découragé.

Maintenant, imaginez une réaction mûre, sage et maîtrisée et visualisez l'impact qu'elle aurait sur les autres : vous ne les auriez pas culpabilisés, vous auriez simplement mis la main à la pâte, vous auriez été de bonne humeur, utile, agréable. Ce n'est qu'ainsi que votre comportement agira sur la conscience des autres et permettra d'obtenir les résultats escomptés.

Vous venez d'utiliser deux capacités humaines : l'*imagination* et la *conscience morale*. Vous ne vous êtes pas appuyé sur la « mémoire » ; si vous aviez compté sur celle-ci ou sur l'histoire, vous auriez pu perdre votre sang-froid, faire des critiques et envenimer la situation. Votre mémoire vous lie à votre passé. L'imagination est tournée vers l'avenir. Votre potentiel est illimité, mais potentialiser veut dire actualiser vos capacités quelles que soient les circonstances. Dans le livre *Man's Search for Meaning*, Viktor Frankl, le psychiatre autrichien emprisonné dans les camps de la mort de l'Allemagne nazie pendant la Deuxième Guerre mondiale, raconte comment il s'entraîna à décider de sa réaction face à des conditions terribles. Un jour qu'il était soumis à des expériences sur son corps, il découvrit son pouvoir de choisir et chercha le sens de tout cela. Il en conclut qu'avec le sens (un but ou une cause) on peut affronter toute réalité : avec le « pourquoi ? » on peut vivre avec n'importe quel « quoi ? ».

Le développement de sa vie professionnelle a découlé de ce postulat. Il avait suivi une formation dans la tradition freudienne du déterminisme psychique. Il comprit que c'était une erreur. Elle n'était pas fondée scientifiquement, elle venait de l'étude de gens malades, névrosés et psychotiques, et non de l'étude de personnes saines, créatives et efficaces ; il n'a pas fait appel à sa « mémoire », mais à son imagination et sa conscience morale.

Vous aussi, vous pouvez progresser sur cette échelle qui va de la futilité et des habitudes figées à la foi, l'espoir et la sérénité par l'exercice d'une conscience morale et de votre imagination.

• *Habitude 3 : La priorité aux priorités* est en rapport avec le don de *volonté*. Au bas de l'échelle, on a une vie inefficace, fragile, qui flotte en évitant les responsabilités et en cherchant des solutions faciles demandant peu d'initiative ou de volonté. En haut de l'échelle, il y a une vie bien disciplinée qui se concentre sur les activités véritablement importantes – mais pas forcément urgentes – de la vie. C'est une vie d'équilibre et d'influence.

Vous passez du statut de victime, qui subit, au stade de la création ; de la futilité à l'espoir ; de la fragilité à une vie disciplinée grâce aux *Habitudes 1,*

2 et 3, fondées sur la *conscience* et la *connaissance de soi*, la *conscience morale* et l'imagination et la *volonté*. (Ce sont des dons qui n'appartiennent qu'aux humains.) Vous passerez ainsi de la soumission à la prise en main de votre vie, pour devenir enfin une personne qui se concentre sur les activités primordiales et non urgentes, en ayant la volonté de les réaliser.

Des dons primaires aux dons secondaires

La pratique des dons primaires humains vous donne la possibilité d'utiliser les dons secondaires plus efficacement.

• *Habitude 4 : Pensez gagnant/gagnant*. Cela correspond au don d'*abondance*. Pourquoi ? Parce que votre sérénité dépend des *principes*. Tout passe par le prisme des principes. Prenons un exemple : quand votre conjoint se trompe, vous ne l'accusez pas. Pourquoi ? Parce que votre sérénité ne dépend pas du fait qu'il réponde ou non à vos attentes. Si votre enfant, votre conjoint, votre ami ou votre patron se trompent, vous ne les accusez pas, vous éprouvez de la compassion. Pourquoi ? Votre sérénité ne dépend pas d'eux. Elle vient de l'intérieur de vous-même et des *principes* que vous vous êtes fixés.

Grâce à de tels *principes*, vous aimez et vous souhaitez partager la reconnaissance et le pouvoir. Pourquoi ? Parce que la part du gâteau ne vous paraît plus limitée, au contraire, le gâteau semble grandir. Le postulat qui consiste à considérer au départ les ressources comme limitées est faux. Les immenses capacités des personnes sont à peine utilisées. L'état d'esprit d'*abon-*

dance produit plus de profit, de pouvoir et de reconnaissance pour tout le monde.

Dans notre échelle, vous passez ainsi de la *pénurie* à l'*abondance*, grâce à un sentiment de valeur intrinsèque et une volonté de partage et de répartition mutuelle des bénéfices.

• *Habitude 5 : Cherchez d'abord à comprendre, ensuite à être compris*. Cette attitude repose sur le don du *courage mêlé à la considération*. Faut-il du courage et de la considération pour accepter de ne pas être compris le premier ? Réfléchissez-y. Réfléchissez aux problèmes auxquels vous devez faire face. Vous avez tendance à penser : « Je vous comprends, mais vous ne me comprenez pas, alors laissez-moi parler le premier et ensuite je vous laisserai dire ce que vous voudrez. » L'interlocuteur répondrait alors : « Entendu, je vais essayer de comprendre. » Mais, pendant qu'il est censé écouter, il prépare sa réponse et fait donc semblant, en écoutant de manière sélective. Lorsque vous montrez vos vidéos de vacances ou que vous racontez un épisode de votre vie : « Je vais vous raconter mon expérience », votre interlocuteur a tendance à décrocher, à moins qu'il ne se sente lui aussi compris – au sens large du terme.

Que se passe-t-il quand vous écoutez vraiment une autre personne ? La relation est profondément transformée : « Quelqu'un a commencé à m'écouter et semblait vraiment apprécier mes paroles. Il ne tranchait pas, mais écoutait simplement et j'avais l'impression qu'il voyait le monde comme je le voyais. Pendant ce temps, j'ai commencé à m'écouter moi-même, à me sentir valorisé. » La cause profonde de la plupart des problèmes entre les personnes est un problème fondamental de communication – les gens n'écoutent pas avec empathie. Ils écoutent à partir de leur propre expérience. Il leur manque le savoir-faire et l'empathie. Ils ont besoin d'approbation ; ils manquent de courage. À partir de leur cadre de références, ils disent : « Que puis-je faire pour faire plaisir à cette personne ? Elle a besoin de tout contrôler... Mais, une minute ! C'est moi, le directeur, qui contrôle. Je ne suis pas venu pour écouter, je suis venu pour dire. Quand j'aurai besoin de votre opinion, je vous la demanderai. » La capacité à écouter en premier demande de la retenue, du courage et de la considération. Sur l'échelle, vous passez de l'instinct de combattre et de fuir à un échange réciproque, où le *courage* est mêlé de *considération*.

• *Habitude 6 : Profitez de la synergie* correspond au don de *créativité*. Comment ? Tout seul ? Non, à travers deux esprits respectueux qui communiquent et produisent ainsi des solutions bien meilleures que celles que chacun aurait élaborées de son côté. La plupart des discussions sont des négociations de positions et les résultats aboutissent au mieux à un compromis. Mais quand on entre dans la communication synergique, on abandonne sa position. On comprend les besoins fondamentaux ou les intérêts sous-jacents de l'autre et on cherche des solutions qui puissent satisfaire chacune des parties.

Deux professeurs de Harvard, Roger Fisher et William Ury, dans leur livre Getting to Yes, esquissent une nouvelle approche de la négociation. Au lieu de prendre deux positions opposées : « Je veux que cette fenêtre soit ouverte. – Non, fermée ! – Non, ouverte ! », avec éventuellement des compromis (à moitié ouverte, la moitié du temps), ils ont entrevu l'intérêt de la synergie : « Pourquoi la voulez-vous ouverte ? »

— Eh bien, j'aime avoir de l'air frais ! – Pourquoi la voulez-vous fermée ? – Je n'aime pas les courants d'air ! La conclusion avec un mode de raisonnement synergique est : « Que pouvons-nous faire qui produirait de l'air frais sans engendrer de courant d'air ? » Deux personnes créatives qui se respectent et qui comprennent leurs besoins mutuels pourraient dire : « Ouvrons la fenêtre dans la pièce d'à côté ; réorganisons l'emplacement des meubles ; ouvrons la partie haute de la fenêtre ; branchons le climatiseur… » Ils cherchent de nouvelles solutions, parce qu'ils ne défendent aucune position particulière.

Chaque fois qu'il y a un différend, il faut dire : « Tentons la méthode synergique gagnant/gagnant. Essayons de nous écouter mutuellement. Quels sont vos besoins ? – Eh bien, j'ai vraiment envie de voir ce genre de film ! – Qu'est-ce qui te plairait ? » Peut-être trouverez-vous un film ou une autre activité qui vous satisfera l'un et l'autre. Et cela fait réfléchir. Si vous vous mettez en situation d'écoute vous établissez un lien très puissant, un « compte en banque émotionnel », au lieu de compromettre une relation à long terme pour la satisfaction de désirs immédiats.

Un des engagements les plus importants dans une famille ou en affaires est de ne jamais dire du mal des autres. Il faut toujours être loyal avec ceux qui sont absents si vous voulez garder ceux qui sont présents. Si vous avez des problèmes, allez voir directement la personne concernée. Refusez de dire du mal de quelqu'un dans son dos et ne vous laissez pas entraîner dans des discussions de ce genre.

Par exemple, des événements familiaux tels que la disparition de quelqu'un, un divorce ou un remariage provoquent généralement beaucoup de tensions. Des membres de la famille qui, dans ces circonstances, peuvent se sentir offensés ou floués ont souvent des paroles blessantes pour d'autres personnes. Pensez combien de douleurs et d'angoisses pourraient être évitées si ces gens suivaient ces deux *principes fondamentaux* : 1) les personnes et les relations de notre famille sont plus importantes que tout – les gens sur leur lit de mort ne parlent jamais de passer plus de temps au bureau, ils parlent des relations ; 2) quand nous avons des problèmes ou des différends, nous allons directement voir la personne concernée. Nous sommes responsables de nos attitudes et de nos comportements et nous pouvons choisir nos réactions dans ces circonstances. Avec du courage et de la considération nous communiquerons ouvertement les uns avec les autres et nous essayerons de mettre au point des solutions gagnant/gagnant.

Sur l'échelle, vous progressez d'une communication défensive, en passant par des transactions de compromis, pour parvenir enfin à des solutions et à des transformations synergiques et réactives.

• *Habitude 7 : Aiguisez vos facultés* correspond au don d'*amélioration continue* et de renouvellement de soi pour vaincre l'entropie. Si vous ne vous améliorez pas et ne vous renouvelez pas constamment, vous tomberez dans l'entropie, dans des systèmes fermés.

En bas de l'échelle, il y a l'entropie et en haut, le renouvellement continu, l'innovation et le perfectionnement.

Mon souhait en passant en revue les *Sept Habitudes* est de vous voir utiliser les sept dons humains qui y correspondent dans le but d'améliorer votre vie et celle de ceux que vous croisez.

Chapitre III

Trois résolutions

Chaque entreprise – et chaque individu – a pour objectif d'observer des valeurs, une éthique et des *principes fondamentaux*. Quelles que soient nos idées personnelles et organisationnelles, nous devons tous faire face à des forces qui nous brident, qui nous défient et nous poussent parfois à faire des choses contraires à nos missions ou à nos intentions.

Nous croyons parfois pouvoir nous débarrasser de nos vieilles habitudes en prenant simplement de nouvelles résolutions et nous constatons rapidement que ce n'est pas si facile et qu'en dépit des bonnes intentions le temps passe sans que nous changions profondément. Par exemple, nous nous trompons souvent pour nos résolutions du Nouvel An.

Pourquoi ? Premièrement, parce que nous n'avons pas une bonne idée de nous-mêmes, nous ne savons pas qui nous sommes ; ainsi, nos habitudes deviennent notre identité et la résolution de changer une habitude nous remet en question. Nous ne percevons pas la différence entre ce que nous sommes et nos habitudes. Nous pouvons faire et défaire nos habitudes. Nous ne sommes pas forcés d'être victimes des circonstances. Nous pouvons écrire notre propre scénario, choisir notre voie et contrôler notre destin.

Deuxièmement, nous n'avons pas une idée claire de la direction que nous voulons prendre ; ainsi nos résolutions sont rapidement négligées et nous voilà découragés et prêts à l'abandon. Remplacer une mauvaise habitude profondément ancrée par une bonne habitude implique beaucoup plus que d'adapter la formule de la « pensée positive ». Cela demande une très bonne connaissance et une compréhension de soi, de ses *principes* et des processus de changement. Cela implique une évaluation, un engagement, un retour et un suivi.

Nous ne tiendrons pas longtemps nos résolutions si nous ne faisons pas part de nos progrès, régulièrement, à quelqu'un et si nous ne recevons pas, en retour, une évaluation objective de notre performance. L'engagement et l'implication sont deux facteurs de changement. Lorsque nous formons des dirigeants, nous utilisons une méthode de changement par étapes, naturelle et progressive. En fait, nous leur demandons de se fixer des objectifs et de s'engager immédiatement, d'enseigner à d'autres et de mettre en pratique leur formation chaque mois, puis de revenir et de présenter leur travail à plusieurs collègues.

Si vous voulez surmonter le poids de votre passé – le poids de l'habitude, des coutumes et de la culture – pour réussir le changement souhaité, estimez-le en coût et rassemblez les ressources nécessaires. Concernant les envois d'engins spatiaux, nous savons tous qu'il faut une énorme puissance pour vaincre les lois de la pesanteur, eh bien ! il en est de même pour les vieilles habitudes ! Celles qui sont profondément ancrées – telles que la paresse, le mauvais esprit ou la gourmandise – requièrent beaucoup plus qu'un simple désir ou velléité de changement. Souvent notre résolution ne suffit pas. Nous avons besoin de soutien : des personnes et des programmes qui nous encadrent et nous obligent à rendre des comptes pour nous responsabiliser.

Souvenez-vous : la *responsabilité* est la faculté de choisir sa réaction à n'importe quelle situation. Quand nous sommes responsables, notre engagement est alors supérieur à nos humeurs ou aux circonstances et nous tenons les promesses et les résolutions que nous avons prises. Par exemple, si nous privilégions notre volonté par rapport à notre lit et que nous nous levons le matin de bonne heure, nous gagnons notre première victoire de la journée – la victoire privée quotidienne – et nous progressons dans la maîtrise de soi. Nous pouvons alors aborder des victoires plus sociales. En maîtrisant bien chaque défi, nous acquerrons de nouvelles capacités qui nous permettront d'atteindre de nouveaux sommets.

DES RÉSOLUTIONS UNIVERSELLES

Dans nos vies, la force d'inertie et les mauvaises habitudes paralysent toute résolution et initiative. Parmi celles-ci, figurent : 1) les appétits et les passions ; 2) l'orgueil et la prétention ; 3) l'ambition sociale et personnelle.

Nous pouvons vaincre ces forces négatives en prenant et tenant les trois résolutions suivantes :

Premièrement, pour vaincre l'appétit et les passions, je prends la résolution de me discipliner, de me restreindre. Chaque fois que nous donnons libre cours à nos appétits et à nos passions physiques, nous portons atteinte à nos jugements spirituels ainsi qu'à nos relations sociales. Nos corps sont des écosystèmes et, si la part physique est déséquilibrée, toutes les autres fonctions en seront affectées.

C'est pourquoi *l'Habitude* d'aiguiser régulièrement ses facultés est tellement fondamentale. La modération, la cohérence et l'autodiscipline sont essentielles. Pour gagner la confiance, il faut justement en être digne, ce qui dépend de la compétence et du caractère. Le manque de modération affecte négativement notre jugement et notre sagesse.

Je sais bien que certaines personnes manquent de modération et font néanmoins preuve de grandeur, voire de génie mais avec le temps, ce défaut les rattrape. Beaucoup de gens riches et célèbres ont perdu fortune et confiance, succès et efficacité par manque de modération. Soit nous contrôlons nos appétits et nos passions soit ce sont eux qui nous contrôlent.

Nombre de grandes entreprises ou de grandes villes vivent sur des infrastructures vieillissantes ; de même, beaucoup de gens sont gagnés par la vieillesse. Or, plus le temps passe, plus la modération peut sembler pesante, alors que le métabolisme change avec l'âge et que le respect de sa santé demande de plus en plus de sagesse. Et pourtant, plus nous vieillissons, plus nous nous sentons partagés entre la nécessaire autodiscipline et le désir de se laisser aller, de se décontracter et de se faire plaisir. Il nous semble que nous avons assez donné et que nous méritions bien un peu de relâchement. Mais si nous devenons complaisants et indulgents envers nous-mêmes en mangeant trop, en veillant tard le soir et en ne faisant pas d'exercice, notre qualité de vie et notre travail s'en ressentiront.

Si nous sommes esclaves de notre estomac, c'est notre appétit qui contrôlera bientôt nos esprits et notre volonté. Absorber volontairement des substances nocives, ou génératrices de dépendance, est une stupidité. En Amérique, il y a plus de personnes qui meurent d'avoir trop mangé que de personnes qui meurent de faim, comme le remarquait déjà Benjamin Franklin : « J'ai vu un petit nombre de gens mourir de faim, mais cent mille d'avoir trop mangé. » Quand on est dans ce cas ou que l'on se laisse vraiment aller, on est moins à l'écoute des autres, du coup on est fâchés contre nous-mêmes et on a tendance à passer sa colère sur eux à la moindre contrariété.

Nous sommes nombreux à souhaiter dormir davantage, nous reposer et prendre du bon temps. Combien de fois n'avez-vous pas programmé l'alarme de votre réveil en décidant de vous lever plus tôt, en prévision de tout ce que vous aviez à faire dans la matinée, désireux de bien organiser votre journée, de jouir d'un petit déjeuner tranquille sans avoir à vous presser avant de partir pour le travail ? Mais quand la sonnerie retentit, vos bonnes résolutions s'effondrent... C'est une bataille entre votre volonté et votre lit ! Vous vous levez tard et vous commencez à vous habiller à toute vitesse, à vous préparer, à avaler votre petit déjeuner à la va-vite... Dans votre précipitation vous devenez impatient et insensible aux autres. Vos nerfs sont à vif, vous vous emportez facilement. Tout cela parce que vous avez trop dormi.

Le fait de ne pas tenir sa première résolution de la journée – se lever à une certaine heure – entraîne toute une chaîne d'événements désagréables et de conséquences fâcheuses. Cette journée commence et finit par une défaite. Le sommeil supplémentaire en vaut rarement la peine. En conclusion, nous voyons que ce type de sommeil rend les gens encore plus fatigués...

Songez à la différence de situation et de comportement qu'il y a avec le scénario où vous avez soigneusement organisé votre journée et vos affaires la veille avant d'être allé dormir à une heure raisonnable. Il me semble que le meilleur moment pour planifier une journée est l'heure qui précède le coucher. Quand votre réveil sonne, il ne vous reste plus qu'à vous lever et à vous préparer tranquillement. Une telle victoire personnelle dès le matin vous donne un sentiment de conquête, de maîtrise – et cela vous confère la force d'appréhender les défis qui vous attendent pendant cette journée. Le succès engendre le succès. Commencer la journée par une victoire première sur soi-même conduit à d'autres victoires.

Deuxièmement, pour surmonter l'orgueil et la prétention, je prends la résolution de travailler sur le caractère et la compétence. Socrate a dit : « La meilleure manière de vivre honorablement dans ce monde est d'être ce que l'on prétend être », c'est-à-dire d'être conformes à l'image que nous voulons donner aux autres. Beaucoup de gens dans ce monde sont conscience de leur apparence et c'est le miroir social qui nous renvoie une image forte de ce que nous sommes. La pression pour paraître puissant, pour réussir et être à la mode conduit ainsi certaines personnes à manipuler les autres.

Quand vous vivez en harmonie avec vos valeurs et vos *principes*, vous pouvez être directs, honnêtes et sincères. Rien n'est plus troublant pour les gens malhonnêtes – et fourbes qu'une personne sincèrement honnête – c'est la chose qui les met le plus mal à l'aise.

J'ai fait une grande tournée promotionnelle pour mon livre *Les Sept Habitudes* et j'ai réalisé à quel point tout le monde était centré sur l'aspect médiatique du programme. Récemment, j'étais à San Francisco et j'ai voulu être polémique en parlant de politique. Mais l'entretien a pris un tour totalement différent et toutes les questions n'ont plus porté que sur mes remarques politiques, me faisant ainsi perdre l'occasion de présenter mon livre.

Chaque fois que nous nous adonnons à nos appétits et à nos passions, nous sommes facilement sujets à l'orgueil et à la prétention. Et c'est là que nous commençons à paraître, à jouer des rôles et à « manipuler ».

Si notre définition ou notre idée de nous-mêmes vient de ce que les autres pensent de nous – c'est-à-dire du miroir social –, nous sommes forcés d'adapter nos vies à leurs désirs et à leurs attentes ; et plus nous essayons de répondre à leurs attentes, plus nous devenons faibles, superficiels et perdons notre confiance en nous. Un jeune cadre, par exemple, peut vouloir plaire à ses supérieurs, à ses collègues et à ses collaborateurs, mais il découvrira bien vite que ces groupes lui demandent chacun des choses différentes. Il s'apercevra alors qu'en cherchant à plaire à l'un il peut vexer l'autre. C'est ainsi qu'il commencera à jouer des rôles pour s'adapter à chacun. À la longue, il découvrira qu'en essayant d'être « tout pour tout le monde » on finit par n'être plus rien pour personne ; on le percevra finalement tel qu'il est et il perdra tout respect pour lui-même et pour les autres.

Si un jeune cadre néglige son évolution professionnelle et sa formation, il peut être rapidement dépassé dans un monde qui change à une vitesse incroyable. En estimant qu'il peut se reposer pendant une saison après des années d'études rigoureuses, il pourra choisir un style de vie plus agréable et mois exigeant. Mais les saisons s'additionnent vite et le temps passant, il sent qu'il a moins de vigueur intellectuelle, moins d'autodiscipline et qu'il perd confiance. Il se retrouve dépassé, obsolète. Le jour où on lui demande de faire un travail important, il est catastrophé en constatant qu'il n'arrive pas à répondre aux attentes de son patron sans compter le temps supplémentaire passé au travail.

Les personnes efficaces mènent leur vie et gèrent leurs relations à partir des *principes* ; les personnes inefficaces essaient de gérer leur temps autour de priorités et leur travail autour d'objectifs ponctuels. Il faut penser efficacité avec les personnes et performance avec les choses.

Et si nous examinons de plus près certains sentiments comme la colère, la haine, l'envie, la jalousie l'orgueil et les préjugés – ou n'importe quelle autre passion négative – nous verrons qu'il y a souvent à la base le désir d'être accepté, approuvé et estimé par les autres. Nous cherchons alors un raccourci. Mais le fond du problème est qu'il n'y a pas de raccourci pour obtenir un succès durable. La « loi de la récolte » continue à s'appliquer en dépit de tout ce que l'on peut inventer pour trouver « comment battre le système ».

Il y a quelques années, un étudiant est venu me voir dans mon bureau alors que j'étais professeur à la Marriot School of Management, à l'Université de Brigham Young. Il m'a demandé comment je jugeais son travail. Après lui avoir donné mon impression, je lui ai dit directement : « Vous n'êtes pas venu me voir pour savoir comment vous vous débrouillez en classe. Vous êtes venu pour savoir ce que je pense de vos progrès. Or vous savez bien mieux que moi où vous en êtes, non ? »

Il a répondu oui ; alors, je lui ai demandé : « Comment vous débrouillez-vous ? » Et il a avoué qu'il se sentait juste au niveau ; il avait beaucoup d'excuses et de bonnes raisons pour ne pas étudier comme il aurait dû le faire – il travaillait à la dernière minute et en prenant des raccourcis. Il était venu me voir pour tester sa méthode.

Si les gens s'habituent à jouer des rôles pendant quelque temps, en laissant libre cours à leur vanité et à leur orgueil, ils finissent par se leurrer eux-mêmes. Ils se sentent alors menacés par les circonstances et les autres et doivent se battre pour maintenir l'illusion sur leur comportement. Mais s'ils arrivent à accepter la vérité, à suivre leurs *principes* et la loi de la récolte, ils se feront peu à peu une meilleure idée de leur personnalité.

Dans leur désir d'être à la mode ils se retrouvent embarqués sur un manège qui va de plus en plus vite et c'est comme s'ils couraient après leur ombre. Les apparences seules ne satisferont jamais personne ; construire notre sérénité à partir d'une mode, de possessions ou de symboles sociaux peut être extrêmement dangereux. Edwin Hubbell Chapin a dit : « La mode est la science des apparences qui nous inspire le désir de paraître plutôt que d'être. »

Bien sûr, nous devons nous intéresser aux avis et aux idées des autres afin d'être plus efficace vis-à-vis d'eux, mais il faut refuser d'accepter leurs opinions *a priori* pour pouvoir ensuite réagir de façon appropriée.

Troisièmement, pour surmonter le désir et l'ambition sans bornes, je prends la résolution de consacrer mes talents et mes ressources à des buts élevés et de rendre service aux autres. Si les gens cherchent à être les premiers en pensant d'abord : « Qu'est-ce que ça m'apporte ? », ils n'auront jamais aucun sens de la gestion réussie, des *principes*, des objectifs et des causes valables. Ils se font leur propre loi.

Ils peuvent parler le langage de la conduite morale, de la « bonne gestion », ils trouveront toujours un moyen de se mettre en avant. Ils sont peut-être dévoués et travailleurs mais ils ne se sentent pas vraiment concernés par ce genre de raisonnement – l'idée qu'on ne possède rien, que l'on donne sa vie à des *principes*, des causes et des buts plus élevés. Ils se concentrent au contraire sur le pouvoir, la richesse, la reconnaissance, la position, la domination et les possessions.

Lorsqu'une personne a une éthique, elle considère chaque transaction économique comme un test de sa gestion morale. C'est pourquoi l'humilité est la mère de toutes les vertus, parce qu'elle engendre la capacité de bien gérer. Tout ce qui est bon passera par vous, mais si vous devenez orgueilleux – en énumérant, par exemple, « ma volonté, mon programme, mes désirs » – vous ne pourrez alors compter que sur vos propres forces. Vous ne serez pas en contact avec ce que Jung appelle « l'inconscient collectif » – un puissant *ethos* qui déclenche de l'énergie grâce au travail.

Les personnes qui ont des désirs égoïstes cherchent la gloire et ne se sentent concernées que par leur propre programme. Elles peuvent même considérer leur conjoint et leurs enfants comme des possessions et essayer d'obtenir d'eux le comportement qui accroîtra leur popularité auprès des autres. Cette sorte d'amour possessif est destructrice. Au lieu d'être de bons gestionnaires, ces personnes interprètent tout à partir du constat initial : « Qu'est-ce que ça m'apporte ? » Les autres se transforment alors en des concurrents, en des ennemis et même les relations intimes ont tendance à devenir plus compétitives que coopératives. C'est ainsi que l'on en vient à utiliser des méthodes de manipulation – les menaces, la peur, la corruption, la pression, la duperie et la séduction – pour arriver à ses fins.

Tant qu'une personne ne connaît pas l'esprit de service, elle peut toujours dire qu'elle aime un compagnon, une entreprise ou une cause, mais souvent elle n'y consacrera pas les efforts nécessaires.

Les motivations ambiguës ou les intérêts conflictuels nous amènent inévitablement à être en contradiction avec nous-mêmes – et ce conflit interne se traduira d'abord contre les autres. À l'opposé de ces motivations ambiguës se trouvent la droiture et l'intégrité. Nous nous façonnons ainsi en rendant service aux autres de manière intéressée.

LES IMPLICATIONS POUR UNE CROISSANCE PERSONNELLE

Si nous n'arrivons pas à maîtriser nos appétits, nous ne contrôlerons pas plus nos passions et nos émotions. Nous en deviendrons les victimes tout en rêvant de notre richesse, domination, prestige et pouvoir.

J'ai conseillé une fois à un jeune directeur de se soucier davantage de ses *principes*. Cela paraissait sans espoir. Puis j'ai commencé à comprendre que je lui demandais de surmonter la troisième tentation avant d'avoir vaincu la première. C'était comme de s'attendre à ce qu'un enfant marche avant de ramper à quatre pattes. J'ai changé d'approche et je l'ai encouragé à discipliner son corps. À partir de ce moment-là, nous avons obtenu des résultats significatifs.

Si nous arrivons en un premier temps à vaincre certains désirs fondamentaux, alors nous pourrons mettre en œuvre, dans un deuxième temps, des résolutions supérieures. Ainsi, nombre de personnes verraient leur vie profondément transformée si elles gardaient un poids normal grâce à un régime sain et un programme d'exercices physiques. Non seulement elles auraient une meilleure silhouette, elles se sentiraient mieux, mais elles traiteraient aussi plus correctement les autres et elles augmenteraient leur capacité à faire les choses essentielles plutôt que les choses urgentes qu'elles souhaitent tant accomplir.

Tant que vous ne pouvez pas affirmer : « Je suis mon propre maître », vous ne pourrez pas dire : « Je suis votre serviteur. » En d'autres termes, nous pouvons toujours prétendre à une éthique de service, mais dès que nous sommes sous pression nous nous laissons à nouveau facilement dominer par une passion particulière ou un désir. Nous nous mettons en colère, nous devenons jaloux, envieux, concupiscents et paresseux. Puis nous nous sentons coupables. Nous nous faisons alors des promesses, que nous ne tenons pas, et prenons des résolutions sans les suivre. Petit à petit, nous perdons espoir dans notre capacité à réaliser tout engagement. En dépit de notre éthique d'être le serviteur des autres, nous sommes en fait, le serviteur ou l'esclave de la chose qui nous maîtrise.

Cela me rappelle la demande de Richard Rich à Thomas More dans la pièce *A Man for All Seasons*. Richard Rich admirait l'honnêteté et l'intégrité de More et voulait devenir son employé. Il le supplia : « Employez-moi ! » More répondit « Non. » Richard le supplia à nouveau : « Employez-moi ! » et de nouveau la réponse fut négative. Puis Richard lui fit une promesse pitoyable mais émouvante : « Je serai fidèle ! »

Connaissant sa vraie nature, Sir Thomas lui répondit : « Richard, vous ne pouvez pas répondre de vous-même au-delà de ce soir », ce qui voulait dire : « Vous pouvez promettre d'être fidèle sur l'heure, mais il suffira d'une autre circonstance, d'un pot-de-vin ou d'une pression quelconque pour que vous soyez entraîné par votre ambition, votre orgueil pour m'être infidèle. » La prophétie de Thomas More se réalisa la nuit même, car Richard Rich le trahit !

Apprendre à faire des promesses et à les tenir est la clé de la croissance ; l'abnégation est le facteur essentiel pour surmonter les trois tentations. « Un acte secret d'abnégation, un sacrifice au nom du devoir, valent mieux que toutes les bonnes pensées, les sentiments chaleureux et les prières passionnées qui occupent les hommes désœuvrés », disait John Henry Newman. « La pire des éducations qui apprend l'abnégation est meilleure que la meilleure éducation qui apprend tout sauf cela », a proféré Sterling.

Si nous faisons et tenons ces trois résolutions universelles ; nous nous épanouirons en augmentant notre influence auprès des autres.

Chapitre IV

La grande première

Dans son travail et ses écrits, Erich Fromm a observé que l'aliénation de soi est en grande partie due à notre empressement à nous adapter au marché de la personnalité humaine, à nous vendre aux autres.

Il note : « Aujourd'hui, nous voyons des individus qui se comportent comme des automates, qui ne peuvent pas se comprendre eux-mêmes et ne connaissent d'eux-mêmes que la personne qu'ils sont supposés être, dont le bavardage insignifiant a remplacé le discours communicatif, dont le sourire factice a remplacé le vrai rire, et dont le désespoir simulé a remplacé la vraie douleur. »

Les traits positifs de la personnalité, qui sont souvent essentiels au succès, constituent la grandeur secondaire. Se concentrer d'abord sur la personnalité avant le caractère c'est essayer de faire pousser des feuilles à des arbres sans racines.

Utiliser uniquement des techniques pour augmenter nos interactions sociales, c'est courir le risque de se couper de la base vitale de notre caractère. Nous ne pouvons pas obtenir des fruits sans avoir de racines. La victoire privée précède la victoire publique. La maîtrise de soi et l'autodiscipline sont les bases de nos bonnes relations avec les autres.

Si nous utilisons les stratégies et les tactiques humaines de l'influence pour obtenir des autres ce que nous voulons, nous pouvons réussir à court terme, mais, avec le temps, notre manque de sincérité suscitera de la méfiance. Tout ce que nous ferons sera perçu comme une manipulation. Nous aurons peut-être la « bonne rhétorique », le style et même de bonnes intentions, mais sans confiance nous ne réaliserons jamais la grandeur primaire ou le succès durable. Se concentrer sur les techniques équivaut à faire ses études en bachotant. Parfois cela fonctionne, on peut même obtenir de bonnes notes, mais si on ne paie pas le prix jour après jour, on ne maîtrisera jamais vraiment le sujet. Pouvez-vous imaginer « bachoter » sur une exploitation agricole ? Non, parce que l'agriculture est un système naturel. Il faut en payer le prix. Vous récoltez ce que vous semez ; il n'y a pas de raccourci.

La loi de la moisson opère aussi dans les relations humaines à long terme. Dans un système social ou universitaire, vous pouvez vous débrouiller si vous apprenez à « jouer le jeu ». Avec du charme, vous pouvez faire bonne impression. Vous pouvez même gagner en employant l'intimidation. Mais les traits secondaires de la personnalité n'ont pas de valeur durable dans les relations à long terme. Sans une grande intégrité et une force de caractère inébranlable, les véritables motivations finiront par se dévoiler et les relations humaines échoueront. Beaucoup de personnes possédant une grandeur secondaire – c'est-à-dire un statut social, une position, la reconnaissance, la richesse ou du talent – manquent de grandeur ou de bonté de caractère primaire. Ce vide est apparent dans toutes leurs relations à long terme, que ce soit avec un associé en affaires, un conjoint, un ami ou un enfant adolescent. C'est le caractère qui communique avec le plus d'éloquence.

Comme Emerson l'a dit une fois : « Ce que vous êtes crie si fort à mes oreilles que je ne peux pas entendre ce que vous dites. » Bien entendu, les personnes peuvent avoir une force de caractère, mais manquer de capacités de communication et cela affectera aussi la qualité de leurs relations.

En fin de compte, ce que nous sommes communique avec beaucoup plus d'éloquence que nos paroles ou nos actions.

Comment nous nous voyons

La vision que nous avons de nous-mêmes affecte non seulement nos attitudes et nos comportements, mais aussi la vision des autres. En fait, tant que nous ne prenons pas en compte la manière dont nous nous voyons et dont nous voyons les autres, nous sommes incapables de comprendre comment les autres se voient, quelle perception ils ont d'eux-mêmes et du monde. Inconsciemment, nous projetons nos intentions sur leurs comportements tout en pensant que nous sommes objectifs.

Si la vision que nous avons de nous-mêmes provient du miroir social – des opinions, des perceptions, des paradigmes des personnes de notre entourage –, elle a l'aspect d'un reflet dans un miroir déformant. Les données spécifiques sont décousues et hors de proportion :

« Vous n'êtes jamais à l'heure. »

« Pourquoi tout est-il toujours en désordre ? »

« C'est tellement simple. Pourquoi ne peux-tu pas le comprendre ? »

De telles données proviennent plus souvent d'une projection que d'une réflexion. C'est la projection des préoccupations et des faiblesses de personnes qui enregistrent des données plutôt que la réflexion de ce que nous sommes vraiment. Quand quelqu'un se définit en utilisant le miroir social, il peut confondre l'image donnée par le miroir avec sa propre personne, il peut croire en cette dernière et l'accepter, et même rejeter d'autres visions plus positives de lui-même, à moins que ces visions ne révèlent les distorsions qu'il a malgré tout acceptées.

De temps en temps, je fais une petite expérience. Je demande à des personnes d'écouter les descriptions que d'autres font d'elles, puis de les comparer avec leur propre conception d'elles-mêmes. Habituellement, plus de la moitié sont choquées de voir que leur image reflète le miroir social. Cela se développe lentement et imperceptiblement. À moins d'opérer un changement, elles en seront sérieusement handicapées et perturbées pour la vie.

L'antidote d'une image de soi déformée, c'est la déclaration par une autre personne de sa propre valeur et de son potentiel. Dans la comédie musicale *L'Homme de La Manche*, Don Quichotte change lentement l'idée que la prostituée a de sa propre personne en lui déclarant l'admiration et la confiance qu'il a en elle. À partir du moment où elle commence à se voir différemment, elle commence à agir différemment. Il lui donne même un nouveau nom, Dulcinée, afin qu'elle puisse toujours se rappeler qu'elle a une nouvelle identité.

Pour affirmer la valeur et le potentiel de quelqu'un, vous serez peut-être amenés à lui faire confiance et à le traiter en fonction de son potentiel et non de son comportement. Goethe l'a dit de la manière suivante : « Traitez un homme tel qu'il est et il restera tel qu'il est ; traitez un homme tel qu'il pourrait et devrait être et il deviendra tel qu'il pourrait et devrait être. » Cela ne veut pas dire que nous lui accordons une confiance aveugle, mais que nous le traitons avec respect et avec une confiance relative.

Il est certain qu'il faut s'aimer soi-même avant de pouvoir aimer les autres. Mais si on ne contrôle pas, si on n'est pas maître de soi-même, il est très difficile de s'aimer, si ce n'est de façon très superficielle.

Le vrai respect vient de la domination de soi, de l'indépendance véritable et de l'interaction gagnant/gagnant. Si nos motivations, paroles et actions viennent de techniques de relations humaines (l'éthique de la personnalité) plutôt que de notre noyau intérieur (l'éthique du caractère), d'autres sentiront cette insécurité ou ce double jeu. Nous ne pourrons tout simplement pas créer et maintenir des relations efficaces gagnant/gagnant.

C'est à l'intérieur de nous-mêmes qu'il faut commencer à construire une relation, dans le cercle d'influence de notre propre caractère. Au fur et à mesure que nous devenons indépendants – *proactifs*, axés sur des *principes justes*, guidés par des valeurs, capables d'organiser et de fonctionner avec intégrité par rapport aux priorités de notre vie – nous pouvons choisir de devenir interdépendants : capables de construire des relations riches, durables et productives avec d'autres personnes.

La douleur aiguë et la douleur chronique

Si nos relations avec d'autres personnes peuvent nous ouvrir des possibilités extraordinaires d'augmenter notre productivité, notre sens du service, notre contribution, notre croissance et notre apprentissage, elles peuvent aussi être cause de douleur et de frustrations – et nous sommes particulièrement conscients de cette douleur parce qu'elle est aiguë.

En revanche, nous sommes capables de vivre des années avec une douleur chronique causée par un manque de vision de leadership ou de gestion de nos vies personnelles. Nous pouvons nous sentir vaguement mal à l'aise, gênés, et, de temps en temps, prendre des initiatives pour soulager cette douleur. Mais parce que la douleur est chronique, nous nous y habituons et nous apprenons à vivre avec.

Mais, lorsque nous avons des problèmes dans nos relations avec les autres, nous sommes très vite avertis de cette douleur – elle est souvent intense et aiguë et l'on souhaite qu'elle disparaisse. Dans ces moments, nous essayons de la calmer, de l'oublier avec des moyens rapides – le « sparadrap » de l'éthique de la personnalité. Nous ne comprenons pas que la douleur aiguë provient d'un problème chronique plus profond. Tous nos efforts ne mèneront à rien tant que nous « traitons » les symptômes sans traiter le problème. Nous ne ferons que masquer la douleur chronique.

L'efficacité personnelle est la base de l'efficacité interpersonnelle et la victoire privée précède la victoire publique. La force de caractère et l'indépendance sont la base de l'interaction authentique efficace avec les autres.

Dag Hammaraskjöld, un des Secrétaires Généraux des Nations Unies, a dit une phrase que je trouve très profonde : « Il est plus noble de se donner complètement à un individu que de travailler avec diligence pour la sauvegarde des masses. »

En d'autres termes, je pourrais donner huit ou dix heures par jour, cinq, six ou sept jours par semaine à des milliers de personnes et de projets extérieurs et n'avoir pas de relation profonde et significative avec ma propre épouse, mon fils adolescent ou mon proche collègue. Cela demanderait plus de noblesse de caractère – plus d'humilité, de courage et de force – de reconstruire une seule relation que de continuer à donner tout mon temps à tous ces gens et toutes ces causes.

Beaucoup de problèmes dans les entreprises proviennent de mauvaises relations au sommet de la hiérarchie – entre deux partenaires d'une société, l'actionnaire et le président d'une entreprise, le président et le directeur général. Il faut sûrement plus de grandeur de caractère pour faire face à ces problèmes et essayer de les résoudre que pour travailler avec diligence en vue de satisfaire un grand nombre d'individus et de projets qui sont « ailleurs ».

Trois traits de caractère

Les trois traits de caractère suivants sont essentiels pour la *grandeur première* :

• L'*intégrité*. Je définis l'intégrité comme la valeur que nous donnons à nous-mêmes. Au fur et à mesure que nous identifions clairement nos valeurs, que nous nous organisons et que nous agissons selon nos priorités de manière quotidienne, nous développons une conscience de nous-mêmes, de nos propres valeurs en faisant et en tenant des promesses et des engagements significatifs. Si nous ne pouvons pas faire et tenir des promesses vis-à-vis de nous-mêmes et des autres, nos engagements n'ont aucun sens. Nous le savons et les autres le savent aussi. Ils perçoivent notre double jeu et sont sur leurs gardes.

• La *maturité*. La maturité représente l'équilibre entre le courage et la considération. Si une personne peut exprimer ses sentiments et ses convictions avec un courage mêlé de considération pour les sentiments et les convictions des autres, alors cette personne a atteint la maturité. Si elle manque de maturité interne et de force émotionnelle, elle sera tentée de puiser cette force dans sa position, son pouvoir, son statut, son rang ou ses connaissances.

Alors que le courage peut se concentrer sur l'obtention de résultats bruts, la considération vise le bien à long terme des personnes intéressées. En fait, la vraie mission du management est d'améliorer le niveau et la qualité de vie de toutes les personnes concernées.

• La *mentalité d'abondance*. Nous pensons que l'« ailleurs » est assez riche pour tout le monde. Cette *mentalité d'abondance* découle d'un profond sens des valeurs personnelles et de sécurité. Elle a pour conséquence de permettre le partage de la reconnaissance, des profits et de la responsabilité. Elle ouvre sur de nouvelles options et des choix créatifs. Elle débouche enfin sur la joie et l'épanouissement personnel et offre des possibilités illimitées pour l'interaction, la croissance et le développement.

La plupart des personnes se conforment au principe de la *mentalité de pénurie*. Elles voient la vie comme un gâteau : si quelqu'un en prend une grosse part, cela veut dire qu'il y en aura moins pour les autres. C'est le paradigme de l'addition nulle. Les personnes qui ont une telle mentalité ont beaucoup de mal à partager la reconnaissance, le crédit, le pouvoir ou le profit. Elles ont aussi du mal à être sincèrement satisfaites du succès d'autrui – et tout particulièrement lorsqu'il s'agit de membres de leur propre famille ou d'amis proches et d'associés. Comme si le succès des autres les privait de reconnaissance ou de succès.

Quelqu'un qui a une grande intégrité et qui est conscient de la *mentalité d'abondance* a une authenticité qui va bien au-delà des compétences techniques. Son caractère rayonne et communique en permanence. C'est de là que vient la confiance des autres. Si vous alternez entre le chaud et le froid, si vous êtes tantôt caustique, tantôt gentil, si votre comportement privé n'est pas en harmonie avec votre comportement public, les autres ne s'ouvriront pas à vous, même s'ils veulent ou ont besoin de votre amour ou de votre aide. Ils ne se sentiront pas assez sécurisés pour exprimer leur opinion et leurs sentiments personnels.

Intérieur/extérieur contre extérieur/intérieur

Les solutions durables aux problèmes, le bonheur et les succès permanents émanent de l'intérieur et vont vers l'extérieur. En revanche, le processus inverse crée des personnes malheureuses qui ont l'impression d'être bloquées, d'être des victimes. Elles incriminent les circonstances et les faiblesses des autres pour justifier leur immobilisme.

Certains membres de ma famille ont vécu dans trois endroits difficiles du monde – l'Afrique du Sud, Israël et l'Irlande – et je pense que la source des problèmes perpétuels de chacun de ces endroits est le paradigme social dominant extérieur/intérieur.

Le processus intérieur/extérieur implique que, pour avoir un mariage heureux, il faut savoir générer de l'énergie positive et éviter toute influence négative. Si vous voulez un adolescent plus coopératif, il faut être un parent plus compréhensif. Si vous voulez avoir plus de liberté ou plus de latitude dans votre travail, il faut être plus responsable et apporter une plus grande contribution.

Le processus intérieur/extérieur implique que si nous voulons développer la confiance qui provient des accords gagnant/gagnant et des solutions synergiques nous devons contrôler, maîtriser nos propres vies et soumettre nos désirs immédiats à des objectifs et des principes supérieurs. Le fait de réussir ce pari sur soi-même est un précieux atout pour l'obtention de résultats positifs sur les autres. Se faire des promesses et les tenir précède le fait de faire et de tenir des promesses aux autres. C'est un processus continu, un cercle vertueux qui mène progressivement aux formes supérieures de l'indépendance et de *l'interdépendance*.

Les problèmes de fond auxquels nous devons faire face ne peuvent être résolus au niveau superficiel, celui-ci ne fait que les révéler. Nous avons besoin d'un niveau de pensée le plus élevé – fondé sur des *principes* de gestion efficaces – pour résoudre ces préoccupations profondes. Cela nécessite une approche axée sur les *principes*, sur le caractère : une approche « intérieur/extérieur ».

Ce cheminement vous oblige à commencer d'abord avec vous-même – et en premier lieu avec votre part intérieure – c'est-à-dire votre modèle, votre caractère et vos motivations. Si vous voulez réussir un mariage heureux, soyez quelqu'un qui génère de l'énergie positive. Si vous voulez réussir une relation plus agréable et plus coopérative avec un adolescent, soyez un parent plus compréhensif, plus cohérent et plus aimant. Si vous voulez réussir à avoir plus de liberté, de latitude dans votre travail, *soyez* un employé plus responsable, plus ouvert. Si vous voulez qu'on vous fasse confiance, soyez digne de confiance. Si vous voulez la grandeur secondaire de la reconnaissance publique, concentrez-vous d'abord sur la *grandeur première* du caractère.

L'approche intérieur/extérieur nous fait mieux comprendre pourquoi les victoires privées précèdent les victoires publiques, pourquoi se faire des promesses à soi-même, et les tenir, précède obligatoirement les promesses tenues aux autres. Intérieur/extérieur est un processus continu de renouveau, une spirale ascendante qui mène progressivement à des formes supérieures d'indépendance responsable et d'*interdépendance* efficace.

Même en parcourant tout le champ de mon expérience, je n'ai jamais vu aucune solution durable à un problème, nul bonheur ni aucun succès stable venir du processus extérieur/intérieur. Elle ne donne que des personnes malheureuses, qui se considèrent victimes des circonstances et des faiblesses des autres. J'ai vu des mariages malheureux où chaque époux voulait que l'autre change, où chacun révélait les « péchés » de l'autre et essayait de le changer. J'ai vu des conflits professionnels où les gens passaient énormément de temps et d'énergie à essayer de mettre au point des directives et qui imposaient aux gens d'agir comme si la confiance régnait.

La première source des problèmes récurrents dans beaucoup d'entreprises et de *cultures* a été le paradigme social dominant extérieur/intérieur. Tout le monde est convaincu que le problème est « ailleurs » et que si les autres se mobilisaient, ou s'ils « disparaissaient » tout à coup, le problème serait résolu.

Les *principes* d'efficacité sont enracinés en nous, dans notre conscience et dans notre appréhension de la vie. Pour les reconnaître et les développer, dans le but de traiter nos préoccupations les plus profondes, nous devons penser différemment et amener nos paradigmes vers un niveau plus profond, le niveau intérieur/extérieur.

Éduquer la conscience et lui obéir

La clé du travail de l'intérieur vers l'extérieur, le paradigme de la *grandeur première*, se trouve dans le fait d'éduquer la conscience et de lui obéir. Ce don humain nous permet de percevoir intuitivement l'harmonie, ou la discordance, avec des *principes justes*.

De même que l'entretien d'une bonne musculation est essentiel à un athlète et l'exercice de l'esprit important pour un chercheur, l'entraînement de la conscience est vital pour la *grandeur première*. Cependant, s'occuper de sa conscience demande encore plus de discipline : vivre honnêtement, lire de la littérature enrichissante et avoir de nobles pensées. De même que les mauvaises habitudes alimentaires et le manque d'exercice peuvent détruire un athlète, les obscénités peuvent donner naissance à des ténèbres intérieures qui engourdissent notre sensibilité et substituent la conscience sociale : « Est-ce qu'on me découvrira ? »

à la conscience naturelle : « Qu'est-ce qui est bien ou mal ? »

L'éducation de la conscience commence en famille, dès les premiers mois, et continue plus tard à travers l'exemple des parents et l'éducation qu'ils donnent. Or, lorsqu'une personne est convaincue, elle cherchera d'elle-même à poursuivre cette éducation, pensant que la spirale ascendante la conduira toujours à apprendre, à s'engager davantage, à agir de plus en plus et de mieux en mieux.

Les personnes qui possèdent la *grandeur première* savent bien gérer leur vie, c'est-à-dire leur temps, leur talent, leur argent, leurs biens, leurs relations, leur famille et même leur corps. Elles voient la nécessité d'utiliser toutes leurs ressources à des fins positives et s'attendent à être responsabilisées.

Il devient alors facile pour elles de répondre aux offenses par la gentillesse, à l'impatience par la patience. Il leur suffit de faire ressortir ce qu'il y a de meilleur dans leur entourage, en tâchant de bénir ceux qui maudissent, en tendant l'autre joue, en pardonnant et en oubliant, en avançant joyeusement dans la vie. Il faut croire *a priori* en la bonté d'autrui et attendre avec confiance le triomphe inévitable de la Vérité.

Dès qu'une personne tente d'être son propre avocat en se défendant ou en se justifiant, quand elle décide de traiter les autres comme on la traite, elle est aussitôt prise dans une interaction négative. Elle et son adversaire sont alors sur le même terrain : soit ils engagent une bataille, soit ils fuient en utilisant la manipulation, la violence, l'indifférence ou le litige.

En rendant grâces aux autres nous en bénéficierons pour nous-mêmes. En faisant confiance aux autres et en croyant en leurs capacités à grandir et à s'améliorer, en les bénissant même lorsqu'ils nous maudissent ou nous jugent, nous construirons notre personnalité et notre caractère par la *grandeur première*.

Bâtir sur des fondations

Il n'y a pas de responsabilisation sans confiance ; d'une façon générale, si vous n'avez pas confiance en vos collaborateurs, vous êtes obligés d'utiliser le contrôle plutôt que la responsabilisation. Mais si vous leur faites confiance et que vous avez des accords de performance avec eux, vous pourrez avancer vers la responsabilisation et l'harmonisation des structures et des systèmes. Dans des organisations harmonisées, tout sert à aider l'individu à être productif et efficace pour atteindre les objectifs de l'accord de performance gagnant/gagnant. Si la structure et les systèmes ne sont pas en harmonie, vous n'aurez ni responsabilisation ni confiance.

Dans mes séminaires je demande souvent aux cadres combien d'entre eux ont suivi une formation en « responsabilisation » ou en « management participatif ». La plupart d'entre eux lèvent la main. Puis, je demande : « Que se passe-t-il quand vous essayez de responsabiliser des personnes sans leur accorder votre confiance ? » Ils répondent tous : « Ça ne marche pas. On est obligé de repartir sur une méthode de "management par objectifs" ou une forme de contrôle pour garder un semblant d'ordre dans l'environnement professionnel. » Je poursuis : « Pourquoi alors continuer à faire de la formation ? Vous donnez l'illusion de résoudre des problèmes alors que vous ne faites que tenter d'effacer les symptômes – il se peut que vous obteniez un soulagement temporaire de la douleur, mais vous ne traitez pas le problème chronique. »

Ensuite, je les interroge sur le niveau organisationnel : « Combien d'entre vous pensent que la véritable solution est de réorganiser l'entreprise de manière harmonieuse ? » La moitié lève la main. « Combien d'entre vous pensent que la véritable solution est de refaire les systèmes ? » Un tiers lève la main. Puis je demande : Quelles sont les conséquences de votre travail à ce stade, alors que vous n'avez pas travaillé au niveau personnel et interpersonnel ? La réponse est : « Un désastre. »

La vérité est que nous travaillons dans un écosystème, un environnement global ; lorsque vous abordez un problème sous tous ses aspects sauf celui du leadership axé sur les *principes* avec ses quatre niveaux, vos efforts seront nécessaires mais pas suffisants.

Si les dirigeants et responsables manquent de caractère et de compétences, ils ne donneront pas du pouvoir, du profit et de la reconnaissance aux autres. Et s'ils le font, ils se sentiront personnellement menacés. Ils doivent utiliser l'approche intérieur/extérieur, le premier travail sur le caractère et la compétence, pour établir la confiance et obtenir la responsabilisation – ils pourront alors résoudre les problèmes de structures et de systèmes.

Tant que les managers n'auront pas fait individuellement le travail intérieur/extérieur, ils ne résoudront pas les problèmes fondamentaux de l'entreprise et ne responsabiliseront pas vraiment les autres, même en utilisant le langage de la responsabilisation. Leur véritable personnalité remontera toujours à la surface.

Nous devons donc travailler sur le caractère et la compétence pour résoudre des problèmes internes. Souvenez-vous : travaillez d'abord sur le programmateur si vous voulez améliorer le programme : ce sont les personnes qui produisent la stratégie, les structures, les systèmes et les styles d'organisation.

Chapitre V

Une rupture avec le passé

Chaque avancée significative est à l'origine d'une rupture courageuse avec nos modes de penser traditionnels.

Dans les cercles scientifiques, on parle de transformations spectaculaires, de révolutions de la pensée, de bouleversement des anciennes structures, d'abolition des limites et enfin de « changement de paradigmes ». Ces changements nous offrent une nouvelle réflexion sur d'anciens problèmes.

Le mot paradigme vient du grec *paradigma* (schéma ou carte pour comprendre et expliquer certains aspects de la réalité). Alors qu'une personne peut faire de petits progrès en développant de nouveaux savoir-faire, les pas de géant des scientifiques de même que les avancées technologiques révolutionnaires demandent des données différentes, de nouveaux paradigmes et un regard neuf sur le monde.

Par exemple, il y a cinq cents ans, les hommes possédaient une carte qui représentait leur vision du monde. Cette carte a changé parce qu'un navigateur courageux, Christophe Colomb (1451-1506), a défié les connaissances conventionnelles en mettant le cap à l'Ouest dans l'espoir de découvrir une nouvelle route pour les Indes. Bien qu'il ne découvrît pas les

Indes, il ne fait aucun doute qu'il changea la carte, le paradigme du monde. Et de sa découverte résulta une avancée des plus significatives de l'histoire de l'humanité.

Un jour, on invita Christophe Colomb à un banquet et on lui donna à table la place d'honneur. Un courtisan vaniteux et jaloux lui demanda soudain : « Si vous n'aviez pas découvert les Indes, n'y a-t-il personne d'autre en Espagne qui aurait été capable de le faire ? » Christophe Colomb ne répondit pas mais prit un œuf et invita l'assemblée à essayer de le faire tenir sur la pointe. Tous essayèrent, mais en vain. Alors, tapant l'œuf sur la table, il en aplatit le bout pour le faire tenir. « Nous aurions tous pu le faire ! » s'exclama le courtisan. « Oui, si vous aviez su comment ! répondit Colomb. Maintenant que je vous ai montré le chemin du Nouveau-Monde, rien n'est plus facile que de le suivre. »

À l'occasion de la célébration des cinq cents ans du voyage de Colomb, je tiens à saluer l'esprit d'exploration de la Renaissance – l'esprit qui honore les meilleures entreprises du monde.

UN ENSEMBLE DE *PRINCIPES* CENTRAUX ESSENTIELS

Si Colomb a dressé une nouvelle carte des mers, Nicolas Copernic (1473-1543), autre homme de la Renaissance, a, lui, établi une nouvelle carte astronomique.

À cette époque, les astronomes acceptaient la théorie de l'Égyptien Ptolémée, qui faisait de la Terre une planète immobile située au centre de l'univers. Copernic a prouvé que la Terre se déplaçait dans l'espace et que le soleil était au centre de l'Univers.

Bien que le paradigme du Soleil centre de l'Univers fût considéré comme une hérésie scientifique et religieuse, Copernic brisa courageusement la tradition et amorça une révolution qui marqua le début de la science moderne.

Dans ses écrits *De Revolutionibus Orbium Caelestium*, il note : « Donner du mouvement à la Terre doit sembler absurde à ceux qui pendant des siècles ont pensé que la Terre est placée de manière immuable au point central de l'univers. Mais je n'ai peur d'aucune critique. À travers de fréquentes et longues observations et en suivant un ensemble de principes généraux, j'ai découvert non seulement que la Terre bougeait, mais que l'ordre et les magnitudes de toutes les étoiles et des planètes, et même de tous les cieux, sont tellement liés qu'aucun élément ne pourrait dévier de sa trajectoire sans produire des confusions dans l'univers entier. »

Dans leur propre histoire, les dirigeants d'entreprise ont eux aussi utilisé des modèles et des « cartes » différents pour gérer leur personnel. Cela va du paradigme primitif de la « carotte et du bâton » où récompenses et punitions sont utilisées pour générer la productivité, à des relations humaines plus sophistiquées et des modèles de ressources humaines fondés sur des stratégies d'influence et des techniques d'engagement.

J'espère pouvoir contribuer à apporter un changement de paradigme dans la formation du management en me concentrant non seulement sur une autre carte mais aussi sur une nouvelle boussole : « Le leadership axé sur les *principes* ». En utilisant ce paradigme, les dirigeants peuvent s'attendre à transformer leurs entreprises et leur personnel en donnant une direction, en fixant les objectifs, en harmonisant les procédures avec les *principes* et les comportements avec les croyances. Les personnes pourront alors avoir une meilleure perception de leur contribution grâce à leur mission au sein de l'entreprise.

Habituellement, nous ne pouvons accepter un nouveau paradigme tant que nous n'avons pas laissé l'ancien de côté. De même, nous ne pouvons apporter d'amélioration durable dans ce que nous entreprenons tant que nous n'abandonnons pas nos préjugés ; nous ne pouvons pas accroître nos ressources humaines en utilisant la manipulation dans nos techniques de management. Néanmoins, dans ce monde renversé, les choses se retrouvent à l'envers. Nous confondons performance et efficacité, occasion et priorité, imitation et innovation, le maquillage avec le caractère et le faux-semblant avec la compétence.

En fin de compte, le style de leadership que l'on adopte est le reflet des idées et des sentiments profonds que nous avons sur la nature de l'homme. C'est le moteur de notre vie – le travail, le plaisir, un ami ou un ennemi, la famille ou les possessions, le conjoint, soi-même, nos *principes* ou nos passions – qui orientera notre perception. Et c'est cette perception qui gouverne les croyances et les comportements.

Je souscris à l'idée suivante : « Je leur apprends des *principes justes* et ils se gouvernent eux-mêmes » comme approche éclairée du management et du leadership. Les individus et les entreprises devraient être guidés et dirigés par un ensemble de *principes* qui ont fait leurs preuves. Ce sont les lois naturelles et les valeurs sociales primordiales qui ont, petit à petit, guidé chaque grande société, chaque civilisation digne de ce nom à travers les siècles. Elles se perpétuent sous la forme de valeurs, d'idées, de normes et d'enseignements qui élèvent, anoblissent, épanouissent, responsabilisent et inspirent les hommes.

Comme le changement de paradigme dans le domaine des sciences, le changement de schéma dans le management peut en modifier totalement la perception et finalement transformer l'entreprise. Alors que les managers doivent se concentrer sur la pratique, les leaders doivent avoir une perspective globale, claire et visionnaire.

« Là où il n'y a pas de vision, dit le proverbe, les gens meurent. » Si l'on sélectionne des objectifs et que l'on cherche à les atteindre avant d'avoir défini une mission et des valeurs, on découvre bien souvent en arrivant en haut des échelons de la fameuse échelle du succès que celle-ci était appuyée contre le mauvais mur.

Les processus qui libèrent le potentiel

En physique, Newton a établi les lois des forces et de la pesanteur en une théorie complète, qui correspondait à son époque. Mais l'énergie extraordinaire de l'atome est restée inconnue jusqu'à ce qu'Albert Einstein (1879-1955) en trouve la clé. Son principe de la relativité, qui considère la matière et l'énergie comme échangeables et non pas comme des valeurs totalement isolées, a révolutionné la pensée scientifique par les concepts nouveaux du temps, de l'espace, de la masse, du mouvement et de la pesanteur.

Dans ses *Notes autobiographiques*, il écrit : « Pardonne-moi, Newton. Tu as trouvé la seule loi qui, à ton époque était envisageable pour un homme d'une intelligence et d'une créativité exceptionnelles. Les concepts que tu as élaborés dominent encore notre manière de penser en physique bien que nous sachions maintenant qu'on doit les remplacer par d'autres, plus éloignés de la sphère de notre expérience immédiate si nous voulons essayer de mieux comprendre la manière dont les choses sont liées entre elles. »

Quand on réalisa la fission de l'atome, une immense énergie fut libérée. De la même façon, le but de tout programme de développement des ressources humaines devrait être de libérer l'immense pouvoir créatif et potentiel des personnes en les impliquant dans un changement significatif dans un processus de développement.

Le leadership axé sur les *principes* propose que le plus haut niveau de la motivation humaine soit un sentiment de contribution personnelle. Les personnes sont considérées comme le bien le plus précieux d'une entreprise – comme les bons gestionnaires de certaines ressources – et la bonne gestion comme clé de la découverte, du développement et du management de tous les autres biens. Chaque personne est envisagée comme un agent libre, capable d'accomplir un grand nombre de tâches et non comme une victime ou un simple pion limité par certaines conditions.

La formation qui va de pair avec ce paradigme est orientée vers le processus et non vers le produit. Le processus de développement de l'entreprise a plusieurs buts : premièrement, récolter et évaluer les données ; deuxièmement, sélectionner les priorités des valeurs et des objectifs ; troisièmement, identifier et évaluer les différents choix ; quatrièmement, planifier et décider des moyens d'actions et cinquièmement, comparer les résultats avec les objectifs initiaux.

Le processus de développement suivant devrait faire partie intégrante de n'importe quel programme de formation. Il faut d'abord apprendre le contenu, l'essence de ce qui est présenté – essayer de comprendre les *principes* de base ; deuxièmement, développer ce que l'on a appris – et ajouter ses propres idées et réflexions ; troisièmement, enseigner ce que vous avez appris – le partager avec d'autres pour mieux comprendre encore, créer un vocabulaire commun du changement et faire évoluer la perception que les autres ont de vous ; quatrièmement, appliquer les *principes* – en les mettant à l'épreuve dans votre environnement immédiat et cinquièmement contrôler les résultats.

Toute vraie croissance est caractérisée par ce processus de développement par étapes. Lorsque les individus sont formés aux *principes* de management en passant par ces stades, ils se libèrent de leurs anciennes limites, de leurs vieilles habitudes et sont de plus en plus motivés et se sentent dirigés de l'intérieur. Les personnes ainsi formées en entreprise trouvent les moyens pour que la structure, l'organisation et leur propre style soient de plus en plus en phase avec leurs missions, leurs valeurs, leurs rôles et leurs objectifs.

Des programmes pour briser les barrières

Le pilote Chuck Yeager, né en 1923, a inauguré l'époque des vols supersoniques, le 14 octobre 1947, en franchissant le mur du son, ce « mur de briques invisible ». Certains scientifiques connus avaient des « données » sur l'impénétrabilité du mur ; d'autres faisaient de sombres prédictions sur la désintégration du pilote et de l'avion, ou bien imaginaient que le pilote perdrait sa voix, ou rajeunirait, ou serait extrêmement secoué, à Mach 1, au moment où l'avion atteindrait la vitesse du son. Néanmoins, Yeager atteignit la vitesse de 700 miles à l'heure (Mach 1,06) dans son avion Bell X-1. Trois semaines après, il battit son propre record à Mach 1,35 ; six ans plus tard il vola à la vitesse incroyable de 1 612 miles à l'heure (Mach 2,44), brisant ainsi le mythe d'un mur impénétrable.

Dans son autobiographie il écrit : « Plus j'allais vite, plus le vol était calme. Tout d'un coup l'aiguille Mach a commencé à vibrer. Elle est montée à 0,965 Mach, puis est sortie carrément de la graduation. Je croyais que j'avais des hallucinations ! Nous volions en supersonique et le vol était aussi doux qu'un vol de colombe. Ma grand-mère aurait pu être là, à siroter une limonade. J'étais abasourdi. Après toute l'anxiété, tout ce que nous avions imaginé, traverser le mur du son était vraiment décevant. Le mur du son, cet inconnu, n'était pas plus éprouvant que de passer à travers des blancs en neige ou de rouler sur une autoroute. Plus tard, je me suis rendu compte que cette mission devait se terminer par une déception, car le vrai mur n'était pas dans le ciel, mais dans notre connaissance et notre expérience du vol supersonique. »

Ayant franchi « le mur du son », nous devons encore faire face à un plus grand obstacle au progrès : le « mur du son humain ». Pour beaucoup de dirigeants, franchir celui-ci en l'état actuel des choses, est aussi difficile à franchir que l'a été le « mur du son » pour les ingénieurs aéronautiques, il y a quatre décennies.

Pourquoi ? Parce que les individus sont souvent perçus comme des limites, voire des handicaps, plutôt que comme des ressources. Ainsi, une performance minimale est souvent institutionnalisée dans la structure, dans les systèmes, puis dans les procédures de l'entreprise. Quelques dirigeants pilotent leur entreprise à hélice et à monomoteur à petite vitesse et à basse altitude, absolument convaincus que toute tentative de performance de haut niveau risquerait de leur faire perdre le contrôle et les ferait s'écraser.

Dans le même temps, quelques managers bien formés et courageux brisent le « mur du son humain » mythique et prouvent qu'on peut gagner 500 % – et non 5 % – grâce à la performance, humaine, sans que personne ne perde la voie, ne redevienne adolescent ou soit soumis à des secousses violentes. En fait, le personnel des entreprises de haute performance s'en trouve bien plus serein et heureux. Parce qu'on le traite comme la ressource la plus précieuse de l'entreprise, il contribue à la progression en termes de qualité et de productivité. Les dirigeants, quant à eux, cherchent à former le personnel à partir des pratiques du management « supersonique » en accordant une confiance absolue dans le potentiel de chacun.

Les programmes de formation et de développement devraient se déployer naturellement autour de la vision, de la mission et des *principes* de l'entreprise. Les programmes devraient avoir pour objectif d'encourager les individus à s'élever, à aller courageusement vers l'inconnu en se fiant davantage à leur imagination qu'à leur mémoire et, enfin, à dépasser leurs peurs et leurs échecs passés. De nombreuses personnes et entreprises ont besoin de franchir une étape en termes de performance, et ce en changeant leurs habitudes et leurs schémas sous peine de se condamner à une sclérose paralysante.

SURMONTER LE POIDS DU PASSÉ

Pour réussir à briser de vieilles habitudes et à en créer de nouvelles, il faut apprendre à manier les forces qui nous paralysent et à exploiter celles nécessaires à l'obtention d'une victoire personnelle quotidienne.

Pour surmonter le poids du passé il faut surtout avoir une identité claire et un objectif fort – il faut savoir qui on est et ce qu'on veut accomplir. De mauvaises performances peuvent souvent être dues à un mauvais choix des priorités et de l'organisation. Se montrer faible dans ses résolutions, c'est être souvent dominé par les émotions, l'humeur et les circonstances.

Les personnes très efficaces gèrent bien leur emploi du temps. Il est leur serviteur et non leur maître. Elles organisent leur vie de façon hebdomadaire et s'adaptent quotidiennement. Cependant, elles ne changent pas leurs plans par caprice. Elles se disciplinent et se concentrent sans succomber à leurs humeurs et aux circonstances. Elles prévoient des plages de temps pour un travail important sur des projets créatifs. Elles ont des activités moins exigeantes et moins importantes dans les moments de fatigue. Elles finissent ce qu'elles ont commencé et évitent de trop s'occuper de paperasse inutile.

Je définis la discipline comme la capacité de faire et de tenir des promesses, d'honorer des engagements. C'est la clé pour surmonter le poids du passé.

Si nous commençons de manière modeste, nous pouvons petit à petit renforcer notre sentiment de dignité personnelle et augmenter notre capacité à faire et à tenir des promesses plus importantes. En fin de compte, la dignité dominera les humeurs. Nous ne ferons alors que les déclarations dont nous serons sûrs d'assurer la réalisation.

Il est très utile d'écrire nos engagements et de les avoir sous les yeux. Récemment, j'ai développé un outil dans ce but – le plan hebdomadaire des *Sept Habitudes*. Inscrire nos rôles et nos objectifs renforce nos résolutions et nous rappelle l'importance de planifier notre temps et d'organiser nos ressources pour accomplir ces promesses.

Vous pourriez commencer ce processus en vous engageant, par exemple, à vous lever à une certaine heure le matin sans tenir compte de votre condition physique. Puis, promettez-vous d'utiliser cette première heure de manière profitable – en planifiant et en préparant la journée. Et si vous le faites, vous découvrirez la force qu'il y a dans le fait d'honorer ses engagements. Cela génère l'estime de soi et un sentiment d'intégrité personnelle, base de tout vrai succès.

LES TROIS GRANDES FORCES

En astronautique, nous apprenons qu'on utilise plus de force et d'énergie au décollage pour vaincre la pesanteur de la terre que pour naviguer pendant un million de miles et revenir.

De même, nous dépensons beaucoup d'énergie et nous faisons des efforts méritoires pour avoir un nouveau comportement. Les vieilles habitudes exercent sur nous une attraction puissante. Il se peut qu'un jour, nous prenions la résolution de moins ou mieux manger, par exemple, et que chaque matin voie cette résolution reportée. Nous pourrions aussi nous promettre d'arrêter de paresser et d'écrire enfin ces lettres qui traînent ou de nous attaquer à ces projets importants, mais pas très urgents, pour, en fin de compte, ne pas tenir notre résolution et retomber dans nos habitudes et ce cercle vicieux où nous prenons sans cesse des engagements sans les tenir. On peut se demander si cela vaut la peine de s'y atteler.

Comment pouvons-nous mettre un terme à ces mauvaises habitudes et en prendre de nouvelles plus saines ? Nous devons d'abord nous asseoir et calculer ce que cela nous coûte de nous engager en public, puis de ne pas aller jusqu'au bout. Si nous ne finissons pas ce que nous commençons, nous nous ridiculisons aux yeux des autres et à nos propres yeux. Nous devons absolument nous asseoir d'abord, calculer le coût et évaluer les contraintes pour nous assurer que nous avons suffisamment de volonté.

L'analyse des champs de forces nous montre que dans chaque environnement il existe des forces contraires puissantes qui annihilent toute nouvelle avancée. Tout effort sérieux pour changer une habitude doit prendre ces forces en considération. Par exemple, si nous décidons de changer notre régime, nous devons tenir compte des moments, des endroits et des situations où nous n'y arriverons pas. Nous pouvons alors éviter ces obstacles qui nous font trébucher et même trouver des aides pour progresser et accomplir nos résolutions.

Les vieilles habitudes ont un poids immense. Briser des habitudes profondément ancrées (de paresse, de mauvais esprit, d'excès de nourriture, de sommeil) demande beaucoup de volonté.

Nous pouvons nous trouver face à des questions de caractère fondamentales et avoir besoin d'opérer une transformation radicale.

Souvent, nos résolutions et notre volonté ne suffisent pas. Nous avons alors besoin de l'aide d'autres personnes engagées dans la même voie. Le succès de groupes comme les Alcooliques Anonymes témoigne de la force des associations de soutien.

Au début, le changement sera tout de même difficile. Une fois que nous aurons décidé de changer, de décoller, nous aurons peut-être à sacrifier une part de « liberté », qui consiste à faire ce que nous avons envie de faire ou ce qui nous vient naturellement, jusqu'à ce que de nouvelles habitudes soient fermement ancrées et que nos penchants pour les vieilles aient disparu. Nous subirons les symptômes de désintoxication – il faudra gérer les envies, les routines et les tendances. De même que des astronautes sont secoués par les forces naturelles quand ils s'arrachent à l'attraction terrestre, nous devons, nous aussi, nous attendre à rencontrer des difficultés lorsque nous voulons surmonter l'attraction du passé.

Les trois grandes forces qui nous enchaînent à nos mauvaises habitudes sont les envies, l'orgueil et l'ambition. Bien que nous en ayons déjà parlé dans le chapitre III, je voudrais les repasser brièvement en revue ici.

• **Premièrement, les envies et les passions**. Nous succombons tous, à des moments divers, à des tentations – nos désirs physiologiques, nos envies de nourriture et de boisson, etc. Beaucoup de personnes sont esclaves de leur estomac (et de leurs penchants). C'est ce dernier qui contrôle leur corps et leur esprit, ce qui n'est pas sans conséquences. Quand nous satisfaisons trop nos plaisirs, nous sommes moins sensibles aux besoins des autres. Nous sommes mécontents de nous-mêmes et nous transférons ce malaise sur les autres, parfois dès la moindre contrariété. Quand ce sont nos appétits et nos passions qui nous contrôlent, nous avons inévitablement des problèmes relationnels.

Sir Walter Scott a noté que « celui qui s'adonne à ses sens de manière excessive se rend insupportable à sa propre raison ; et pour gratifier la brute en lui, il déplaît à l'homme et met ses deux natures en opposition ».

• **Deuxièmement, l'orgueil et la prétention**. Si nous ne sommes pas sécurisés par notre définition de nous-mêmes, nous cherchons notre identité et l'approbation des autres dans le miroir social. Notre idée de nous-mêmes vient alors de ce que les autres pensent alors de nous. Ainsi, nous orientons nos vies pour répondre à leurs attentes. Plus nous vivons en fonction de ce que les autres attendent de nous, plus nous devenons mal à l'aise et prétentieux. Les attentes changent, l'opinion reste. En continuant à jouer un rôle, en nous adonnant à la vanité et à l'orgueil, nous nous leurrons et, comme nous nous sentons menacés, nous nous battons pour maintenir notre fausse apparence.

• **Troisièmement, la réussite sociale et l'ambition**. Lorsque nous sommes aveuglés par l'ambition, nous essayons d'abord d'être compris et d'obtenir du succès, une position, du pouvoir et de l'avancement plutôt que de regarder le temps, le talent et les possessions comme un domaine dont nous sommes responsables. Les individus qui veulent seulement réussir socialement sont profondément possessifs. Ils ramènent tout à cet objectif. Tous les autres deviennent des concurrents. Leurs relations – même avec leurs proches et leurs intimes – ont tendance à être compétitives. Ils utilisent différentes méthodes de manipulation pour arriver à leurs fins.

La victoire privée quotidienne

Si nous pouvons surmonter l'attraction du sommeil et nous lever tôt le matin – en donnant la priorité à l'esprit plutôt qu'au matelas –, nous obtenons notre première victoire de la journée. Nous pouvons aller vers d'autres objectifs, car c'est grâce à de petits progrès que nous accomplissons de grandes choses. Une telle victoire tôt le matin donne un sentiment de conquête, de maîtrise – et ce sentiment nous pousse à affronter d'autres difficultés et à sauter d'autres obstacles pendant le reste de la journée. Commencer la journée par une victoire privée est une bonne manière de briser les vieilles habitudes pour en créer de nouvelles.

Notre capacité à en faire plus et à agir d'une meilleure façon augmentera en même temps que nous nous disciplinerons à faire les choses importantes et difficiles en premier, quand nous sommes encore frais, et à remettre les travaux de routine à plus tard. Ainsi nous sommes le produit de nos décisions, de nos buts et de nos plans et non pas de nos humeurs et des circonstances.

Nous avons tous nos défis privés ; nous avons tous la possibilité d'imaginer nos défis publics avant de les rencontrer dans la réalité et ainsi, de les vivre avant qu'ils ne se déroulent. De cette façon, nous pouvons analyser nos désirs, notre égoïsme, nos tendances négatives, notre impatience, notre colère, notre paresse et notre irresponsabilité – les combattre et gagner la bataille en pensée avant de le faire dans la réalité.

Ainsi quand les défis publics apparaissent – avec leur cortège de pressions et de stress qui nous agressent –, nous aurons la force intérieure de les aborder à partir d'un ensemble de *principes justes*. Gagner un défi privé avant d'entrer dans l'arène publique est une autre clé pour rompre avec les vieilles habitudes et en prendre de nouvelles. J'ai appris que nous n'obtenons jamais de victoires publiques durables tant que nous n'avons pas obtenu de victoires privées.

L'IMPORTANCE DU CONDITIONNEMENT

Nous pouvons augmenter notre capacité à rompre et à créer des habitudes de la même manière que nous pouvons augmenter notre capacité respiratoire – en commençant avec un programme de gymnastique.

Car nous ne pouvons pas courir plus vite que les fonctions mises en jeu ne nous le permettent. Nous devons donc nous améliorer petit à petit. L'aérobic, par exemple, est un programme d'exercices actifs, qui part de l'idée d'accroître progressivement les réserves et capacités du corps afin qu'il dispose des ressources nécessaires le moment venu. Lorsqu'on mène une vie sédentaire et qu'on est subitement mis à l'épreuve physiquement, on se rend compte que son corps réclame de l'oxygène. Mais si la circulation sanguine est sous-développée ou déficiente, la crise cardiaque peut survenir.

Le *principe*, ici, est d'augmenter, progressivement, par des exercices quotidiens, la fibre émotionnelle. Il faut engranger suffisamment d'énergie émotionnelle sur laquelle on pourra compter lors des moments de stress.

En ce qui concerne les nouvelles habitudes, l'exercice d'« aérobic » que je recommande est le suivant : 1) avoir chaque jour un objectif ; 2) prendre des décisions et s'engager en vue de cet objectif. On acquiert ainsi une capacité à se « transcender », à sortir de soi-même et à voir ce qui se passe et ce qui devrait se passer. Nous avons besoin de temps pour planifier et décider. Comme l'a dit Goethe : « Les choses qui importent le plus ne doivent jamais être à la merci des choses qui importent le moins. » Une planification rigoureuse nous aide à maintenir un sens des perspectives, des buts et des priorités bien ordonné.

Cinq suggestions

Si nous faisons les cinq choses suivantes, nous aurons un potentiel d'énergie suffisant dans les moments d'épreuves.

• Ne faites jamais une promesse que vous ne tiendrez pas.

• Faites des promesses et prenez des résolutions dans le but de vous améliorer – et partagez-les avec une personne aimée.

• Utilisez la connaissance de votre personnalité et faites très attention aux promesses que vous faites.

• Considérez les promesses comme une mesure de votre degré d'intégrité et de confiance en vous.

• Souvenez-vous que votre intégrité personnelle ou maîtrise de vous-même est la base de votre succès auprès des autres.

Une pratique simple peut vous aider dans votre quête de l'excellence, de la vraie maturité (le *courage mêlé de considération*) et d'intégrité. Cette méthode est la suivante : avant de tester votre nouvelle habitude, arrêtez-vous et faites-vous contrôler ; sondez et rassemblez vos ressources ; soyez résolu dans votre esprit et votre cœur ; choisissez votre état d'esprit et votre réponse de manière proactive ; demandez-vous : « Comment puis-je répondre à cette situation le mieux possible ? » Choisissez de donner le meilleur de vous-même et ce choix fera disparaître votre incertitude et renforcera votre détermination.

Quand tout est prêt pour le décollage, les astronautes disent *All systems go*. Cela veut dire que tout est prêt et que tout fonctionne. Ils peuvent décoller à partir d'une rampe de lancement et faire des manœuvres dans l'espace parce que tout est coordonné, harmonisé et prêt pour la prochaine étape.

Quand nos habitudes et nos systèmes de valeurs ne sont pas synchronisés, nous sommes sujets au doute et à la résistance et souvent notre mission échoue. Le comportement actif et positif renforce nos bonnes intentions et nos résolutions. Les actions – le fait de faire – peuvent changer notre nature même. L'action modifie notre vision de nous-mêmes. Notre comportement est en grande partie un produit de ce carburant que nous avons nous-mêmes fabriqué.

Par conséquent, si une personne fait une promesse, mais ne la tient pas, elle court le risque d'un effondrement de son caractère. Sa dignité et son intégrité sont menacées. Elle a tendance à moins s'estimer. Finalement, elle peut se créer une autre image d'elle-même et son comportement finira par se conformer à cette image. Mais en gérant bien chaque nouveau défi et en le surmontant, nous déclenchons à l'intérieur de nous-mêmes une nouvelle liberté et la capacité d'atteindre des hauteurs que nous n'avions jamais imaginées.

Chapitre VI

Les six jours de la création

Une vraie croissance et un réel progrès se font étape par étape, en suivant une ligne naturelle de développement. Ainsi dans l'histoire de la Genèse, la terre a été créée en six jours. Chaque jour compte, chaque chose vient en son temps : la lumière, les eaux, la terre, les plantes, les animaux, et finalement l'homme. Ce processus est commun à chaque étape de la vie.

• Enfants, nous apprenons à bouger, à nous asseoir, à avancer à quatre pattes puis à marcher et à courir. Chaque stade est important, aucun ne saurait être évité.

• À l'école nous étudions l'arithmétique avant l'algèbre, l'algèbre avant le calcul différentiel. Nous ne pouvons tout simplement pas faire certains calculs avant d'avoir compris l'algèbre.

• Dans le bâtiment nous commençons par les fondations avant de passer aux autres étapes de la construction.

Nous connaissons et nous acceptons ce processus par stades dans les domaines physique et intellectuel, parce que les choses y sont visibles et que nous en avons des preuves constantes. Mais dans les autres domaines du développement humain et de l'interaction sociale, nous essayons souvent de trouver des raccourcis – en substituant les occasions aux priorités, l'imitation à l'innovation, le maquillage au visage naturel, le style à la substance et la prétention à la vraie compétence. Nous sautons souvent des étapes vitales pour gagner du temps et des efforts, en espérant quand même des récompenses.

De tels espoirs sont vains. Il n'y a de raccourcis ni dans l'apprentissage professionnel ni dans l'acquisition de talents comme celui de jouer au piano ou de parler en public, ni dans le développement de notre esprit et de notre caractère. Pendant toute notre vie, il nous faut franchir des stades ou des processus de croissance et de développement et à chaque étape le concept des *six jours de la création* peut s'appliquer.

Par exemple, que se passe-t-il quand une personne essaie de prendre un raccourci pour apprendre à jouer au *tennis* ? Si c'est un joueur moyen, qui se situe au *jour trois* et qu'il décide soudain de jouer au *jour six* pour faire meilleure impression, quel sera le résultat ? Ou que se passerait-il si vous faisiez croire à vos amis que vous pouvez jouer du piano au *jour six* alors que votre niveau réel est au *jour deux* ? Si vous êtes au *jour trois* au golf et que vous êtes en compétition avec quelqu'un qui est au *jour cinq*, pensez-vous que vous pourrez gagner grâce à la « pensée positive » ?

La réponse est évidente. Il est tout simplement impossible d'enfreindre, d'ignorer ou de court-circuiter ce processus de développement. Ce serait contre nature et toute tentative pour gagner du temps mène inéluctablement à la confusion et à la frustration. Si je suis au *jour deux* dans n'importe quel domaine et que je veux atteindre le *jour cinq*, je dois d'abord faire le pas qui mène au *jour trois*. Prendre un raccourci, dépasser, simuler, paraître ou faire semblant ne compense pas l'absence de savoir-faire et de discernement.

Progresser implique d'accepter le fait d'être aujourd'hui au *jour deux* et de refuser toute autre prétention.

Si les étudiants refusent qu'un professeur découvre à quel niveau ils se situent – en posant des questions ou en leur montrant leurs lacunes –, ils n'apprendront rien et ne progresseront pas. Personne ne peut simuler très longtemps ; on finit toujours par paraître tels que nous sommes, sans fard. La première étape de notre éducation est d'admettre notre ignorance.

La croissance interne

À présent, au lieu de considérer le savoir-faire ou le niveau de nos connaissances, observons la croissance interne d'un individu. Par exemple, supposez qu'une personne est au *jour cinq* intellectuellement mais au *jour deux* émotionnellement. Pas de problème quand le soleil brille et que tout va bien. Mais que se passe-t-il, quand elle se sent fatiguée, avec des problèmes de couple, une pression financière, des adolescents en crise, des enfants qui hurlent et le téléphone qui n'arrête pas de sonner ?

La personne émotionnellement immature peut se sentir totalement esclave de sa colère, de son impatience et de son mauvais esprit. Et pourtant, en public, lorsque tout va bien, elle peut très bien ne jamais révéler cette défaillance interne, cette immaturité.

Le fait de court-circuiter le processus naturel de développement n'est pas toujours apparent dans les domaines émotionnel, social, et spirituel. Nous pouvons « prendre la pose », simuler et pendant un moment nous pouvons nous en sortir « grâce aux apparences ». On peut aussi se leurrer soi-même. Pourtant, la plupart d'entre nous savent qui ils sont réellement et c'est souvent aussi le cas des quelques personnes avec lesquelles nous vivons et nous travaillons.

Établir des rapports efficaces avec nos collègues, conjoints ou enfants demande une force émotionnelle pour apprendre à écouter, car cela demande de la patience, une ouverture d'esprit et le désir de comprendre. Lorsque nous sommes ouverts aux autres, nous prenons le risque d'être bouleversés ou transformés – nous leur permettons de nous influencer. Or si nous sommes sûrs d'avoir raison, il ne sera pas question de changement. Nous pensons donc qu'il vaut mieux rester fermés pour dire et dicter notre point de vue. Il est plus facile de fonctionner à partir de notre niveau émotionnel au jour deux et de donner des conseils au jour six.

Posséder avant de donner

Un jour j'ai essayé d'apprendre à ma fille la valeur du partage, à une époque où elle n'était pas prête à la comprendre. En fait j'essayais de la faire passer sur commande du *jour deux* au *jour cinq*. Voici ce qui se passa exactement.

J'avais décidé de rentrer à la maison pour son goûter d'anniversaire, elle fêtait ses trois ans. En arrivant, je la trouvai seule dans un coin du salon, serrant contre elle tous ses cadeaux et refusant de laisser les autres enfants s'amuser avec ses nouveaux jouets. En entrant, j'avais remarqué quelques parents qui observaient ce spectacle affligeant ; je fus doublement gêné, car je donnais précisément des cours à l'université sur les relations humaines. Je savais ce qu'attendaient de moi ces parents, ou du moins j'avais l'impression qu'ils attendaient quelque chose de particulier de moi et de mes enfants.

Dans la pièce l'atmosphère était tendue ; les enfants entouraient ma petite fille, brûlant d'envie de jouer avec les cadeaux qu'ils lui avaient apportés. Je pensais en moi-même : « Il faut que je lui apprenne à partager. La valeur du partage est l'une de celles qui me tient le plus à cœur. » Je me suis donc engagé dans le processus suivant :

Ma première tentative était simplement de *demander* : « Ma chérie, voudrais-tu partager avec tes amis les jouets qu'ils viennent de te donner ? » Elle répondit catégoriquement non. Ma deuxième tentative a été *d'argumenter* : « Ma chérie, si tu apprends à partager tes jouets avec eux lorsqu'ils viennent te voir, ils te laisseront jouer avec les leurs quand tu iras chez eux. » Même réponse négative. J'étais de plus en plus gêné, car je n'avais, de toute évidence, aucune influence sur elle. Ma troisième tentative releva du *chantage* : « Ma chérie, si tu partages, j'ai une surprise pour toi, je te donnerai un chewing-gum. – Je ne veux pas de chewing-gum ! », s'exclama-t-elle aussitôt. Je commençais à m'énerver et dans une dernière tentative, j'employais la menace : « Si tu ne partages pas, ça va mal se passer ! – Je m'en fiche, dit-elle. Ce sont mes jouets. Je ne veux pas les partager ! » J'eus finalement recours à la *force*. Je pris une partie des jouets et les distribuai aux enfants : « Allez, les enfants, vous pouvez jouer avec. »

Or, ma fille avait peut-être besoin de savoir ce que « posséder » signifiait avant de pouvoir donner – à moins de ne posséder réellement quelque chose, nous ne pouvons jamais vraiment le donner. Mais à ce moment-là, j'attachais plus d'importance à l'opinion des parents présents qu'au développement de ma fille et à mes relations avec elle. J'avais jugé, dès le départ, que j'avais raison, qu'elle devait partager et qu'elle avait tort de ne pas le faire. À partir de ce jugement, je me suis mis à la manipuler jusqu'à finir par la forcer.

Elle était au *jour deux* et je lui imposais le *jour cinq*, simplement parce que sur ma propre échelle j'étais aussi au *jour deux* : j'étais incapable de lui accorder de la patience et de la compréhension et j'exigeais qu'elle m'en donne ! Si j'avais été plus mûr, j'aurais pu la laisser choisir entre partager et ne pas partager. L'ayant raisonnée, j'aurais pu attirer l'attention des enfants vers un jeu amusant, libérant ainsi ma fille de la pression émotionnelle. J'ai appris depuis que mes enfants, une fois en possession d'un objet, le partageaient tout naturellement et spontanément.

Il y a des moments pour enseigner et former et des moments où il n'est pas opportun d'intervenir. Quand les relations sont tendues et chargées d'émotion, les tentatives d'enseignement sont souvent perçues comme une forme de jugement et de rejet. Une meilleure approche serait d'être seul avec la personne et de lui parler en particulier. Et encore, cela demande de la patience et une maîtrise intérieure – c'est-à-dire de la maturité émotionnelle.

Comme les parents, beaucoup d'employeurs, de dirigeants et, plus généralement tous ceux qui sont investis d'une autorité, peuvent avoir des compétences, des connaissances et du savoir-faire (au *jour six*) et être quand même émotionnellement et spirituellement immatures (au *jour deux*). Ils peuvent aussi essayer de compenser ce manque en puisant des forces dans leur position ou leur autorité.

Comment des personnes immatures réagissent-elles à la pression ? Comment le patron se comporte-t-il quand ses collaborateurs ne font pas ce qu'il attend d'eux ? Et un professeur, quand les étudiants le remettent en question ? Comment un parent immature reçoit-il sa fille adolescente quand elle l'interrompt avec ses problèmes ? Comment ce parent discipline-t-il son jeune enfant turbulent ? Comment cette personne gère-t-elle un différend sur un sujet émotionnellement explosif ? Comment gère-t-elle ses défis professionnels ?

Une personne émotionnellement immature aura tendance à emprunter des forces à sa position, à son statut, à son pouvoir, à son expérience, à son intellect ou à ses émotions pour compenser un déséquilibre de caractère. Quelles en sont les conséquences ? En fin de compte, cette personne s'appauvrit sur trois points.

En premier, elle consolide ses faiblesses internes. Puiser des forces en s'appuyant sur sa position ou son autorité renforce sa propre dépendance à l'égard de facteurs externes pour accomplir des missions.

Deuxièmement, elle accentue la faiblesse des autres. Les autres apprennent à réagir sur le mode de la peur ou de la conformité et répriment leur faculté de raisonnement, leur liberté, leur croissance et leur discipline interne.

Troisièmement, elle appauvrit les relations. Elles deviennent tendues, la peur remplace la coopération. Chaque personne concernée se trouve déstabilisée, sur la défensive.

Pour gagner des points, une personne de cette catégorie peut utiliser ses forces et ses capacités dans le but de faire reculer les autres. Mais même si elle remporte la controverse, elle est perdante. Tout le monde est perdant. Sa force même devient sa faiblesse.

En fait, lorsque nous puisons nos forces dans nos possessions, notre position, notre statut, notre apparence, notre appartenance ou sur nos actions, que nous arrive-t-il quand ces choses viennent à changer ou à disparaître ?

Évidemment, nous restons avec nos faiblesses et leur influence sur nous-mêmes et nos relations avec les autres. Les personnes qui ont l'habitude d'emprunter des forces perdront à la longue leur aura auprès de ceux qu'elles voulaient impressionner le plus. Leurs enfants se sentiront amoindris et écrasés et auront des problèmes avec le sens de leur propre valeur, de leur identité et de leur individualité. Leurs collègues se rebifferont et feront des objections aux pires moments.

À quelles sources pouvons-nous alors puiser des forces sans augmenter notre faiblesse ? Uniquement à celles qui développent notre capacité intérieure à traiter n'importe quelle situation. Par exemple, un chirurgien puise des forces dans son savoir-faire et dans ses connaissances, un coureur dans son corps discipliné, ses jambes musclées et ses poumons puissants.

En d'autres termes, nous devons nous demander : « Qu'exige la situation ? Quelles forces, quel savoir-faire, quelles connaissances, quelle attitude ? » Les possessions, les apparences, le statut de chirurgien ou d'athlète ne sont que les symboles de ce qu'ils ont réellement besoin et n'ont donc aucune valeur sans la matière première.

LES IMPLICATIONS POUR LA CROISSANCE PERSONNELLE

Je distingue six implications significatives pour le processus de développement en *six jours* :

• La croissance est un processus naturel ; vous récoltez ce que vous semez : l'algèbre précède le calcul différentiel et la progression à quatre pattes la station debout.

• Nous sommes tous à des *jours* différents (niveaux de croissance) sur le plan physique, social, émotionnel, intellectuel et spirituel. Si je suis à un niveau différent de vous, je dois peut-être améliorer et surmonter des choses que vous avez déjà acquises et *vice versa*. Votre *jour quatre* est peut-être mon *jour deux*.

• Les comparaisons sont dangereuses. Comparer engendre l'insécurité et pourtant nous le faisons très fréquemment vis-à-vis de nos enfants, nos collègues et autres connaissances. Si nous cherchons notre sens des valeurs et notre sérénité à partir de telles comparaisons, nous nous retrouverons en fin de compte insécurisés et anxieux, en nous sentant parfois supérieurs, parfois inférieurs, selon les moments. Les opinions, les coutumes, les modes sont instables et toujours changeantes. Il ne peut y avoir de sécurité dans l'instabilité. La sérénité ne vient pas de l'extérieur. Puiser des forces d'un système qui ne construit ni ne renforce intérieurement ne peut être générateur que d'affaiblissement. Comparer et emprunter engendre le mépris et la vanité, d'une part et, d'autre part, le découragement et le dégoût de soi-même. Cela encourage à trouver des raccourcis, à se laisser guider par l'opinion, à vivre sur des apparences et à emprunter des forces de sources extérieures. Il vaut mieux se comparer uniquement à soi-même. Nous ne pouvons nous concentrer nous ou notre bonheur sur les progrès des autres ; nous ne devons regarder que nos propres progrès. Il ne faut comparer les autres que par rapport à leur propre potentiel, puis encourager ce potentiel et leurs efforts pour l'atteindre. Nous devons plutôt demander : « Comment avance-t-il avec ce qu'il a ? » au lieu de comparer une personne à une autre et de distribuer des bons ou des mauvais points sur la base de cette comparaison.

• Il n'y a pas de raccourcis. Si je suis au *jour deux* et que je souhaite aller au *jour six,* je dois passer par les jours *trois, quatre et cinq*. Si je fais semblant d'être au *jour six* pour impressionner les autres, je serai forcément démasqué. Essayer d'être « tout pour tout le monde » finira par me faire perdre le respect des autres et de moi-même. S'il y a des personnes au *jour trois,* il est inutile et malveillant de les comparer et de les critiquer parce qu'elles ne sont pas au jour *cinq* ou *six*. Il n'y a pas de raccourcis.

• Pour nous améliorer nous devons commencer à partir de l'endroit où nous sommes, et non à partir de là où nous devrions être, de là où est quelqu'un d'autre ou même de là ou d'autres pensent que nous sommes. En faisant une pompe de plus chaque jour, je pourrai arriver à trente en un mois. De même, pour m'améliorer dans n'importe quel domaine, je peux m'entraîner un peu plus, par exemple, acquérir plus de patience, de compréhension ou de courage, et augmenter ainsi peu à peu mes capacités par une discipline et des efforts quotidiens.

Je crois que les *jours un* et *deux* demandent à la plupart d'entre nous une meilleure maîtrise de notre corps – aller se coucher tôt, se lever tôt, faire régulièrement de l'exercice, manger modérément, rester au travail quand c'est nécessaire même si l'on est fatigué, etc. Trop de personnes essaient de résoudre des problèmes du *jour quatre, cinq* ou *six* tels que la paresse, l'impatience ou l'orgueil, alors qu'elles sont encore dépendantes de leurs envies. Si nous ne pouvons pas contrôler notre corps et nos envies comment pourrions-nous contrôler nos paroles ou surmonter nos passions et nos sentiments de colère, de jalousie ou de haine ? Beaucoup convoitent les fruits des *jours cinq* et *six* (l'amour, la spiritualité, la maîtrise des envies et des passions).

• L'introspection nous donne une compréhension précise de nos faiblesses et le pouvoir de les surmonter. Beaucoup d'entre nous ne savent tout simplement pas par où commencer. Nous ne connaissons pas toujours l'ordre des étapes. Les schémas et processus utilisés par Untel peuvent être différents des nôtres. Ce qui représente pour quelqu'un le *jour cinq* peut être notre *jour deux*. Nous sommes peut-être nous-mêmes par moments au jour quatre et par moments au *jour un* – et ce, dans le même domaine parfois ; nous devons quelquefois travailler sur chaque niveau en même temps.

Mais la clé de notre croissance et de notre développement est de toujours commencer là où nous en sommes, à notre *jour un*.

Chapitre VII

Les sept péchés capitaux

Le Mahatma Gandhi a dit que nous serions détruits par sept choses. Vous remarquerez en les parcourant qu'elles sont toutes liées aux conditions sociales et politiques. Vous noterez aussi que l'antidote pour chacun de ces *péchés capitaux* est une norme explicite externe ou un élément qui se fonde sur des *principes* ou des lois naturelles et non sur des valeurs sociales.

• **La richesse sans le travail** fait référence au fait d'obtenir quelque chose sans effort – en utilisant les marchés et les biens afin de ne pas avoir à travailler ou à produire de la valeur ajoutée et simplement en manipulant les gens et les choses. Aujourd'hui il existe des professions où l'on peut accumuler les richesses sans travailler, gagner beaucoup d'argent sans payer d'impôts, bénéficier de subventions gouvernementales sans prendre en charge une partie du poids financier et jouir de tous les avantages de la citoyenneté d'un pays ou de l'appartenance à une corporation sans assumer aucun risque ni aucune responsabilité.

Combien d'affaires frauduleuses dans les années 1980, appelées la décennie de la corruption, étaient des projets d'enrichissement rapide ou de spéculation qui promettaient aux gens l'absence totale d'efforts et de travail ? Je serais très inquiet d'apprendre que l'un de mes enfants s'occupe d'affaires spéculatives ou pense gagner beaucoup d'argent sans en avoir à en payer le prix, sans ajouter de valeur supplémentaire.

Certaines formes de marketing en réseau et d'entreprises pyramidales me mettent mal à l'aise, car un certain nombre d'individus s'y enrichissent rapidement en mettant en place une structure en dessous d'eux, qui les nourrit sans qu'ils aient à travailler eux-mêmes. Tout y est rationalisé à fond, mais la motivation première est souvent l'avidité : « Vous gagnerez de l'argent sans trop de mal. Il faudra peut-être travailler au début mais ensuite vous serez riches sans plus d'efforts. » Ils sont réduits par des mœurs nouvelles et des normes sociales qui faussent leur jugement.

Justice et jugement sont inséparables. Plus vous vous éloignez des lois de la nature, plus votre jugement en souffrira. Vous acquerrez des notions déformées. Vous commencerez à mentir rationnellement pour expliquer le bon ou le mauvais fonctionnement des choses. Vous vous éloignerez des lois de la ferme pour entrer dans l'environnement sociopolitique.

Lorsqu'on nous parle d'entreprise en difficulté, on nous rapporte souvent les confessions de dirigeants qui avouent s'être éloignés des lois et des *principes naturels* ; ils ont alors commencé à accumuler, à emprunter et à spéculer sans observer la réalité et sans obtenir un retour d'informations objectives, simplement parce qu'ils n'écoutaient qu'eux-mêmes. Ils ont maintenant une grosse dette à payer et il leur faudra travailler dur pour essayer de franchir le cap des cinq prochaines années. Cela exige de retourner à la case départ et de remettre la main à la pâte. Beaucoup de ces dirigeants critiquaient la « frilosité » des fondateurs, qui restaient proches des choses fondamentales en préférant demeurer modestes, mais libres de toutes dettes.

• **Le plaisir sans la conscience**. La première question des gens immatures, avides et égoïstes a toujours été : « Qu'est-ce que cela m'apporte ? Y trouverai-je du plaisir ? Est-ce que cela me facilitera les choses ? » Actuellement de nombreuses personnes semblent à la recherche du plaisir sans n'avoir aucune conscience du sens des responsabilités, au point même de négliger ou d'abandonner leur conjoint et leurs enfants sous prétexte de faire ce qu'elles ont envie de faire. L'indépendance n'est pas le plus grand signe de maturité – ce n'est qu'une attitude intermédiaire sur le chemin de l'*interdépendance*, l'état le plus avancé et le plus mûr. Apprendre à donner et à recevoir, à vivre de façon désintéressée, à être sensible et prévenant fait partie de nos défis. Sans cela la responsabilité sociale n'a aucun sens.

Le coût total de nos plaisirs égocentriques est très souvent élevé si on le mesure en termes de temps, d'argent, de réputation et de blessures infligées aux autres, qui sont toujours lésés par ceux qui ne pensent qu'à se laisser aller et à satisfaire leurs désirs immédiats. Il est dangereux de négliger les lois naturelles en laissant de côté la conscience. La conscience est la gardienne des vérités éternelles et des *principes* – le thermomètre intérieur.

Un psychologue très connu a essayé de mettre des patients en harmonie avec leur conscience morale par ce qu'il appelait « la thérapie de l'intégrité ». Il m'a raconté être lui-même devenu maniaco-dépressif.

« Je sentais que j'avais des tendances suicidaires, me dit-il. Donc, je me suis rendu moi-même dans un hôpital psychiatrique. J'ai essayé de m'en sortir, de neutraliser ces tendances jusqu'à pouvoir quitter l'hôpital. Aujourd'hui, je ne fais plus de travail clinique, car cela m'angoisse trop. Je fais surtout de la recherche et à travers mes problèmes, j'ai découvert que la thérapie de l'intégrité était la seule issue. J'ai quitté ma maîtresse, j'ai tout avoué à ma femme et j'ai pu vivre en paix pour la première fois de ma vie. »

Le plaisir sans la conscience est une des grandes tentations des dirigeants d'aujourd'hui. Quelquefois, en avion, je parcours les magazines qui visent cette catégorie et je regarde les publicités. Environ deux tiers d'entre elles invitent au laisser-aller sans retenue sous prétexte que ces personnes le méritent ou l'ont bien gagné. Le message séducteur est le suivant : « Vous avez réussi, vous faites vous-mêmes la loi, vous n'avez plus besoin d'être guidés par votre conscience. » Et dans certaines publicités, on peut voir des hommes de soixante ans en compagnie de belles jeunes femmes qui sont censées les accompagner à des congrès. Où sont leurs épouses ? Qu'est-il arrivé aux mœurs sociales pour qu'il soit devenu légitime de se comporter ainsi envers son épouse ?

• **La connaissance sans le caractère**. Si avoir peu de connaissances peut être dangereux, en avoir beaucoup peut l'être plus encore si l'on n'a pas une grande force de caractère. Le développement purement intellectuel sans le développement du caractère est autant dénué de sens que de mettre une voiture de sport hautement performante entre les mains d'un adolescent sous l'influence d'une drogue. C'est trop souvent ce qui se passe dans le monde universitaire lorsque nous ne nous attachons pas au développement du caractère des jeunes étudiants.

L'une des raisons qui me pousse plus particulièrement à enseigner les *Sept Habitudes* dans les écoles est qu'elles correspondent à l'éducation du caractère. Certaines personnes repoussent cet aspect de la question en disant : « C'est votre système de valeurs. » Mais on peut avoir un système de valeurs commun et approuvé par tous. Il n'est pas si difficile, par exemple, de décider que la gentillesse, l'équité, la dignité et l'intégrité sont des concepts à préserver. Personne ne le contestera. Commençons donc avec des valeurs incontestables et intégrons-les dans notre système d'éducation, dans nos programmes de formation et de développement dans les entreprises. Essayons d'obtenir un meilleur équilibre entre le développement du caractère et celui de l'intellect.

De nos jours, les personnes qui transforment l'éducation le font en s'attachant à un ensemble de dogmes, de valeurs et de priorités communs et en démythifiant l'excès de spécialisation, le cloisonnement et les préjugés.

• **Le commerce (les affaires) sans la moralité (l'éthique)**. Dans son livre *Les Sentiments moraux*, qui a précédé *La Richesse des nations*, Adam Smith explique comment la morale est la base du succès de nos systèmes et comment nous traitons la bienveillance, l'esprit de service et de participation. Si nous ignorons tout fondement moral et si nous permettons aux systèmes économiques de fonctionner sans cette notion et sans éducation permanente, nous créerons vite une société et un monde amoraux, voir immoraux. Les systèmes économiques et politiques doivent être fondés sur une éthique.

Pour Adam Smith, chaque transaction en affaires est un défi moral où aucune des parties ne doit être lésée. La justice et la bienveillance en affaires sous-tendent le système de libre-échange qu'on appelle le capitalisme. Notre système économique provient d'une démocratie constitutionnelle où les droits des minorités doivent être pris en considération. L'esprit de la Règle d'Or ou l'attitude gagnant/gagnant est celui de la minorité, du bénéfice mutuel, de l'équité pour tous. En paraphrasant une des devises du Rotary Club je dirais : « Est-ce équitable et est-ce à l'avantage de toutes les personnes intéressées ? Est-ce qu'il y a là un sentiment de gestion morale à l'égard de tous les participants ? »

Il est bon que Smith parle de chaque transaction économique. Les individus essaient souvent de cacher leurs ennuis quand ils se mettent à dire que la plupart de leurs transactions sont morales. Cela dissimule quelque chose, comme s'ils avaient un programme occulte, une vie secrète, et qu'ils cherchent à justifier et à rationaliser des activités malhonnêtes. Ils se racontent des mensonges pour ne pas avoir à suivre les lois naturelles. Si une société s'érige autour d'un système d'autojustification, les comportements sociaux et politiques seront en opposition totale avec les *principes* et les lois naturelles.

J'ai rencontré un homme qui avait été directeur « en éthique » pendant cinq ans dans une grande société d'aérospatiale. Il décida un jour de démissionner de son poste en signe de protestation, et pensa même quitter la société en dépit de la perte de salaire et d'avantages substantiels. Il disait que l'équipe de dirigeants avait sa propre éthique des affaires et qu'ils étaient profondément impliqués dans des justifications dont ils usaient continuellement. La richesse et le pouvoir étaient au centre de leur emploi du temps et ils ne s'en expliquaient même plus. Ils étaient coupés de la réalité au sein même de leur entreprise. Ils parlaient de servir le client alors qu'ils tenaient leurs employés en otages.

• **La science sans l'humanité**. Si la science n'est que technique et technologie, elle dégénère vite en une lutte de l'Homme contre l'Humanité. Les technologies viennent des paradigmes de la science. Et si l'on comprend mal que la technologie est censée servir avant tout l'homme, on devient en fait victime de nos technocraties. Nous voyons souvent des personnes très diplômées qui gravissent l'échelle du succès scientifique, mais qui ont raté la plupart du temps le barreau de l'humanité et qui ne voient pas que l'échelle est posée sur le mauvais mur.

La majorité des scientifiques de l'Histoire humaine sont encore vivants aujourd'hui et ils sont à l'origine de plusieurs révolutions scientifiques dans le monde. Mais s'ils ne font qu'appliquer la technologie sur les anciens problèmes, rien ne changera en profondeur. Il se peut que nous observions une évolution et même, de temps en temps, une révolution, mais sans la part d'humanité nous ne verrons en réalité que très peu de véritables changements – humains, s'entend. Les maux et les injustices rencontrés de tout temps sont toujours aussi présents.

Les seuls repères qui n'ont pratiquement pas changé sont les lois et les *principes naturels*, tel le *nord magnétique* de la boussole. La science et la technologie ont bouleversé pratiquement tout le reste, mais, en dépit du temps qui passe, les choses essentielles perdurent.

• **La religion sans le sacrifice**. Nous pouvons pratiquer un culte, mais sans sacrifices nous resterons insensibles à son message. Bien entendu, nous entretenons la façade sociale de la religion et de la piété, mais il n'y a pas de véritable sacrifice, de soutien des autres, d'efforts pour tenter de résoudre les problèmes sociaux – qui pourraient un jour aboutir à l'effondrement de notre société. Pour servir les besoins des autres, il faut des sacrifices – le sacrifice de notre orgueil et de nos préjugés, entre autres...

Si un culte ou une religion est seulement perçu comme un autre système hiérarchique, ses membres n'auront pas le sens du service ou de la dévotion intérieure. Au lieu de cela, ils arboreront tous les signes extérieurs de la pratique religieuse, mais ils ne seront axés ni sur Dieu ni sur les *principes*.

Trois *principes des Sept Habitudes* concernent notre façon de traiter les autres : comment les servons-nous ? quels sacrifices sommes-nous prêts à faire pour eux ? et quelle est notre participation ? *Les Habitudes 4, 5 et 6 – l'interdépendance* gagnant/gagnant, l'empathie et la synergie – exigent de grands sacrifices. J'en arrive à penser qu'elles demandent un cœur humble et un esprit de contrition, ce qui peut être pour certains le sacrifice ultime. Par exemple, un couple que je connaissais et qui se querellait souvent m'a fait penser : « Ces deux personnes doivent acquérir un cœur humble et un esprit de contrition l'un envers l'autre sinon elles ne pourront pas rester ensemble. » On ne peut pas être complet sans humilité. L'orgueil et l'égoïsme détruisent l'union entre l'homme et Dieu, entre un homme et une femme, un homme et son prochain et entre soi et soi.

Les vrais grands dirigeants ont cette humilité, le signe de la religion interne. Je connais quelques présidents-directeurs généraux qui sont de vrais leaders, c'est-à-dire qu'ils sont prêts à sacrifier leur orgueil et à partager leur pouvoir, et je peux affirmer que leur influence, aussi bien intérieure qu'extérieure, est décuplée grâce à cette attitude. Il est regrettable que beaucoup de personnes se réclament de la religion, ou du moins de son apparence, sans être prêtes à des sacrifices. Elles veulent davantage de spiritualité mais ne sauteraient jamais un repas pour jeûner et ne rendraient jamais un service gratuit pour atteindre à cette spiritualité.

• **La politique sans les principes**. Sans *principes*, pas de *nord magnétique*, pas de direction sûre. L'éthique de la personnalité, c'est de se créer une image qui se vend bien sur le marché social et économique.

On peut voir des politiciens qui dépensent des millions de dollars pour se créer une image, même si celle-ci est superficielle et manque de substance, pour obtenir des voix et gagner aux élections. Lorsque ça marche, cela nous amène à un système politique qui fonctionne indépendamment des lois naturelles qui devraient le régir – celles stipulées dans la Déclaration d'Indépendance américaine.

En conclusion, les lois naturelles sont incontournables. La clé d'une société saine est d'avoir une volonté sociale et un système de valeurs en harmonie avec les *principes justes*. L'aiguille de la boussole pointe alors vers le *nord magnétique*, celui des lois naturelles, et elle indique la bonne voie pour construire harmonieusement notre système de valeurs.

Mais si votre volonté sociale est faite prisonnière d'une volonté politique éloignée des *principes*, vous pourriez vous retrouver avec une entreprise défaillante ou une société dont les valeurs seront détournées. À titre d'exemple, certaines des « valeurs » affichées par des criminels qui violent ou pillent rappellent étrangement les énoncés de missions de certaines entreprises dans l'utilisation de mots tels que « travail en équipe, coopération, loyauté, bénéfices, innovation et créativité ». Le problème est que leur système de valeurs n'est pas fondé sur une loi naturelle.

On peut dire, au sens figuré, que dans certaines entreprises aux missions prétentieuses, de nombreuses personnes se font agresser en plein jour et devant témoins. On leur vole la considération qu'elles ont d'elles-mêmes, leur argent et leur position, sans aucun recours. Or, s'il n'y a aucune volonté sociale quant aux principes du recours et si vous ne pouvez faire appel, alors vous devez vous tourner vers vos collègues et vous engager dans la voie de la résistance.

Dans le film *Les Dix Commandements*, Moïse dit à Pharaon : « Nous devons être gouvernés par la loi de Dieu et non par vous. » Ce qui signifie : « Nous ne serons pas gouvernés par une personne à moins que cette personne n'incarne la loi. » Les lois naturelles et les *principes* gouvernent les meilleures sociétés et les meilleures entreprises – c'est la *constitution* – et les personnes les plus haut placées doivent elles-mêmes se plier à ces *principes*. Nul n'est au-dessus de la loi.

Les *Sept Habitudes* vous aideront à éviter ces *sept péchés capitaux*. Et si vous ne voulez pas des *Sept Habitudes*, essayez les *Dix Commandements*.

Chapitre VIII

La boussole morale

Pour nous diriger dans la jungle des temps actuels, essayer d'établir une carte n'a qu'une valeur limitée. Ce dont nous avons besoin, c'est d'une boussole morale.

Lors d'une récente visite à New York, j'ai été témoin d'une agression par une bande. Je suis convaincu que les membres de ces bandes avaient leur propre code et des valeurs communes, la première étant de ne jamais dénoncer quiconque, d'être loyaux les uns envers les autres… Mais telle qu'elle est interprétée par les bandes en général, cette valeur ne représente pas le *nord magnétique*, le *principe* du respect des personnes et de la propriété.

Il leur manque la boussole morale interne et les *principes* sont représentés par celle-ci. Le nord de la boussole est objectif et externe et reflète les lois naturelles ou les *principes*, par opposition aux valeurs subjectives et internes. Parce que la boussole représente les vérités de la vie, nous devons développer notre système de valeurs avec un grand respect pour les *principes* du *nord magnétique*.

Comme l'a dit Cecil B. de Mille : « Il nous est impossible de briser la loi. Nous ne pouvons que nous briser contre elle. »

Les *principes* sont des guides éprouvés et durables du comportement humain. Certains *principes* gouvernent l'efficacité humaine. Les six grandes religions du monde nous enseignent toutes les mêmes croyances de base telles que « Vous récoltez ce que vous semez », « Les actions sont plus importantes que les paroles », etc. J'y trouve également un consensus sur les *principes* du *nord magnétique*. Ils ne sont pas difficiles à déceler, ce sont des préceptes essentiels, objectifs et incontestables, comme : « Vous n'obtiendrez la confiance que si vous en êtes dignes » ou encore « Vous ne résoudrez pas un problème si vos paroles contredisent votre comportement. »

Lorsqu'un nombre suffisant de personnes se réunissent pour en parler, il y a peu de désaccords sur ce que doivent être les *principes fondamentaux* d'une entreprise. Je constate une adhésion universelle pour l'équité, la gentillesse, la dignité, la charité, l'intégrité, l'honnêteté, la qualité, le service et la patience.

Quelle absurdité de vivre sa vie ou de mener une affaire sur des bases contraires ! Je doute que quiconque pense sérieusement que le manque d'équité, la déception, la bassesse, l'incompétence, la médiocrité ou l'avilissement soient des fondements solides pour un bonheur et un succès durables.

On peut discuter de la définition de ces *principes*, de leur interprétation et de leur application dans des situations réelles, mais on est généralement d'accord sur leurs mérites intrinsèques. Il est très difficile de vivre en harmonie totale avec eux mais il faut au moins y croire. On voudrait même pouvoir les considérer comme des « lois » dans le domaine social et économique, aussi réelles, aussi immuables et incontestables que celles de la pesanteur dans celui de la physique.

Dans toute étude sérieuse de l'histoire – d'une nation ou d'une entreprise – la réalité et la vérité de tels *principes* sautent aux yeux. Ces *principes* apparaissent à des moments différents et le niveau qu'atteint chaque individu dans une société détermine sa survie et son équilibre ou sa déchéance et sa destruction.

Lors d'une interview télévisée, on m'a demandé si Hitler était axé sur les *principes*. J'ai répondu : « Non, mais il était guidé par des valeurs. Une de ses valeurs principales était l'unification de l'Allemagne. Mais il a violé les *principes naturels* et en a subi les conséquences. Ces conséquences furent immenses : le chaos mondial pendant plusieurs années. »

Lorsque l'on a affaire à des lois évidentes et naturelles, on peut choisir soit d'être en harmonie avec elles, soit de les défier en agissant autrement. De même que les lois sont établies, les conséquences le sont aussi.

Dans mes séminaires, je demande aux participants : « Lorsque vous pensez à vos valeurs personnelles, comment y pensez-vous ? » En général, les personnes pensent à ce dont elles ont envie. Puis, je leur demande : « Quand vous pensez aux principes, comment y pensez-vous ? » Et là, elles pensent davantage aux lois, à l'écoute de la conscience et à leurs rapports avec la vérité.

Les *principes* ne sont pas des valeurs. Les nazis, comme les membres d'une bande, partagent des valeurs, mais celles-ci violent les *principes fondamentaux*. Les valeurs sont des cartes. Les *principes* sont des territoires. Et les cartes ne sont pas les territoires, mais des tentatives subjectives pour représenter ces territoires.

Plus nos cartes sont établies à partir de *principes justes* – avec les réalités du territoire –, plus elles seront précises et utiles. Les cartes justes auront beaucoup plus d'impact sur notre efficacité que nos efforts pour changer d'attitude et de comportement. Cependant, lorsque le territoire est en pleine évolution, toute carte devient vite obsolète.

Dans le monde d'aujourd'hui, il nous faut une boussole. La boussole est l'instrument qui indique le *nord magnétique* à l'aide d'une aiguille aimantée.

Pourquoi, à l'heure actuelle, une boussole vaut-elle mieux qu'une carte dans le monde des affaires ? Je vois plusieurs raisons pour qu'une boussole s'avère un élément vital pour les dirigeants d'entreprise :

- La boussole oriente et indique une direction à prendre, en forêt comme dans le désert, en mer et en territoire inconnu.
- Au fur et à mesure que les frontières changent, la carte devient périmée ; lors de changements brusques, une carte peut être déjà fausse à l'heure de son impression.
- De fausses cartes sont source d'erreurs pour ceux qui essaient de trouver leur route ou de naviguer.
- De nombreux dirigeants sont des pionniers qui se fraient un passage en eaux troubles ou dans des contrées inconnues pour lesquelles il n'existe pas de cartes.
- Pour se déplacer très rapidement, nous avons besoin d'élaborer des méthodes, des réseaux précis de production et de distribution, des autoroutes, et pour construire ces dernières en territoire inconnu nous avons besoin d'une boussole.
- La carte donne une description, mais la boussole donne une direction, une orientation.
- Une carte précise est un bon outil de management mais une boussole est un outil de leadership et mène à la responsabilisation.

Ceux qui utilisent des cartes depuis très longtemps pour se diriger et garder le cap doivent être conscients qu'elles sont peut-être dépassées dans la jungle actuelle du management. Je leur conseille de les échanger contre une boussole et de s'entraîner, avec leurs employés, à naviguer à cette boussole pointée sur le *nord magnétique* et les lois naturelles.

Pourquoi ? Parce qu'avec une carte inexacte vous seriez perdus dans une grande ville. Et si l'on vous disait : « Continuez à chercher », vous seriez toujours perdus. Et même si l'on vous disait : « Pensez positif », cela ne vous serait d'aucune aide et vous seriez tout aussi perdus. En réalité le problème n'a rien à voir avec l'attitude, il se limite au fait qu'on est en possession d'une carte inexacte. Votre paradigme représente votre carte de la réalité, votre carte du territoire.

L'origine du problème de la plupart des cultures inefficaces se trouve dans la carte mentale de ceux qui ont créé le problème. C'est une carte incomplète fondée sur des solutions à court terme et sur une réflexion orientée vers les chiffres, dans un esprit de *pénurie*.

La solution est de passer du management par cartes (les valeurs) au leadership à la boussole (les principes naturels). L'ambiance politique révèle immédiatement le style des personnes au sommet – le prétendu nord magnétique. Mais il se peut que ce style soit fondé sur des humeurs changeantes, des décisions arbitraires, de l'émotion brute et un fort égocentrisme. Quelquefois, on appelle le nord magnétique « système d'information » ou bien « système de récompense » et tout cela oriente le comportement. Tout ce qu'on arrose pousse. Le leadership axé sur des principes demande aux personnes de travailler sur la base des principes naturels de l'agriculture et de faire de ceux-ci le centre de leur vie, de leurs relations, de leurs accords, de leurs méthodes de management, de leur énoncé de mission.

L'orientation stratégique

Le choix de la boussole plutôt que de la carte est une question stratégique importante comme on peut le voir dans cet énoncé de Masaharu Matsuhita, président d'une immense compagnie électronique japonaise : « Nous allons gagner et l'Occident industriel va perdre, car votre échec se situe à l'intérieur de vous-mêmes : pour vous, l'essence même du management est que les idées sortent de la tête des patrons pour être ensuite mises en œuvre par les travailleurs. »

La notion importante ici est la raison avancée pour expliquer notre « échec ». Nous sommes enfermés dans certaines idées fixes ou paradigmes, dans un management par cartes, dans de vieux modèles de leadership où ce sont les experts au sommet qui décident des objectifs, des méthodes et des moyens.

Cet ancien modèle de planification par stratégie est dépassé. C'est une vieille carte routière. Cela donne des personnes au sommet de la hiérarchie qui exercent leur expérience, leur compétence, leur sagesse et leur jugement en faisant des plans stratégiques décennaux pour se rendre compte, dix-huit mois plus tard, que leurs plans ne valent plus rien. Dans le contexte actuel où l'on a la possibilité d'établir des programmes sur dix-huit mois au lieu de cinq ans, tout change très vite et ce genre de plan devient très rapidement obsolète.

Peter Drucker a dit : « Les plans ne valent rien, mais la planification n'a pas de prix. » Et si notre planification est axée sur un objectif global et sur un engagement envers un ensemble de *principes*, alors les personnes qui travaillent sur le terrain peuvent utiliser cette boussole et leur savoir-faire pour prendre des décisions et agir. En fait, chacun de nous peut avoir sa propre boussole ; chacun peut être responsabilisé et établir des objectifs et des plans qui reflètent les nouvelles réalités du marché.

Les *principes* ne sont pas les pratiques. Les pratiques sont des activités ou des actions spécifiques qui fonctionnent dans certaines circonstances, mais pas forcément dans d'autres. Si vous gérez par des pratiques et dirigez par des politiques, vos employés n'ont pas besoin d'être des experts ; ils n'ont pas non plus à utiliser leur jugement, parce que le jugement et les connaissances leur sont donnés sous forme de règles et de règlements.

Si vous vous concentrez sur les *principes*, vous engagerez toutes les personnes à agir sans être ni dirigées, ni évaluées, ni corrigées, ni contrôlées en permanence. Les *principes* ont une application universelle. Et lorsqu'ils sont transformés en habitudes, ils responsabilisent les personnes et leur permettent de mettre au point un large éventail de pratiques en leur permettant d'envisager les différentes situations.

Le leadership axé sur les *principes* demande une formation différente, voire même davantage de formation, mais le résultat est le savoir-faire, la créativité et la responsabilité partagés à tous les niveaux de l'entreprise.

Si vous formez les personnes aux *pratiques* du service à la clientèle, vous aurez un certain niveau de service, mais il cessera de fonctionner chaque fois que les clients auront un problème spécifique parce que la procédure normalisée n'aura pas été conçue pour résoudre un cas spécial.

Pour que les personnes puissent fonctionner normalement sur le *principe* du service au client, elles doivent d'abord acquérir un nouvel état d'esprit. Dans la plupart des cas, elles ont besoin d'être formées – au moyen d'études de cas, de jeux de rôles, de simulations et, pour certaines, grâce à une formation sur le terrain – pour être bien sûr qu'elles comprennent le fondement et son application dans le cadre du travail.

Avec la boussole nous pouvons gagner

« Une boussole dans chaque poche » vaut mieux qu'« une voiture dans chaque garage ». Avec la boussole morale, nous pouvons gagner, même contre la concurrence la plus féroce. À mon avis, les Japonais assujettissent l'individu au groupe au point de se priver de ses capacités créatrices et de ses autres ressources. Ainsi n'ont-ils eu que quatre prix Nobel contre les cent quatre-vingt-six aux États-Unis. Le premier *principe* de leadership est l'*interdépendance* gagnant/gagnant, dans laquelle vous valorisez à la fois l'individu et l'équipe.

Mais une fois que les intéressés commencent à réaliser que cette « boussole » sera la base de l'évaluation des responsables au sommet de la hiérarchie, ils ont tendance à se sentir menacés.

Le P-DG d'une grande société m'a demandé une fois de les rencontrer, lui et son équipe de cadres. Il m'a dit qu'ils étaient tous trop attachés à conserver leur style de management, qui était totalement éloigné de l'énoncé de la mission de l'entreprise. En effet, ces dirigeants semblaient penser que l'énoncé de mission s'adressait aux autres et qu'eux-mêmes étaient au-dessus des lois.

L'idée de la boussole morale est dérangeante pour les personnes qui se croient telles, car la Constitution, fondée sur les *principes* et la loi, s'applique à tous, y compris au président. Elle demande à chacun d'examiner sa vie et de déterminer s'il est prêt à vivre selon cette loi. Tous doivent rendre des comptes.

Je connais plusieurs cas de grandes entreprises américaines qui disent à leurs consultants : « Nous ne pouvons pas continuer à faire des études de faisabilité et de stratégie indépendamment de notre *culture* et de nos employés. » Ces dirigeants comprennent ce qu'a dit Michael Porter : « Une mise en œuvre A avec une stratégie B vaut mieux qu'une stratégie A avec une mise en œuvre B. »

Nous devons absolument traiter les questions individu/*culture* pour améliorer le choix des stratégies et pour arriver à une intégrité d'entreprise. Nous devons être prêts à former une convention constitutionnelle, si ce n'est une révolution, pour débattre de ces questions au grand jour et obtenir un engagement profond aboutissant à de sages décisions. Or cela n'arrivera pas sans « du sang, de la sueur et des larmes ».

En fin de compte, la mise en œuvre réussie d'une stratégie dépend de sa cohérence à l'égard des *principes* qui nous gouvernent et de notre capacité à appliquer ces *principes* quelle que soit la situation, en utilisant notre propre boussole morale.

Chapitre IX

Le pouvoir axé sur les *principes*

Le véritable pouvoir du leadership vient de son caractère estimable et de la pratique de certaines formes de pouvoir. Pourtant la plupart des discussions sur le leadership tournent autour des théories génétiques sur le « grand homme », les traits de la personnalité ou les styles de comportements. Ces théories sont davantage explicatives que prospectives. Elles peuvent expliquer pourquoi tel leader particulier a réussi (et a survécu), mais elles ne nous aident ni à prédire qui seront les futurs leaders ni à cultiver la capacité à diriger.

Une autre approche plus féconde serait d'observer les personnes qui suivent les leaders et de comprendre pourquoi ils les suivent.

Trois types de pouvoirs

Les personnes suivent un leader pour des raisons diverses et complexes ; on peut les classer selon trois points de vue différents, avec des motivations et des origines psychologiques divergentes.

À un premier niveau les gens suivent, car ils obéissent à la peur – ils ont peur de ce qui pourrait leur arriver s'ils ne font pas ce qu'on leur demande. On peut appeler cela le *pouvoir coercitif*. Dans ce cas, le leader a induit chez l'adepte la crainte de conséquences néfastes ou de la perte de quelque chose s'il n'obéit pas. Par peur, il obtempère et « fait avec » ou fait semblant d'être loyal, tout du moins au début. Mais cet engagement est superficiel et les énergies peuvent vite se transformer en sabotage lorsque « personne ne regarde » ou lorsque la menace n'existe plus. Un exemple bien connu est celui de l'employé de la ligne aérienne qui, se sentant injustement utilisé, a effacé adroitement tous les horaires de vol stockés dans la mémoire de l'ordinateur le soir de son départ. Le coût de sa « soumission » ? Plus d'un million de dollars et des milliers d'heures de travail perdues et des perturbations terribles pour les passagers.

Un deuxième niveau de réponse suggère que les personnes suivent un leader dans la perspective des bénéfices qu'elles pourront en tirer. On peut appeler cela le *pouvoir utilitaire* parce que, dans la relation, le pouvoir a pour base un échange utile de biens et de services. Ces personnes ont quelque chose dont le leader a besoin (temps, argent, énergie, ressources personnelles, intérêt, talent, soutien, etc.) et le leader, lui, leur apporte ce qu'elles recherchent (informations, argent, promotion, intégration, camaraderie, sécurité, opportunité, etc.). Ces « suiveurs » fonctionnent en pensant à ce que le leader pourra faire pour eux s'ils effectuent leur part de travail. Une grande partie de la marche normale des entreprises ou de la vie quotidienne familiale repose sur ce *pouvoir utilitaire*.

Le troisième niveau de réponse est différent des autres en degré et en nature. Il est fondé sur le pouvoir que certains leaders exercent sur d'autres, qui ont tendance à croire en eux et en leurs actions. Ils inspirent confiance et sont respectés et honorés. Ils sont suivis parce que les autres veulent bien les suivre, veulent croire en eux et en leurs causes. Ce n'est pas de la foi aveugle, de l'obéissance ou de la servitude, c'est un engagement volontaire, inconditionnel et sans entrave. Cela s'appelle le *pouvoir légitime*.

Nous avons presque tous connu, à un moment ou à un autre, ce genre de pouvoir, en tant que suiveurs, dans des relations avec un professeur, un employeur, un membre de la famille ou un ami qui a pu marquer nos vies de façon profonde et significative. Ce peut être quelqu'un qui nous a donné la chance de réussir, qui nous a encouragés alors que tout semblait difficile ou qui était tout simplement là quand nous avions besoin de lui. Quoi qu'il ait fait, il l'a fait parce qu'il a cru en nous et nous le lui rendons par du respect, de la loyauté, un engagement, une disponibilité et une envie de le suivre, presque sans conditions et sans restrictions.

Chacun de ces types de pouvoirs est fondé sur quelque chose de différent et mène à des résultats qui divergent totalement.

L'IMPACT DU POUVOIR

Le *pouvoir coercitif* s'appuie sur la peur à la fois du leader et de la personne qui le suit. Les leaders, quand ils ont peur de ne pas obtenir l'obéissance, ont tendance à user du *pouvoir coercitif*. C'est le système du « bâton et de la carotte », une approche que peu de personnes oseraient soutenir publiquement, mais que beaucoup utilisent lorsqu'ils se sentent menacés ou parce que cela semble efficace. Mais cette efficacité est une illusion.

Le leader qui contrôle les autres par la peur verra que ce contrôle n'est que temporaire. Dès que le système de contrôle du leader ou de son représentant a disparu, la peur disparaît aussi. Cela mobilise souvent les énergies créatives des personnes qui cherchent alors à s'unir pour trouver de nouveaux moyens de résister ou d'échapper au contrôle. Le *pouvoir coercitif* impose un poids psychologique et émotionnel à la fois sur les leaders et les suiveurs. Il encourage la suspicion, la duperie, la malhonnêteté et, à long terme, conduit à la dissolution. Comme l'a observé le poète et philosophe russe Alexandre Soljenitsyne : « Vous n'avez du pouvoir sur les autres que si vous pouvez tout leur prendre. Mais une fois que vous avez volé à un homme tout ce qu'il a, il n'est plus en votre pouvoir, il est à nouveau libre. »

La plupart des entreprises sont édifiées sur le *pouvoir utilitaire* qui est lui-même fondé sur un sens de l'équité et de la justice. Tant que les suiveurs sentent qu'ils sont justement récompensés pour ce qu'ils font, la relation durera. L'obéissance, à la base du *pouvoir utilitaire*, ressemble beaucoup plus à de l'influence qu'à du contrôle. Le leader est respecté, mais sous conditions. On le suit parce qu'on y trouve son compte. Cela donne libre cours au leader de gérer par sa position, par ses compétences ou son charisme. Quand il s'agit de *pouvoir utilitaire*, le suiveur reste réactif, mais cette réaction tend à être plus positive que négative.

On admet de plus en plus que les relations fondées sur le *pouvoir utilitaire* mènent plus souvent à l'individualisme qu'au travail en équipe. En effet, chaque individu est gratifié en fonction de ses propres perspectives et de ses désirs. Les individus fluctuent selon leurs « besoins ». La démographie fluctuante de la force de travail indique que la loyauté à long terme de la part des leaders et des personnes qui les suivent est une exception. Les individus vont et viennent, du P-DG aux employés, avec peu de répercussion sur le marché – d'une certaine manière nous sommes tous des clients qui allons acheter où nous pouvons, ce que nous voulons et comme nous le voulons. Tout est « à la carte » ou « comme je veux, où je veux »...

Par ailleurs, en l'absence de valeurs organisationnelles partagées, une forme d'éthique de situation s'instaure, à partir de laquelle les individus sont continuellement en train de décider ce qui est le mieux, le plus juste et le plus équitable. Dans le pire des cas, le *pouvoir utilitaire* reflète les éléments de justice qui se rencontreraient dans une société procédurière qui ne traiterait que de divorces et de faillites. À l'autre extrême, le *pouvoir utilitaire* (sous son meilleur jour) reflète une volonté de maintenir une relation, sur le plan professionnel ou personnel, tant que chacune des parties peut y trouver son compte.

Le *pouvoir légitime* est rare. C'est la marque de distinction de toutes relations de qualité. Il est fondé sur la dignité, avec un leader qui respecte ceux qui le suivent et réciproquement. Le signe du *pouvoir légitime* est une influence continue et *proactive*. Le pouvoir est maintenu parce qu'il ne dépend pas des humeurs de chacun. Être *proactif*, c'est faire toujours son choix en fonction de valeurs auxquelles on croit profondément. Le *pouvoir légitime* se crée lorsque les valeurs des personnes et du leader se rencontrent. Le *pouvoir légitime* n'est pas imposé, il est requis quand les projets personnels des uns comme des autres sont envisagés dans une perspective plus large. Le *pouvoir légitime* s'établit quand la cause ou l'objectif est ressenti aussi profondément par l'un que par l'autre. Hans Selye, l'auteur de *Stress Without Distress*, a dit : « Les leaders restent leaders aussi longtemps qu'ils bénéficient du respect et de la loyauté des personnes qui les suivent. »

Dans la pratique du *pouvoir légitime* le contrôle existe mais il n'est pas externe ; c'est un contrôle de soi. Le pouvoir existe lorsque les individus perçoivent que leurs leaders sont honorables ; ils ont confiance en eux, se sentent inspirés et épousent leurs causes. Grâce à leurs objectifs, leur personnalité et ce qu'ils représentent, les leaders peuvent construire un *pouvoir légitime* dans leurs relations avec les personnes qui veulent les suivre. Dans le cadre du *pouvoir légitime*, le comportement éthique est encouragé parce que la loyauté est fondée sur des *principes* tels qu'ils se manifestent à travers les personnes. L'éthique est fondée sur un engagement à faire le bien – à en prendre le risque – et le *pouvoir légitime* suscite cette volonté grâce à l'attitude fondamentale du leader.

Le choix de leadership

Chaque fois qu'un problème ou qu'une occasion surgit et requiert la participation d'autres personnes, le leader doit faire un choix essentiel qui est de décider sur quelle base reposera son pouvoir : la contrainte, l'utilitaire ou la légitimité. Le choix sera limité par le caractère du leader, son savoir-faire, ses capacités et son histoire. Il est assez facile, quand on est en situation et que la pression monte, de s'appuyer sur sa position, son statut, ses références ou son réseau d'influences pour forcer quelqu'un à vous suivre. En l'absence de compétences interactives bien développées, de valeurs profondément ancrées ou d'un passé intègre et digne de confiance, il est presque impossible pour un leader de ne pas avoir recours à la force en situation de crise.

Celui qui doit faire un choix de leadership a de nombreuses possibilités. Par exemple, il peut développer ses compétences, rechercher une promotion pour avoir un nouveau statut, accumuler des informations et des ressources. L'impact du *pouvoir utilitaire* peut être porté au maximum si le leader se rapproche de ceux qui le suivent en allégeant ses contrôles, en simplifiant les procédures et en établissant des relations fonctionnelles qui rendront le travail plus facile et moins pesant à ses subordonnés. Ce sont des actions tactiques qui augmentent les options utilitaires du leader.

Pour le leader qui veut accroître son *pouvoir légitime*, un engagement à long terme est nécessaire. La confiance qui est le fondement de ce pouvoir ne peut se fabriquer *ad hoc*. On ne peut feindre la sincérité très longtemps. Les leaders finissent par se révéler tels qu'ils sont. Au-delà de ses possibilités d'action, c'est la nature profonde du leader qui détermine son *pouvoir légitime*.

Dix instruments de pouvoir

Plus on estime, plus on respecte un leader et plus il aura de *pouvoir légitime* sur son entourage. Selon le comportement des leaders envers les autres (c'est-à-dire à la fois leurs intentions réelles, la façon dont elles sont perçues, mais aussi leur capacité interactive et leur histoire), l'estime dont ils seront l'objet augmentera ou diminuera en même temps que leur pouvoir légitime. Être estimé, c'est avoir du pouvoir.

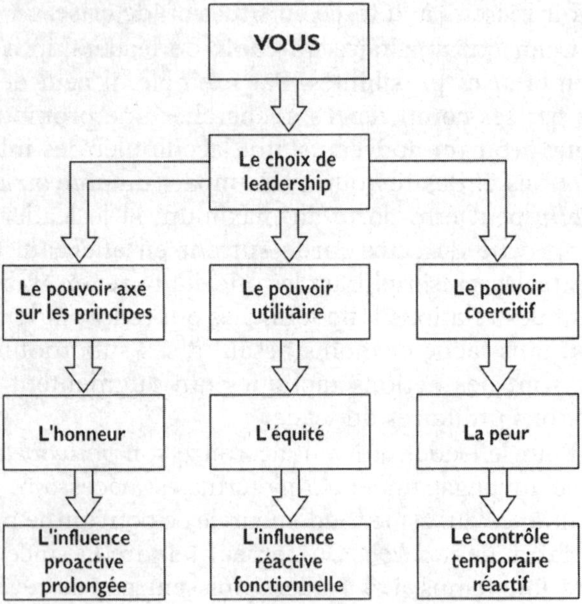

LE PROCESSUS DU POUVOIR

Voici dix propositions de méthodes et de *principes* qui accroîtront l'estime d'un leader et par là même son pouvoir auprès des autres.

• La persuasion, qui comprend le partage de la raison et des rationalisations, la définition claire de vos positions et de votre volonté, tout en respectant le point de vue de ceux qui vous suivent ; vous devez vous engager à rester dans le processus de communication jusqu'à ce que des résultats mutuellement satisfaisants aient été obtenus.

• La patience, envers la méthode et les personnes. En dépit des faiblesses et des défauts de chacun, vous devez maîtriser votre propre impatience à atteindre les objectifs fixés et maintenir une perspective à long terme malgré les obstacles et des résistances que vous rencontrez en route.

• La douceur, au lieu de la dureté, de la méchanceté et de l'abus de pouvoir lorsque vous êtes confrontés à la vulnérabilité et aux confidences de vos subordonnés.

• La modestie, pour ne pas mobiliser toutes les réponses et toutes les idées, mais mettre au contraire en valeur les différents points de vue, jugements et expériences des autres.

• L'acceptation, pour retenir son jugement, accorder le bénéfice du doute, ne demander aucune preuve ni performance spécifique, garantie d'estime vis-à-vis de vos subordonnés, et vous en occuper en priorité.

• La gentillesse ; soyez sensibles, bienveillants, prévenants et souvenez-vous des petites choses qui font les grandes relations.

• L'ouverture ; accumulez des informations exactes sur le développement de chacun, en respectant ce qu'il est maintenant, sans tenir compte de ce qu'il possède ou fait, mais prenant en considération ses intentions et ses désirs, ses valeurs et ses objectifs, plutôt que de vous concentrer exclusivement sur son comportement.

• La compréhension ; il faut accepter l'erreur, les maladresses, les besoins de changement dans une atmosphère chaleureuse, attentive et bienveillante qui permet à chacun de saisir les circonstances opportunes.

• La cohérence, pour que votre style de leadership ne soit pas fondé sur le recours à la manipulation lorsque vous ne parvenez pas à vous faire obéir ou lorsque vous êtes confrontés à une crise ou une menace. La cohérence devient alors un ensemble de valeurs, un code personnel, le reflet de ce que vous êtes et de ce que vous deviendrez.

• L'intégrité, il faut que les paroles et les sentiments aillent réellement de pair avec les pensées et les actions, sans autre désir que le bien des autres, sans malice, tromperie ou manipulation ; il faut revenir sans cesse sur vos intentions pour essayer d'atteindre l'harmonie.

Ces *principes* et les idéaux qu'ils représentent sont facilement reconnaissables chez de grands leaders tels que le Mahatma Gandhi, mais il est plus rare de les rencontrer dans notre quotidien. Gandhi lui-même répondait à cela : « Je ne suis qu'un homme moyen avec des capacités moyennes. Je ne suis pas un visionnaire, je prétends être un idéaliste pratique. Je ne prétends pas avoir de mérite spécial pour ce que j'ai pu faire grâce à une recherche laborieuse. Je n'ai pas le moindre doute sur le fait que n'importe quel homme ou femme puisse faire ce que j'ai fait s'il décide de faire le même effort et de cultiver le même espoir et la même foi. »

Les leaders qui appliquent le *principe* du *pouvoir légitime* par leur choix de leadership exigent plus des autres, mais par là même leur accordent plus de confiance. Au fur et à mesure que s'étend leur compréhension des rapports entre pouvoir et leadership, leur capacité à diriger les autres et à les influencer sans les forcer augmente. Il se peut qu'ils ressentent une paix intérieure inhabituelle qui accompagne le fait d'être un leader plus sage et plus efficace[1].

---

1. Ce chapitre a été rédigé en collaboration avec Blaine N. Lee, Ph. D., vice-président du *Covey Leadership Center* et directeur adjoint du *Center for Principle-Centered Leadership*.

Chapitre X

Dégager les lignes de communication

La cause de la plupart des problèmes de communication émane des domaines de la perception ou de la crédibilité. Aucun de nous ne voit le monde tel qu'il est, mais en fonction de ses propres cadres, références ou « cartes ». Nos perceptions, induites par notre expérience, influencent beaucoup nos sentiments, nos croyances et notre comportement.

La perception et la crédibilité

Les problèmes de perception et de crédibilité peuvent amener à des situations compliquées, que nous appelons souvent des « conflits de personnalité » ou des « ruptures de communication ». Les problèmes de crédibilité sont beaucoup plus difficiles à résoudre, parce que chacune des personnes concernées pense qu'elle voit le monde tel qu'il est plutôt que d'après ce qu'elle est. En méconnaissant la distorsion de sa propre perception, elle adopte l'attitude suivante : « Si vous n'êtes pas d'accord avec moi c'est que vous avez tort car je suis sûre d'avoir raison. »

Chaque fois que nous sommes persuadés d'être dans le vrai et que nous donnons tort à toutes les personnes qui ne sont pas du même avis, le seul moyen qu'elles ont pour contrer nos attaques est de nous étiqueter, de nous mettre un label, de nous cloisonner derrière des barreaux émotionnels en nous condamnant à une peine de prison indéfinie, dont nous ne pourrons sortir que lorsque nous aurons payé jusqu'au « dernier centime ». La plupart des problèmes de crédibilité peuvent être résolus si l'une ou l'autre partie réalise que le fond du problème se trouve dans la perception.

Les attitudes et les comportements

Certaines attitudes et certains comportements sont nécessaires pour dégager des lignes de communication.

Attitudes

- Je présume que vous êtes de bonne foi ; je ne conteste pas votre sincérité ou votre bon jugement.
- Notre relation m'importe et je veux résoudre cette différence de perception.
- Aidez-moi à voir le problème de votre point de vue. Je suis prêt à me laisser convaincre et à changer.

Comportements

- Écouter pour comprendre.
- Parler pour être compris.

• Entamer le dialogue par une référence commune ou sur un terrain d'entente et progresser lentement vers les zones d'achoppement.

Lorsque ces attitudes et comportements sont intégrés, on peut résoudre presque tous les problèmes de perception ou de crédibilité.

Souvent, à partir de là, une personne modifie sa façon de parler. Au lieu de dire : « C'est comme ça », elle dira : « C'est comme ça que je le vois » ; à la place de « C'est ainsi », elle avancera : « De mon point de vue, à mon avis... » Un tel langage admet que les autres font partie du genre humain en leur disant : « Vous aussi vous avez de l'importance. Vos points de vue et vos sentiments sont aussi légitimes et respectables que les miens. »

Quand d'autres personnes nous jugent ou sont en désaccord avec nous, nous devons répondre de la manière suivante, au moins dans le ton si ce n'est dans le contenu exact : « Bon, vous voyez cela autrement. J'aimerais comprendre exactement comment vous le voyez. » Quand nous sommes en désaccord, au lieu de dire, « J'ai raison, vous avez tort », nous devons dire : « Je vois cela autrement. Laissez-moi vous faire partager mon point de vue. »

Les mots et les relations

Je n'oublierai jamais un de mes amis qui se tourmentait à propos de sa relation avec son fils adolescent. « Quand j'entre dans la pièce où il est en train de lire ou regarder la télévision il se lève et il sort, nous en sommes à ce point », me disait-il. Je l'ai encouragé à commencer par comprendre son fils au lieu d'essayer de s'en faire comprendre. « Mais je le comprends, ce dont il a besoin c'est d'apprendre à respecter ses parents et à apprécier tout ce qu'on fait pour lui », m'a-t-il répondu. « Si tu veux vraiment que ton fils change, tu dois partir du *principe* que tu ne le comprends pas vraiment et que peut-être tu ne le comprendras jamais complètement, mais que tu veux le faire et que tu vas essayer. » Finalement, à bout de ressources, le père a décidé de suivre mon conseil. Je l'ai prévenu qu'il devait se préparer à ce que sa patience et sa maîtrise soient mises à l'épreuve.

Le jour suivant, vers 8 heures du soir, le père a abordé son fils en lui disant, « Écoute, je ne suis pas satisfait de notre relation et j'aimerais bien savoir ce qu'il faudrait faire pour l'améliorer. Peut-être que je n'ai pas pris le temps de vraiment comprendre. – Eh bien ça, tu peux le dire ! Tu ne m'as jamais compris ! » répondit le fils. Le père sentit son indignation monter et eut le plus grand mal à s'empêcher de répliquer : « Sale gosse ! Comment peux-tu dire une chose pareille, moi qui la connais si bien ta chanson ! » Il s'est retenu et a dit « C'est peut-être vrai mais j'aimerais bien y arriver désormais. Peux-tu m'aider ? Reprenons par exemple cette querelle que nous avons eue la semaine dernière au sujet de la voiture. Peux-tu me dire comment, toi, tu voyais les choses ? » Le fils, toujours en colère, s'expliqua en restant sur la défensive. Le père se retint de s'autojustifier et continua à écouter pour essayer de comprendre. Il était content d'avoir pris cette résolution avant la confrontation.

Et alors qu'il écoutait, il se passa quelque chose d'extraordinaire. Son fils commença à se radoucir et à s'ouvrir en parlant de certains de ses vrais problèmes et de ses sentiments profonds.

Le père était tellement bouleversé de ce qui se passait entre eux qu'il pouvait à peine se contenir. Il commença aussi à s'ouvrir et à partager quelques-uns de ses sentiments profonds et de ses préoccupations, ainsi que sa version de certains événements qui s'étaient passés avant. Pour la première fois depuis des années, ils n'étaient pas en train d'attaquer ou de se défendre, mais essayaient réellement de se comprendre. Ce fut un grand moment de bonheur pour tous les deux !

Vers 22 heures, la mère rentra et suggéra qu'il était temps d'aller dormir. Le père lui dit qu'ils étaient en train de communiquer pour la première fois et qu'ils voulaient poursuivre cet échange. Ils discutèrent jusque tard dans la nuit des différents sujets qui leur tenaient à cœur. Quand le père me raconta son aventure, quelques jours plus tard, il dit, les larmes aux yeux : « J'ai le sentiment d'avoir retrouvé mon fils, comme mon fils a retrouvé son père. » Il était réellement reconnaissant d'avoir tenté cette expérience qui peut se résumer ainsi : essayer d'abord de comprendre avant d'être compris.

La dimension cruciale de la communication passe par la relation. Bien des problèmes pénibles se développent dans les courants de communication à cause de mauvaises relations interpersonnelles. Quand les relations sont tendues, nous devons faire très attention aux mots employés pour ne pas risquer d'offenser, de faire mal, de déclencher une scène ou d'être mal compris. Lorsque les relations sont mauvaises, les personnes deviennent méfiantes et ont tendance à prendre chaque parole prononcée pour une offense au lieu d'essayer d'interpréter la signification et l'intention des mots.

En revanche, quand la relation est harmonieuse, nous pouvons presque communiquer sans paroles. Quand il existe un haut degré de confiance et de bons sentiments, nous n'avons pas à faire attention à nos paroles. Nous pouvons sourire ou non et continuer à communiquer en étant compris. Lorsque la relation n'est pas bien établie, même un long discours ne suffit pas à échanger du sens parce que le sens est dans la personne et non dans les paroles.

La clé d'une communication efficace est dans une relation en tête à tête. À partir du moment où nous entrons dans une relation particulière avec une autre personne, nous changeons la nature même de la communication. Nous commençons à développer un sentiment de confiance mutuelle. Dans ce contexte, pensez à la valeur d'une visite à chaque employé, à un déjeuner en particulier avec un associé, à une conversation privée avec un client – autant de moments où vous portez toute votre attention sur une personne, ses intérêts, ses préoccupations, ses besoins, ses espoirs, ses peurs et ses doutes.

J'ai vu un jour un poster avec un paysage de montagnes au-dessous duquel était écrit ce slogan : « Laissez-vous enlever par la montagne pour la journée. » Changeons le slogan en « Laissez-vous enlever par votre client pour une heure » ou « Laissez-vous enlever par votre conjoint pour une soirée. » Essayez d'être totalement présent pour l'autre et de surmonter vos intérêts personnels, vos préoccupations, vos peurs et vos besoins. Soyez totalement disponible pour votre collaborateur, votre client ou votre conjoint. Laissez-les exprimer leurs intérêts, leurs buts et adaptez vos sentiments aux leurs.

La carte et le territoire

Construire des relations harmonieuses et obtenir une compréhension réciproque peut être difficile à réaliser. Nous vivons tous dans deux mondes – le monde privé et subjectif, intérieur et le monde réel et objectif, extérieur. Le premier constitue nos « cartes » personnelles et le second le « territoire ».

Aucun de nous n'a de carte complète et exhaustive du territoire du monde réel et objectif. Alors que les scientifiques essaient d'améliorer constamment les cartes, seul le Créateur détient la carte parfaite. Tout vrai scientifique évite de parler de ses dernières théories comme d'un fait réel, mais préfère dire que c'est la meilleure explication développée jusqu'à présent. De temps en temps, certaines expériences modifient notre carte de référence ou la carte à partir de laquelle nous observons le territoire, le monde objectif. Lorsque cela arrive, notre comportement a tendance à changer pour modeler un nouveau système ; en fait, la manière la plus efficace de changer le comportement d'une personne est de changer sa carte ou son cadre de références, en l'appelant par un autre nom, en lui donnant un rôle ou une responsabilité différents ou en le plaçant dans une situation nouvelle.

Le savoir-faire et la sécurité

Il serait bon de considérer le savoir-faire en communication comme si l'on observait un iceberg – sur deux niveaux. La petite partie visible de l'iceberg est le niveau de savoir-faire. La grande masse de l'iceberg, mystérieuse et invisible immergée, représente le niveau le plus profond, celui qui comprend les motivations et les attitudes. Appelons-le notre base de *sécurité*. Pour obtenir une amélioration significative sur le long terme de notre capacité à communiquer, nous devons travailler sur les deux niveaux, le savoir-faire et la *sécurité*.

La communication efficace demande du savoir-faire et donc de la pratique. Une personne ne peut améliorer son jeu au tennis en lisant des livres de tennis ou en regardant de grands joueurs. Elle doit aller sur le court et s'entraîner en fonction de ce qu'elle a lu et progresser lentement en passant par les stades.

Pour améliorer nos compétences interpersonnelles, nous devons suivre le même processus naturel. Malheureusement, comme il est mal vu d'être « débutant », beaucoup font semblant d'avoir des compétences qu'ils ne possèdent absolument pas. De plus, certaines personnes ne veulent pas améliorer leur capacité à écouter avec empathie. Cependant, le seul moyen d'aller de là où nous sommes à là où nous aimerions nous trouver, c'est de commencer par accepter ce que nous sommes aujourd'hui.

J'ai entendu une histoire qui illustre bien cette idée. Un jeune homme va voir son médecin en se plaignant de s'ennuyer beaucoup dans la vie, il se sent à la fois angoissé et indifférent à tout, comme s'il était sous anesthésie. Son problème est le suivant : « Je fais comme si, mais au fond, tout m'est égal. Tout me semble tellement mécanique et routinier que plus rien ne m'intéresse dans la vie. »

Après l'avoir examiné, le docteur déclare que, physiquement, il est en parfaite santé. Cependant, il sent que malgré le diagnostic physique, cet homme a un problème profond, un problème qui relève du domaine spirituel. « Je vais vous faire une ordonnance et vous demander de la suivre pendant une journée, dit le docteur à son patient. Mais, d'abord, quel est votre endroit préféré ?

— Je ne sais pas, répond le patient rapidement.

— Quand vous étiez enfant, quel était votre coin préféré ? Qu'aimiez-vous vraiment faire ?

— J'adorais la plage. »

Le docteur dit alors :

« Prenez ces trois prescriptions et allez à la plage. Vous lirez la première à 9 heures, l'autre à midi et la dernière à 15 heures. Vous devez absolument vous conformer aux consignes et ne lire la suivante qu'à l'heure indiquée. Entendu ?

— Je n'ai jamais rien entendu de pareil, répond le patient avec scepticisme.

— Eh bien, je crois que cela va vraiment vous aider. »

Alors, le jeune homme angoissé prend les ordonnances et obéissant aux instructions, part à la plage. Il s'y trouve à 9 heures, tout seul. Il n'y a pas de radio, pas de téléphone, personne... Il est seul sur la plage avec son ordonnance, qu'il lit immédiatement. Elle contient deux mots : « Écoutez attentivement. »

« C'est pas vrai ! s'exclame-t-il. Trois heures comme ça ! » Une minute après, il commence à s'ennuyer. Après avoir écouté les mouettes qui volent au-dessus des vagues s'écrasant sur les rochers, il se demande vraiment ce qu'il va faire pendant trois heures. « Mais je me suis engagé, dit-il. Je vais continuer. Après tout, ce n'est que pour une journée. »

Il commence à réfléchir à l'idée d'écouter attentivement et entend bientôt des sons qu'il n'avait pas identifiés auparavant. Il entend le bruit de deux vagues à la fois, des cris d'oiseaux différents, les crabes de sable, différents chuchotements. Bientôt tout un monde nouveau et fascinant s'ouvre à lui. Tout son être se calme. Il se sent devenir plus méditatif, décontracté et paisible. À l'approche de midi, il est presque euphorique et déçu d'avoir à sortir la deuxième ordonnance, mais il suit les instructions.

Cette fois-ci l'ordonnance contient cinq mots : « Essayez de regarder en arrière. » Déconcerté une fois de plus par ce message obscur, il commence à réfléchir à son enfance, quand il jouait sur la plage. Petit à petit, il se souvient d'événements du passé : des fruits de mer qu'il avait mangés avec sa famille, son frère, tué pendant la Deuxième Guerre mondiale, courant le long de la plage en criant triomphalement que l'école était finie. Il est envahi par une profonde nostalgie qui fait surgir de nombreux sentiments et des impressions positives. Quand vient 15 heures, il est totalement absorbé par ses pensées. Cette fois encore, il n'a aucune envie de lire la dernière ordonnance pour prolonger les doux moments qu'il est en train de vivre.

Mais il la sort et lit : « Réfléchissez à vos motivations. » C'est la chose la plus dure. Là, on est au cœur du problème et il s'en rend compte tout de suite. Il commence à réfléchir sur lui-même. Il observe sa vie sous tous ses aspects – tous les événements et toutes les personnes. Il découvre quelque chose de très douloureux : l'égoïsme est son trait dominant. Il ne se transcende jamais, il ne s'identifie jamais à une cause plus grande, plus noble, il se demande toujours : « Qu'est-ce que cela m'apporte ? »

Il touche là aux racines de sa mélancolie, de son ennui, de son manque d'enthousiasme et de son attitude automatique envers toute chose. Vers 18 heures, il ressent un grand calme, grâce à l'observation de son moi profond. En suivant les trois ordonnances, il a pris quelques résolutions quant à la direction de sa vie et à partir de ce moment les choses ont commencé à changer.

Écouter les autres attentivement et sincèrement sur des questions essentielles demande une grande sérénité. Cela expose nos côtés vulnérables et risque de nous changer. Et si au fond de nous-mêmes, nous nous sentons peu sûrs de nous, nous ne pouvons pas nous permettre de prendre ce risque. Nous avons besoin de certitudes et de prévisions. C'est l'origine des préjugés et des opinions préconçues. Le spectre du changement fait peur à la plupart d'entre nous.

Si nous subissons un changement ou une influence grâce à l'écoute emphatique, nous devons pouvoir dire : « C'est bien, cela ne fait pas de différence » parce qu'au fond nous ne changeons pas. Au fond de nous, il y a un ensemble de valeurs et de sentiments qui représentent le vrai soi, le sentiment d'une valeur intrinsèque indépendante de la façon dont les autres nous perçoivent. C'est notre « moi » intouchable, notre vraie identité.

La logique et l'émotion

Une communication efficace requiert de comprendre à la fois le contenu et l'intention de l'échange et d'apprendre à parler les langages de la logique et de l'émotion.

Ce sont des langages différents, mais c'est celui de l'émotion qui est le plus puissant et le plus motivant. C'est pourquoi il est si important d'écouter d'abord avec nos yeux et notre cœur et ensuite seulement avec nos oreilles. Nous devons chercher à saisir l'intention sans en préjuger, sans en rejeter le contenu. Nous pouvons le faire en donnant du temps, en étant patients et en essayant d'abord de comprendre, sans oublier d'être francs.

Pour être efficace lorsque nous exprimons notre point de vue, il faut commencer par faire preuve de compréhension à l'égard des autres points de vue. Il faut pouvoir les formuler mieux que leurs propres avocats ne le font. L'expression efficace commence par une estimation préalable.

La sympathie et l'empathie

Accorder toute son attention, être vraiment présent, aller au-delà de sa propre histoire et chercher à voir les choses du point de vue de l'autre demande du courage, de la patience et de la sérénité. Cela signifie être ouvert à de nouveaux savoirs, à d'éventuelles transformations et être apte à lire dans l'esprit et le cœur des autres pour voir le monde tel qu'ils le perçoivent. Cela ne veut pas dire que vous ressentez ce qu'ils ressentent : ce serait de la sympathie, mais que vous comprenez la façon dont ils ressentent les choses en rapport avec leur perception du monde : c'est de l'empathie.

L'attitude empathique est extrêmement positive parce que vous restez ouverts et que les autres devinent que vous êtes en train d'apprendre et que vous êtes perméables. Souvenez-vous que si vous voulez avoir de l'influence sur eux il faut qu'ils sentent qu'ils peuvent en avoir sur vous. Lorsque nous apprenons à écouter en essayant d'abord de comprendre nous faisons d'énormes progrès en communication. Par exemple, il est absolument futile d'utiliser l'esprit pour dominer le cœur. Il y a deux langages – celui de la logique et celui des émotions – et les autres réagissent plus souvent en fonction de leurs sentiments que de leurs raisonnements. Vous apprendrez que sans un réseau de bons sentiments entre elles, les personnes se trouveront pratiquement dans l'impossibilité de raisonner ensemble à cause des barrières émotionnelles. Que la peur est un nœud au cœur et que pour défaire ce nœud il est nécessaire d'améliorer nos relations.

La communication, après tout, n'est pas tant une question d'intellect que de confiance et d'acceptation des autres, de leurs idées et de leurs sentiments, de la reconnaissance de leurs différences et de l'idée que, de leur point de vue, ils ont raison.

Les faux démarrages

La plus grande part de la communication sur le plan personnel et organisationnel est régie par les valeurs sociales. De puissantes normes sociales nous rendent souvent protectionnistes et défensifs, parce que nous croyons que « ceux-là » essaient forcément de nous « avoir ». Beaucoup de *cultures* – dans le milieu de l'entreprise ou de la famille – sont embourbées dans des marécages sociaux et politiques et sont régies par les réseaux de connaissances, l'image de soi, le désir de faire bonne impression, de rencontrer les bonnes personnes au bon moment, ou encore par les humeurs changeantes des personnes au sommet de la hiérarchie...

Demandez-vous quel pourcentage de temps et d'énergie, dans votre famille ou à votre travail, est consacré à la communication défensive ou protectrice ? Quel pourcentage d'énergie est occupé à des choses qui ne contribuent pas à servir votre conjoint, vos enfants ou vos clients – du gaspillage comme les querelles internes, les rivalités entre les services, les intrigues et les conflits ? La plupart des personnes admettent que 20 à 40 % de leur temps et de leur énergie passent dans ces rapports destructeurs.

Le constat d'un tel gâchis nous pousse à prendre des initiatives visant une amélioration. Cela commence souvent de manière spectaculaire. Mais bientôt ces initiatives s'enlisent. Elles s'étouffent dans les intrigues, la communication défensive, les rivalités de personnes, la concurrence entre les services, les luttes de pouvoir, les manipulations, etc. Dès qu'une nouvelle initiative s'annonce, une résistance énorme s'érige. La *culture* s'est nourrie d'elle-même depuis si longtemps qu'elle a tendance à cannibaliser toute nouvelle tentative.

Les nouvelles initiatives se concentrent souvent sur la façon d'améliorer les processus de communication et de former les personnes à écouter et à expliquer clairement leur point de vue. D'autres s'attachent à la résolution des problèmes et au développement d'équipes de travail efficaces. Ces efforts de formation bien intentionnés essaient de constituer un esprit de coopération, mais la *culture* est tellement politisée, tellement fondée sur la défense de positions et le *pouvoir coercitif* que les personnes résistent. La *culture* devient cynique. Toute nouvelle initiative sera perçue comme inutile, spectaculaire et désespérante. Petit à petit, la culture s'essouffle. Les questions de survie, de salaires, de sécurité deviennent primordiales. Beaucoup s'adaptent en cherchant des satisfactions importantes en dehors parce qu'ils n'ont plus de satisfactions intrinsèques dans leur travail. Ils gardent leur travail pour se payer d'autres activités plus valorisantes.

Jusqu'à ce que nous pratiquions un leadership axé sur les *principes* à l'intérieur de nos entreprises, nos efforts pour améliorer la communication auront peu de valeur permanente. Tout est fondé sur les personnes et leurs relations. Lorsque nous ignorons cette base, nos tentatives d'amélioration échouent ou s'affaiblissent. La communication efficace est construite sur la confiance et la confiance est fondée sur le fait d'être digne de confiance et non pas sur une morale politique.

Chapitre XI

Trente sources d'influence

Nous voulons tous avoir une influence positive sur certaines personnes dans nos vies professionnelle et personnelle. Nous pouvons être motivés par le désir de monter une nouvelle affaire, de garder des clients, de maintenir des relations amicales, de modifier les comportements ou d'améliorer des relations familiales.

Mais comment y arriver ? Comment avoir une forte influence morale sur la vie des autres ? Je pense qu'il y a trois façons majeures d'exercer une influence : 1) être un exemple (les autres voient) ; 2) établir des relations fortes (les autres sentent) ; 3) être un enseignant (les autres entendent).

Les trente sources d'influence suivantes font partie de ces trois catégories.

Exemple : qui êtes-vous et comment agissez-vous ?

1. Abstenez-vous de dire des méchancetés ou des choses négatives, surtout quand on vous provoque ou quand vous êtes fatigué. Dans ces circonstances, ne pas formuler de critiques est un acte difficile exigeant une grande maîtrise de soi. La plus grande des qualités est le courage. Si nous n'avons aucun modèle, nous déverserons nos frustrations sur nos collègues. Il nous faut peut-être trouver de nouveaux exemples et apprendre à gagner déjà nos propres batailles en privé, à être sûrs de nos motivations et à acquérir une nouvelle perspective et une maîtrise d'où découlera un entraînement à ne pas parler trop impulsivement et à ne pas déverser notre agressivité.

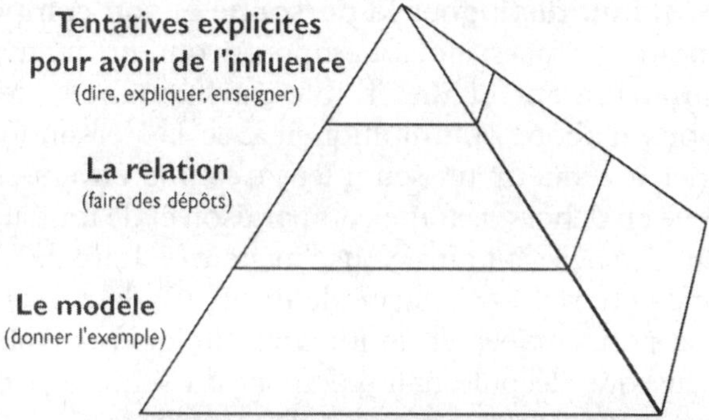

LA PYRAMIDE DE L'INFLUENCE

2. Soyez patient avec les autres. Dans les moments de stress, nous devenons impatients. Nous pouvons dire des choses que nous n'avions pas vraiment l'intention de dire et qui sont hors de proportion avec la réalité. Ou bien nous faisons la tête et nous communiquons exclusivement à travers nos émotions plutôt qu'avec des paroles, exprimant ainsi des critiques, des jugements et des rejets. Nous récoltons alors des blessures d'amour-propre et des relations tendues. La patience est l'expression pratique de la foi, de l'espoir, de la sagesse et de l'amour. C'est une émotion très active. Ce n'est pas de l'indifférence, de l'obstination ou de la résignation. La patience est assidue. Elle accepte la réalité d'un processus par étapes et des cycles de croissance naturels. La vie fournit de nombreuses occasions de pratiquer la patience – et de renforcer la fibre émotionnelle –, que ce soit quand on attend une personne en retard ou quand on prend le temps d'écouter tranquillement son enfant exprimer ses sentiments ou ses expériences, alors qu'on a mille choses urgentes à faire.

3. Il faut distinguer la personne et son comportement. Même si nous désapprouvons un mauvais comportement et une faible performance, nous devons d'abord communiquer avec la personne et l'aider à acquérir un sentiment d'estime envers elle-même en dehors de toute comparaison et de tout jugement. En agissant ainsi vous l'inciterez à faire de plus grands efforts. La capacité de distinguer la personne de sa performance et de lui communiquer sa valeur intrinsèque découle naturellement du sentiment que nous avons de notre propre valeur intrinsèque.

4. Il faut rendre des services anonymes. Chaque fois que nous rendons anonymement des services, notre sentiment de valeur intrinsèque et de respect de soi augmente. De plus, nous nous apercevons de la valeur des autres en leur rendant des services sans attendre ni publicité ni remerciements. Le service désintéressé a toujours été un des moyens les plus puissants d'exercer une influence.

5. Choisissez la réponse proactive. Pourquoi sommes-nous si peu nombreux à « savoir » et à « faire » en même temps ? Parce que nous négligeons le lien qui existe entre ce que nous savons et ce que nous faisons et nous ne choisissons pas notre réponse. Choisir nous oblige à avoir plus de recul et à décider ensuite de nos réactions et de nos actions. Choisir veut dire accepter d'être responsables de nos attitudes et de nos actions et refuser de blâmer les circonstances ou les autres. Cela implique une réelle lutte interne entre des motivations opposées. À moins d'utiliser notre capacité à choisir, nos actions seront déterminées par les circonstances. Notre liberté ultime réside dans le droit et le pouvoir de décider comment toute personne ou toute chose, en dehors de nous, nous affectera.

6. Tenez les promesses que vous faites aux autres. En faisant et tenant nos résolutions et nos promesses, nous prenons et nous gagnons de l'influence sur les autres. Pour être meilleurs et mieux agir, nous devons faire des promesses (des résolutions, des engagements, des serments et des accords), mais nous ne devons jamais émettre une promesse que nous ne tiendrons pas. Grâce à la connaissance de soi, nous pouvons sélectionner avec rigueur les promesses que nous faisons. Notre capacité à faire et à tenir des promesses nous permet de mesurer notre estime de nous-mêmes et notre intégrité.

7. Concentrez-vous sur le cercle d'influence. Lorsque nous essayons d'agir positivement sur des choses que nous pouvons maîtriser, nous élargissons notre cercle d'influence. Les problèmes de maîtrise directe sont résolus lorsque nous changeons notre manière de faire et de penser. Les problèmes de contrôle indirect nous obligent à adapter nos moyens d'action. Un exemple : il nous arrive de temps en temps de nous plaindre en disant : « Si seulement mon patron pouvait comprendre mon programme ou mon problème... », mais nous ne sommes pas nombreux à prendre le temps de préparer une présentation que le patron écouterait et respecterait et qui tiendrait compte de son point de vue et de ses propres problèmes. Avec un peu plus de contrôle nous pouvons maîtriser nos réactions et décider par nous-mêmes de la façon dont une chose ou une personne nous affecte. Comme l'a dit William James : « Nous pouvons changer les circonstances en changeant tout simplement d'attitude. »

8. Vivez selon la loi de l'amour. En vivant selon la loi de l'amour nous renforçons les lois de la vie. Les personnes sont souvent très fragiles, surtout celles qui se comportent de manière dure et indépendante. Si nous les écoutons avec notre troisième oreille, c'est-à-dire avec le cœur, elles nous parleront. En leur offrant de l'amour, surtout inconditionnel, nous donnons aux autres un sens de leur valeur intrinsèque et de la sérénité qui n'a rien à voir avec le fait de se comporter d'une manière conformiste ou de se comparer aux autres. Beaucoup puisent leur *sécurité* et leur force dans les apparences extérieures, les symboles sociaux, la position, la réussite et l'appartenance. Mais puiser des forces crée inévitablement des faiblesses. Nous faisons peu confiance aux relations humaines superficielles et aux formes de succès artificielles qui sont éloignées de l'amour sincère.

LES RELATIONS : ÊTES-VOUS COMPRÉHENSIF ET CONCERNÉ ?

9. Voyez ce qu'il y a de mieux chez les autres. Présumer de la bonne foi des autres rapporte des fruits. En supposant qu'ils veulent sincèrement faire de leur mieux, vous pouvez exercer une puissante influence et faire ressortir le meilleur d'eux-mêmes. Nos efforts pour classifier et catégoriser, juger et mesurer, viennent souvent de notre propre insécurité et de nos frustrations face aux réalités complexes et changeantes. Chaque personne est riche d'un potentiel, apparent ou non, et sa réaction le plus souvent dépendra de la façon dont nous la traitons et de ce que nous pensons d'elle. Bien sûr, certaines personnes abuseront de notre confiance en pensant que nous sommes naïfs et crédules, mais la plupart auront une bonne attitude simplement parce que nous croyons en elles. Ne vous laissez pas impressionner par quelques individus ! Chaque fois que nous nous montrons de bonne foi, mus par des motivations saines, nous générons le bien chez les autres.

10. Essayez d'abord de comprendre, ensuite d'être compris. Lorsque nous communiquons avec une autre personne, nous devons lui accorder toute notre attention, être totalement disponibles. Puis, faire preuve d'empathie – voir les choses du point de vue de l'autre, mettre « nos pas dans les siens » pendant un certain temps. Cela demande du courage, de la patience et de la sérénité. Mais tant que les autres ne sentiront pas que vous les comprenez, ils ne seront pas ouverts à votre influence.

11. Récompensez les expressions ou les questions ouvertes et honnêtes. Nous punissons trop souvent les formulations ou les questions honnêtes et ouvertes. Nous réprimandons, jugeons, méprisons et nous désorientons. Les autres apprennent à cacher leurs problèmes, à se protéger, à ne pas demander. Le plus grand obstacle à une communication riche et honnête est la tendance à critiquer et à porter des jugements.

12. Répondez avec bienveillance. Si vous répondez avec bienveillance, trois choses positives se produiront : vous améliorerez votre compréhension des sentiments et des problèmes ; vous gagnerez du courage et une indépendance réelle ; vous établirez la confiance dans la relation. Cette réaction a d'autant plus de valeur qu'une personne évoque une situation très sensible. Elle correspond davantage à une attitude qu'à une technique. Si vous essayez de manipuler, elle échouera. Si vous voulez vraiment comprendre, vous réussirez.

13. Si l'on vous offense, prenez l'initiative. Si quelqu'un vous offense et continue à le faire sans s'en rendre compte, prenez l'initiative d'en parler. Pensez que le fait de garder le silence a deux conséquences dramatiques : dans un premier temps, toute personne offensée ressasse le problème jusqu'à ce que la situation prenne d'énormes proportions ; ensuite, elle se comportera de manière défensive pour éviter de souffrir davantage. Lorsque vous prenez l'initiative de parler, faites-le de manière positive et non dans un esprit de revanche et de colère. N'oubliez pas de décrire vos sentiments – quand et comment vous avez été offensés – plutôt que de juger ou d'étiqueter l'autre. Cela permet à ce dernier de conserver sa dignité et de pouvoir répondre sans se sentir menacé ou jugé. Nos sentiments, nos opinions et nos perceptions ne sont pas des faits. Agir à partir de là demande une grande maîtrise et conduit à l'humilité.

14. Reconnaissez vos erreurs, excusez-vous, demandez pardon. Lorsqu'une relation est très tendue, il nous faut quelquefois admettre que nous sommes en partie responsables. Lorsqu'une personne se sent profondément blessée, elle se retire, se renferme, et nous enferme, dans sa tête, derrière des barreaux de prison. Améliorer notre comportement ne sera pas suffisant pour obtenir la mise en liberté. Souvent, la seule manière de sortir de cette prison mentale, c'est de reconnaître nos erreurs, de nous excuser et de demander pardon, sans chercher d'excuses et d'explications et sans prendre de positions défensives.

15. Jetez les querelles par la fenêtre. Ne répondez pas aux provocations ou aux accusations irréfléchies. Ne vous en occupez pas jusqu'à ce qu'elles disparaissent d'elles-mêmes. Si vous essayez d'y répondre ou d'argumenter, vous ne faites qu'aviver l'hostilité et la colère. Si vous passez tranquillement votre chemin, votre interlocuteur doit gérer tout seul les conséquences de ses paroles irréfléchies. Ne vous laissez pas entraîner dans un cercle vicieux de provocations, où vous risqueriez d'être touchés par le même poison. Si la faiblesse de l'autre vous atteint, cela n'aboutira qu'à des malentendus, des accusations et à des disputes. La capacité de jeter les querelles par la fenêtre vient d'une paix intérieure qui libère l'impulsion nécessaire pour réagir et se justifier. La source de cette paix vient d'une vie responsable, en harmonie avec sa conscience.

16. Pratiquez le tête-à-tête. Un membre de la direction peut être très impliqué dans son travail, dans les projets de sa paroisse, dans la vie d'un grand nombre de personnes, sans avoir pour autant de relation profonde et significative avec son épouse. Une vraie relation demande souvent plus de noblesse de caractère, d'humilité et de patience, que le fait de rendre service à un grand nombre de personnes. En fait nous nous justifions de négliger cette relation spécifique en nous occupant des autres, car eux nous rapportent facilement estime et gratitude. Et pourtant, nous savons qu'il faut garder du temps pour le consacrer entièrement à certaines personnes en particulier. Avec nos enfants, il faut peut-être organiser des sorties en tête à tête – un moment où nous pouvons leur donner toute notre attention et les écouter sans les censurer, les sermonner ou les comparer aux autres.

17. Faites attention aux choses que vous avez en commun. N'oubliez pas de renouveler votre engagement envers tout ce qui vous lie à vos proches. Leur fidélité et leur affection s'appuient sur ces goûts partagés, plutôt que sur les problèmes ou les différences. Il ne s'agit pas d'ignorer les différences, mais il faut les subordonner. Le problème n'est jamais aussi important que la relation.

18. Laissez-vous d'abord influencer par les autres. Nous n'avons d'influence sur les autres que dans la mesure où ils pensent en avoir sur nous. Lorsqu'une personne sent que vous l'aimez vraiment et que vous comprenez ses problèmes et ses sentiments, elle sent aussi qu'elle peut vous influencer. Elle pourra alors s'ouvrir. Nous suivons une ordonnance parce qu'elle est fondée sur un diagnostic.

19. Acceptez la personne et la situation. La première étape pour faire évoluer quelqu'un est de l'accepter tel qu'il est. Rien ne suscite plus la défensive que le jugement, la comparaison ou le rejet. Lorsqu'une personne se sent acceptée et valorisée, elle est libérée du besoin de se défendre et peut alors s'améliorer de manière naturelle. Acceptation ne veut pas dire fermer les yeux sur des faiblesses ou accepter n'importe quelle opinion, c'est autant affirmer la valeur intrinsèque de l'autre qu'admettre sa façon de penser spécifique.

INSTRUCTION : CE QUE VOUS ME DITES

20. Préparez votre esprit et votre cœur avant de préparer votre discours. Ce que nous disons est moins important que la manière dont nous le disons. Avant que vos enfants ne reviennent de l'école, pleins d'enthousiasme et d'attentes, arrêtez-vous un instant et réfléchissez. Prenez des forces. Équilibrez votre esprit et votre cœur. Détendez-vous pour être agréable et de bonne humeur et mettez-vous en condition pour leur accorder toute votre attention. De même, quand vous rentrez du travail et que vous arrivez chez vous, restez assis un moment dans la voiture et faites la même chose ; demandez-vous : « Que puis-je apporter à mon conjoint et à mes enfants ce soir ? » Prenez des forces. En choisissant de donner le meilleur de vous-même, vous renforcerez vos bonnes résolutions.

21. Évitez les conflits ou la fuite – parlez de vos différences. Beaucoup de personnes fuient devant l'adversité. Un conflit peut prendre plusieurs formes, de la violence pure aux paroles pleines de colère et de haine, en passant par les sarcasmes subtils, les réponses blessantes, les répliques habiles, l'humour méprisant, la résistance et la contestation… La fuite aussi peut être protéiforme : on peut s'esquiver et s'apitoyer sur soi-même (cette attitude de dépit se nourrira de désir de vengeance et d'esprit de revanche) ; on peut aussi adopter une attitude indifférente et se dégager de toute responsabilité.

22. Sachez prendre le temps d'enseigner. Les différends sont source d'enseignement, mais il y a des moments pour enseigner. Il faut le faire quand, par exemple : 1) vos interlocuteurs ne se sentent pas menacés (essayer de leur apprendre quelque chose lorsqu'ils ne sont pas en confiance ne fera qu'augmenter leur ressentiment) ; il faut donc attendre ou provoquer une nouvelle situation afin qu'ils se sentent plus sécurisés et réceptifs) ; 2) vous n'êtes ni en colère ni frustré, au contraire, vous vous sentez attentif, respectueu et serein ; 3) l'autre personne a besoin d'aide et de soutien (lui proposer simplement des solutions équivaut à essayer d'apprendre à nager à quelqu'un qui se noie). Rappelez-vous qu'à chaque instant nous sommes en mesure d'enseigner quelque chose, car nous irradions ce qui est en nous.

23. Mettez-vous d'accord sur les limites, les règles, les attentes et les conséquences. Elles doivent être bien établies, approuvées, comprises et bien appliquées. La *sécurité* personnelle est fondée sur le sens de la justice – à condition de connaître les attentes, les limites, les règles et les conséquences. La vie peut être incertaine si les attentes sont peu claires et arbitraires : un jour une chose, le lendemain une autre. Il n'est pas étonnant qu'un certain nombre d'individus grandissent en apprenant à compter exclusivement sur leur capacité à manipuler les choses et les personnes. Mais ainsi, ils vivent dans l'angoisse d'être découverts.

24. N'abandonnez pas et ne cédez pas. Ce n'est pas leur rendre service que de protéger les autres des conséquences de leur comportement. En le faisant, nous leur laissons entendre qu'ils sont faibles et incapables. Lorsque nous cédons devant un comportement irresponsable, en l'excusant ou en éprouvant de la compassion, nous approuvons et nous encourageons le « caprice ». Si nous abandonnons – en évitant les autres ou en les attaquant – nous dissuadons leurs efforts. La discipline qui permet de ne pas abandonner ou de ne pas céder, tempérée par l'amour, ne peut venir que d'une vie responsable et maîtrisée.

En cédant quand cela nous gêne ou en abandonnant quand cela nous laisse indifférent, nous nous engageons sur la voie de la moindre résistance.

25. Soyez présent aux carrefours. Nous souffrons de voir les personnes que nous aimons le plus s'engager parfois dans des décisions prises à la légère ou sous le coup d'une émotion et qui pourraient avoir de graves conséquences à long terme. Comment pouvons-nous les influencer ? D'abord en prenant le temps de réfléchir avant d'agir. Ne vous laissez pas dominer par vos émotions à court terme et ne faites rien qui puisse nuire à cette relation et à l'influence que vous avez. Ensuite, rappelez-vous que les autres ont tendance à agir en fonction de ce qu'ils ressentent plutôt qu'en fonction de ce qu'ils savent. La motivation vient davantage du cœur que de l'esprit. Si nous sentons que notre raison et notre logique n'ont aucune prise sur leurs émotions et leurs sentiments, nous devons tâcher de comprendre leur langage comme une langue étrangère et sans condamner ni rejeter. Cet effort engendrera le respect et l'adhésion, atténuera leur attitude de défense et leur combativité, et rétablira le désir de bien faire.

26. Parlez le langage de la logique et de l'émotion. Le langage de la logique et celui de l'émotion sont aussi différents que l'anglais et le français. Lorsque nous ne parlons plus la même langue, nous pouvons essayer de communiquer de quatre autres manières possibles : 1) en donnant du temps, car si nous le faisons de bon gré, nous en transférons la valeur sur quelqu'un d'autre ; 2) en étant patient pour lui communiquer le message suivant : « J'irai au même rythme que toi ; je peux tout à fait t'attendre, tu en vaux la peine » ; 3) en essayant de comprendre, parce qu'un effort honnête de compréhension abolit la combativité et l'autodéfense ; 4) en exprimant ouvertement vos sentiments et en étant cohérent.

27. Déléguez efficacement. Savoir déléguer demande du courage, car accorder aux autres le droit à l'erreur risque de nous coûter du temps, de l'argent, voire même notre réputation. Ce courage exige aussi d'être accompagné de patience, d'autodiscipline, de confiance dans le potentiel d'autrui et de respect pour les différences. La délégation efficace doit être à double sens : donner une part de responsabilité et en recevoir. Elle comporte trois phases. En premier, l'accord initial : les personnes ont ainsi une compréhension claire de ce que l'on attend d'elles et des ressources, de l'autorité, de l'encadrement et de la latitude dont elles disposent. Deuxièmement, soutenir vos collaborateurs ; vous devez être une aide et un soutien et non le chef que l'on redoute ; vous devez dégager des ressources, aplanir le terrain, soutenir les actions et les décisions, donner une direction, fournir une formation et ne pas oublier le retour d'informations. Troisièmement, le processus de responsabilisation ; cela concerne surtout l'évaluation de soi, puisque les personnes à qui on délègue sont finalement jugées sur les résultats et sur la performance réelle.

28. Impliquez les personnes dans les projets importants. Les projets importants ont une grande influence sur les personnes. Cependant, ce qui est important pour un dirigeant peut ne pas l'être pour un collaborateur. Les projets prennent en fait de l'importance quand les personnes sont impliquées dans le processus de planification et d'élaboration. Nous avons tous besoin d'être impliqués dans une bonne cause. Sans de telles perspectives, la vie perd tout son sens ; l'espérance de vie est plus courte pour ceux qui prennent leur retraite dans l'espoir d'une vie sans contraintes. La vie est faite d'exigences avec un but valable qui mène de « où nous en sommes aujourd'hui » à « où nous voudrions en être demain ».

29. Apprenez-leur la « loi de la récolte ». Nous enseignons les *principes* agraires de préparation de la terre : les semailles, les cultures, l'arrosage, le désherbage et la récolte. Nous devons nous polariser sur les processus naturels – pour mettre les systèmes en harmonie – et surtout sur la compensation pour ancrer l'idée que nous récoltons ce que nous semons.

30. Laissez les conséquences naturelles servir d'apprentissage pour obtenir un comportement responsable. Un des actes les plus généreux que nous puissions faire est d'accepter les conséquences naturelles des actions des autres, afin de leur apprendre à se comporter de façon responsable. Il se peut qu'ils ne nous apprécient pas mais la popularité est une grandeur peu fiable pour mesurer le développement du caractère. Insister sur la justice demande toujours plus de véritable amour. Leurs progrès et leur *sécurité* nous tiennent suffisamment à cœur pour pouvoir supporter leur déception.

Surmonter trois erreurs importantes

Dans nos tentatives d'influencer les autres, nous faisons habituellement trois erreurs, toutes liées au fait que nous n'y prêtons pas assez d'attention.

Erreur n° 1 : Conseiller avant de comprendre. Avant de dire aux autres ce qu'ils doivent faire, nous devons établir une relation de compréhension. La clé de votre influence réside dans votre compréhension de mes problèmes et de ce que je suis. À moins de me comprendre, avec ma situation et mes sentiments uniques, vous ne pourrez jamais me conseiller. À moins de sentir que ma singularité vous intéresse, je ne me laisserai pas influencer par vos conseils. Pour cela, un seul remède : l'empathie – essayer d'abord de comprendre, puis d'être compris.

Erreur n° 2 : Essayer de construire/reconstruire des relations sans changer de comportement ou d'attitude. Nous essayons souvent de construire ou de reconstruire une relation sans toucher à notre comportement ou à notre attitude. Si notre comportement est truffé d'incohérences et manque de sincérité, aucune technique d'approche amicale ne pourra se mettre en place. Comme Emerson l'a si bien dit : « Ce que vous êtes me crie tellement fort aux oreilles que je ne peux pas entendre ce que vous dites. » La solution, c'est d'être cohérent et sincère.

Erreur n° 3 : Présumer que le bon exemple et la relation suffisent. Nous présumons qu'un bon exemple et une bonne relation suffisent sans nécessité d'enseigner quoi que ce soit explicitement. De même qu'une simple vision des choses sans amour ne contient pas de motivation, de même l'amour sans vision n'a pas de but, de ligne directrice, de normes. Le remède ? Enseigner et parler de l'aspect visionnaire des missions, des rôles, des buts et des directives.

En fin de compte, ce que nous sommes communique beaucoup plus clairement que nos paroles et nos actions.

Chapitre XII

Huit manières d'approfondir votre mariage et vos relations familiales

Les succès professionnels ne peuvent compenser les échecs du mariage ou des relations familiales ; le livre de la vie en révélera le déséquilibre sinon le déficit.

Les relations entre époux ou entre parents et enfants, comme toutes les autres relations, ont tendance à évoluer vers l'entropie – le désordre et la dissolution. L'un des cercles de la vie les plus terribles est celui du mariage et du divorce – et des brèves histoires d'amour –, avec toutes les conséquences tragiques que cela peut avoir pour les enfants, aussi bien pour ceux déjà nés que ceux qui ne pourront pas naître.

Ce n'est pas facile de préserver le mariage et les relations familiales à travers le temps. Former une équipe entre mari et femme axée sur les *principes* peut certainement aider. Les huit pratiques suivantes, fondées sur les *principes*, vous aideront à revitaliser et à enrichir vos relations familiales.

1. Maintenez une perspective à long terme. Sans perspective à long terme que ce soit dans le couple ou la famille nous ne pouvons en supporter les contraintes, les conflits et les inévitables défis.

Une perspective à long terme nous aide à trouver des solutions.

Les perspectives à court terme nous entravent et nous laissent seuls face à nos problèmes. Lorsqu'on a une vision de ce type, tout problème relationnel avec notre conjoint ou nos enfants devient un obstacle frustrant sur le parcours de nos ambitions égoïstes.

Pour savoir si vous avez une perspective à court ou à long terme en ce qui concerne votre mariage ou votre famille, faites l'expérience suivante. Prenez une feuille de papier et écrivez en haut à gauche « Perspectives à court terme » et en haut à droite « Perspectives à long terme ». Au milieu de la feuille, faites la liste des questions, problèmes et préoccupations qui vous paraissent les plus importants par rapport à votre mariage et votre famille. Par exemple, des questions sur votre rôle de mari/père ou femme/mère, des questions de gestion financière, sur l'éducation des enfants, les relations avec les beaux-parents, la contraception, les pratiques morales ou religieuses, le style de vie, les différentes manières de résoudre les problèmes, et ainsi de suite. Examinez chaque question ou préoccupation en commençant par celles concernant le court terme et en allant vers le long terme.

Cet exercice vous donnera des aperçus sur votre relation avec votre conjoint et vos enfants. Je vous encourage à établir des passerelles entre l'idéal et la réalité pour éviter de cloisonner artificiellement des pans de votre vie : le côté abstrait, idéaliste et spirituel et le côté quotidien et répétitif. L'intégration conduit à l'intégrité.

2. Récrivez le scénario de votre mariage et de votre vie de famille. Enfants, nous sommes dépendants, vulnérables, en quête d'amour, d'acceptation et d'appartenance. Les expériences de notre enfance constituent notre vie d'adulte. Nos parents, et d'autres personnes aussi, sont nos modèles ; nous nous identifions à eux, qu'ils soient bons ou mauvais. En fait, ils nous offrent un scénario de la vie qui devient le nôtre. Nous l'avons enregistré émotionnellement plutôt que choisi consciemment. Il vient de notre vulnérabilité, de notre grande dépendance envers les autres, de notre besoin d'être acceptés et aimés, d'appartenir, d'avoir de l'importance et de la valeur. C'est pourquoi la plus grande responsabilité des parents est d'être des modèles. Ils donnent ainsi des scénarios à leurs enfants, qui les joueront probablement pendant une bonne partie de leur vie.

Les personnes s'identifient à ce qu'elles voient et à ce qu'elles ressentent bien plus qu'à ce qu'elles entendent. La mise en scène reprend à 90 % le modèle et à 10 % les paroles. Ainsi c'est notre rôle de modèle qui est de loin le plus important au quotidien. À quoi sert de passer son temps à déployer son éloquence sur les grands *principes* moraux, si c'est pour se renfermer ensuite sur soi-même en protestant, en critiquant, en étant indifférent et incapable d'aimer ?

Nous sommes très influencés par nos scénarios, mais nous pouvons toujours apprendre à les réécrire, nous identifier à de nouveaux modèles et chercher de nouvelles relations. Les bons scénarios ne naissent pas seulement d'une lecture des *principes* dans de bons livres, mais aussi d'une identification et d'une relation avec les personnes qui illustrent ces bons *principes* ; cependant ils ne peuvent compenser de mauvais modèles. Il est nettement plus facile d'apprendre des *principes justes* à mes étudiants que de les connaître et de les aimer ; il est tellement plus facile de donner de superbes conseils que d'écouter avec empathie et d'être ouvert pour qu'ils puissent me connaître et m'apprécier ; tellement plus facile de vivre en étant indépendant que de vivre en étant interdépendant ; tellement plus facile de juger plutôt que d'éclairer, de critiquer que de donner l'exemple.

Une part des problèmes que les personnes rencontrent dans le mariage vient d'attentes conflictuelles de rôles ou de scénarios qui s'opposent. Par exemple, le mari pense que le rôle de sa femme est de s'occuper du jardin – sa mère l'a toujours fait. Et la femme pense que c'est le rôle de son mari puisque c'est son père qui le faisait. Un petit problème qui s'amplifie parce que des scénarios opposés enveniment tous les problèmes et renforcent les différences. Observez vos problèmes matrimoniaux ou familiaux pour voir s'ils ne sont eux aussi enracinés dans ce genre de répartition des rôles et compliqués par des scénarios opposés.

3. Reconsidérez vos rôles. Les époux et les parents jouent trois rôles : producteur, bon gestionnaire et leader. Le producteur fait ce qu'il faut pour arriver au résultat souhaité : l'enfant nettoie sa chambre ; le père sort les poubelles ; la mère met le bébé au lit. Un producteur peut utiliser des outils pour améliorer les résultats. Un parent axé sur la production ne se soucie peut-être que d'avoir une maison propre ou une cour bien nettoyée. Il fait la majeure partie du travail et critique ensuite ses enfants parce qu'ils ne l'aident pas. Ces derniers, bien sûr, sont insuffisamment formés et pas préparés à accomplir leur part de travail.

Beaucoup de parents « producteurs » ne savent pas déléguer et s'épuisent à faire le travail eux-mêmes. Tous les soirs, ils vont se coucher, fatigués, irrités et déçus que les autres ne soient pas plus coopératifs. Ils ont tendance à penser que la solution à la plupart des problèmes est de mettre la main à la pâte et de faire le travail eux-mêmes. C'est pourquoi leurs projets restent toujours modestes ou bien leurs entreprises font faillite. Ils ne savent tout simplement pas comment déléguer et motiver les autres pour qu'ils répondent à leurs attentes. Quand ils essaient de le faire, cela se termine souvent par « Cela me prend plus de temps d'expliquer et de former cette personne que de le faire moi-même ». Alors, ils abandonnent, retournent à la production et se considèrent comme des martyrs, s'apitoyant sur leur sort. Ils sont toujours débordés, stressés, fatigués et déçus. Ils réagissent de façon excessive aux erreurs et s'empressent de les corriger eux-mêmes. Ils passent leur temps à rôder et à vérifier et sapent ainsi les motivations de leurs enfants en faisant leur la prophétie : « Je le savais ; je savais qu'il n'y arriverait pas. »

Dans son rôle de « bon gestionnaire » le parent délègue à ses enfants certains travaux dans la maison ou le jardin. Cette délégation libère les parents : le parent peut, du coup, s'occuper d'autre chose. Le parent gestionnaire compense les faiblesses de l'enfant producteur. Le gestionnaire comprend le besoin de structures et de systèmes – particulièrement la formation, la communication, l'information et la compensation – et aussi celui de procédures et d'actions fondées sur des *principes justes*. Ainsi une bonne partie de la production peut être dirigée en pilotage automatique. Cependant, pour cette même raison, le parent gestionnaire a tendance à être inflexible, bureaucratique, axé sur les méthodes et les systèmes. À la longue, les gestionnaires se concentrent sur les performances et non sur l'efficacité – bien faire les choses au lieu de faire les bonnes choses.

La vraie nature du mariage et de la vie de famille réside dans l'*interdépendance*. Sans gestion familiale, il faut réinventer la roue tous les jours ; il n'y a pas de systèmes et de procédures établis et tout le monde s'épuise à la production ; la répartition des rôles est conflictuelle et ambiguë et, quand le travail n'est pas fait, chacun accuse l'autre. Mais avant que les parents ne deviennent de bons gestionnaires, ils doivent atteindre un niveau élevé d'indépendance, de *sécurité interne* et de *confiance* en eux. Sans cela, ils auront du mal à communiquer, à coopérer, à travailler avec les autres, tout en étant souples et en s'adaptant à la situation et aux besoins des principaux intéressés.

En endossant le rôle de leadership, vous pouvez apporter de véritables changements. Mais les changements déroutent et dérangent les autres, engendrent des peurs, des incertitudes et une forme de sécurité. Il faut faciliter le changement en pratiquant une véritable empathie à l'égard des préoccupations de chacun, il faut aider vos partenaires à exprimer librement leurs problèmes et à se sentir impliqués dans la mise au point de nouvelles solutions. Sans cela, les résistances deviendront encore plus fortes et mèneront à un durcissement et à une rigidité au sein de la famille ou à des arrangements cyniques dans le couple.

Beaucoup de familles bien gérées manquent de leadership, les choses s'y organisent correctement mais sont mal orientées, on y emploie d'excellents systèmes et on y trouve des listes de choses à faire pour tous, mais sans chaleur et sans amour. Dans ces familles, les enfants ont tendance à s'éloigner dès que possible et à ne pas revenir, sauf par devoir filial. Ce phénomène se rencontre aussi dans les relations familiales entre générations : soit les familles se voient souvent parce que tous les membres entretiennent des relations affectives très profondes soit elles ne se voient que de temps en temps, à contrecœur et par devoir envers un membre particulier de la famille. Dans ce cas-là, lorsque cette personne meurt, les autres membres se dispersent dans des lieux différents et se sentent plus proches de leurs voisins, ou de leurs meilleurs amis, que des membres de leur propre famille.

Si la mère joue constamment le rôle de productrice et le père celui de gestionnaire et que personne ne tient le rôle de leader, les enfants participeront peu et à contrecœur. Le rôle de leader consiste à donner la direction à suivre en montrant l'exemple, avec amour, pour créer et motiver une équipe complémentaire et efficace fondée sur le respect mutuel et plus tournée vers les résultats que limitée aux méthodes, aux systèmes et aux procédures.

Ces trois rôles interdépendants – producteur, gestionnaire et leader – sont essentiels dans la vie de famille. Dans les phases initiales du mariage, les deux partenaires doivent jouer les trois rôles, en donnant peut-être plus ou moins d'importance à l'un ou à l'autre. Lorsque les enfants peuvent supporter plus de responsabilités, les rôles de gestionnaire et de leader deviendront de plus en plus importants.

Pour finir, le rôle de leader devient de plus en plus prédominant pour le parent ou le grand-parent.

4. Révisez vos buts. Si nous désirons avoir un mariage ou une vie de famille réussis, il nous faut connaître une leçon essentielle : préserver et améliorer les biens et les ressources qui nous permettent d'être productifs. J'appelle ces deux buts *P* et *CP*. *P* désigne la production des résultats désirés et *CP*, la capacité de production, autrement dit la préservation et l'amélioration des biens et des ressources qui produisent des résultats.

Par exemple, si un parent a négligé son travail *CP* avec son fils adolescent, le niveau de confiance se révélera faible et la communication sera faussée ou impossible. Le fils ne sera pas ouvert aux conseils de son père dans des situations où l'expérience et la sagesse seraient nécessaires. Le père a peut-être de la sagesse et un grand désir de conseiller son fils, mais ce dernier ne sera plus réceptif par manque de confiance. Le travail *P*, c'est-à-dire la production des résultats désirés, sera directement atteint. Le fils prendra éventuellement des décisions à court terme, sous le coup de l'émotion, qui auront des conséquences négatives à long terme.

Après avoir ignoré le travail *CP*, un parent peut être obligé de « refaire tout le chemin » pour rétablir une relation. Il existe plusieurs manières de procéder, de « faire des dépôts émotionnels », mais ce qui est un dépôt pour une personne peut être un retrait pour une autre, comme « une bonne nourriture pour un homme peut être du poison pour un autre ».

Lorsque nous vivons les lois premières de l'amour (l'activité *CP*), nous encourageons l'obéissance aux lois premières de la vie (les résultats P). Il n'y a pas de raccourci. Développer des relations familiales en employant des techniques de raccourci, des gratifications artificielles ou des stratégies psychologiques engendre une vie quotidienne factice et affectée qui peut cacher temporairement des faiblesses de caractère, qui exploseront à la prochaine crise. Le mariage doit être une séduction permanente et demande des dépôts constants sous forme de gentillesse, de générosité, de considération, de courtoisie, de paroles affectueuses et d'amour inconditionnel.

Chaque fois que nous négligeons la *CP* au nom de *P*, nous obtenons dans l'immédiat un peu plus de P, mais nous le voyons ensuite diminuer progressivement. Si nous utilisons la manipulation et l'intimidation, nous obtiendrons à court terme ce que nous voulons, mais, à long terme, le niveau de confiance et les processus de communication se détérioreront pour aboutir au cynisme. Dans cette ambiance les relations maritales se détérioreront. À la place d'une compréhension bienveillante dans laquelle un couple peut communiquer presque sans paroles et même se tromper en continuant à se comprendre, on sera obligé de s'accommoder de la situation, et d'essayer de vivre de manière indépendante en maintenant autant de respect et de tolérance que possible. La situation peut bien sûr empirer jusqu'à l'hostilité et l'autodéfense si un des protagonistes en vient à être considéré comme potentiellement dangereux et qu'il devient trop risqué de dire ce que l'on pense. Ces mariages se terminent souvent par des guerres ouvertes devant des tribunaux ou en guerre froide à la maison, avec comme liens uniques la présence des enfants, le sexe, le statut social ou l'image de soi.

D'une certaine manière, l'égoïsme, une des causes les plus profondes de la discorde et du divorce, est le symptôme d'une concentration sur *P*, ou sur ce que nous voulons rechercher, les résultats que nous escomptons ; par exemple, un mari égoïste et sans égards arrive à manipuler et à intimider pendant un certain temps pour obtenir ce qu'il veut, mais finalement, par un manque de *CP*, la relation se détériore.

Il en va de même dans la relation parents/enfants. Si les parents s'en tiennent à ce qu'ils veulent, en menaçant et en intimidant, en grondant et en criant, en maniant la carotte et le bâton, ou à l'inverse en gâtant les enfants ou les livrant à eux-mêmes, les relations se détérioreront. La discipline est alors inexistante ; la direction, les normes et les attentes seront incompréhensibles, ambiguës ou confuses pour les enfants.

Les jeunes enfants sont sensibles aux menaces, à la manipulation, et les parents obtiennent souvent ce qu'ils veulent en dépit de leurs mauvaises méthodes. Mais quand l'enfant parvient à l'adolescence, les menaces n'ont plus le même pouvoir et ne donnent plus les résultats attendus. À moins qu'ils n'aient instauré un haut niveau de confiance et beaucoup de respect mutuel, les parents n'ont pratiquement plus aucun contrôle sur leurs enfants. Ils n'ont plus de réserves sur leur compte bancaire émotionnel. Un manque de travail sur la *CP* pendant les années formatrices mène droit à une carence émotionnelle pendant l'adolescence, à un manque d'influence, qui peut aller jusqu'à la rupture des relations.

Les comptes bancaires émotionnels sont à la fois très forts et très fragiles. Si nous possédons, par exemple, 200 000 $ de réserve émotionnelle auprès des autres, nous pouvons en retirer de petites sommes (5 000 ou 10 000 $) de temps en temps, ils comprendront et nous laisseront faire. Nous aurons peut-être besoin de prendre, par exemple, une décision très autoritaire et impopulaire sous la pression des circonstances et sans pouvoir nous justifier auprès d'eux. Si nous avons un compte en banque de 200 000 $ et que nous faisons un retrait de 10 000 $, il nous restera encore 190 000 $ en caisse. Les jours suivants, nous devrons prendre le temps d'expliquer ce que nous avons fait et pourquoi nous l'avons fait dans le but de réengranger nos 10 000 $.

Une orientation *CP* émane plus du caractère et de l'intégrité, de la sincérité d'une personne, que d'une tactique de manipulation pour obtenir *P*. Si nous sommes peu sincères et que nous utilisons *CP* pour manipuler, nous serons vite découverts et l'effet final sera une fois encore un énorme déficit. Mais si nous faisons continuellement de petits dépôts sincères, nous aurons une importante réserve. Nous pouvons les faire sous forme de patience, de courtoisie, d'empathie, de gentillesse, de services, de sacrifices, d'honnêteté et de regrets sincères quant à nos erreurs passées, ce qui compensera les retraits de nos réactions trop vives, de nos moments d'égoïsme et autres.

5. Harmonisez les systèmes familiaux. Quatre systèmes sont nécessaires pour bien faire fonctionner une famille. Si vous n'avez pas d'objectifs ni de plans (1), sur quelles bases allez-vous établir un programme de gestion et de discipline (2), quelles seront vos normes concernant l'enseignement et la formation (3) ainsi que la communication et la résolution des problèmes (4) ?

S'il manque à votre famille un programme d'enseignement et de formation, comment allez-vous développer le savoir-faire nécessaire à la communication et à la résolution de problèmes ou l'aptitude à prendre des responsabilités, à entreprendre des travaux, à se soumettre à une discipline ? Si vous n'avez pas de système de communication et de résolution des problèmes, comment allez-vous établir des valeurs, fixer des objectifs et les réaliser ? Quand allez-vous enseigner et former, établir des systèmes de gestion, mettre en place les règles sur lesquelles vous vous êtes mis d'accord ? Si vous n'avez ni système de gestion ni règles, comment vous assurer que le travail est fait en fonction des objectifs, de la mise en œuvre des plans, du développement des savoir-faire ou de l'enseignement et la formation ?

Les quatre systèmes sont nécessaires. Beaucoup de parents ont le tort de ne s'occuper que d'un ou deux points, pensant que la réussite sur l'un compensera l'échec des autres. Les personnes ont tendance à faire ce qu'elles font bien et ce qu'elles aiment faire. Leur demander de s'écarter de leur « zone de confort » peut représenter une menace pour eux et les dérouter. Mais si quelqu'un prend le leadership et facilite les processus de croissance et de changement en aidant les gens à comprendre pourquoi ils ont besoin des quatre systèmes et en les encourageant à adopter de nouveaux comportements et un savoir-faire différent de leurs scénarios habituels ou de leur mode de penser actuel, alors leur processus de « renaissance » ne sera pas arrêté en cours de route.

6. Affinez les trois savoir-faire essentiels. La gestion du temps, la communication et la résolution de problèmes sont des savoir-faire dont nous avons besoin à chaque étape du mariage et de la vie familiale en général. Heureusement, nous pouvons nous améliorer dans ces trois domaines. Nous pouvons modifier le comportement des autres, mais nous devons surtout nous occuper du nôtre, en particulier de notre façon de gérer notre temps, de communiquer avec les autres et de résoudre les problèmes et les défis de la vie.

• La gestion du temps est en fait mal nommée, puisque nous disposons tous de la même somme de temps bien que certains accomplissent beaucoup plus de choses que d'autres pendant une même durée. La gestion de soi est une meilleure expression parce qu'elle signifie que nous gérons nous-mêmes, dans le laps de temps qui nous est alloué. La plupart des personnes gèrent leur vie par crises ; elles sont ballottées par les événements extérieurs, les circonstances et les problèmes. Elles ne pensent d'ailleurs qu'à leurs problèmes et passent leur temps à établir des priorités entre ceux-ci. Celles qui gèrent leur temps efficacement savent saisir les occasions. Elles n'ignorent pas les problèmes, mais elles essaient déjà de les prévenir. Elles ont de temps en temps à gérer des crises aiguës, mais, en général, elles évitent d'en arriver là grâce à une analyse préalable de la nature des problèmes et par une planification à long terme.

L'essence même de la gestion du temps est d'établir des priorités autour desquelles tout le reste s'emboîte. Cela nous oblige à réfléchir précisément et clairement à nos valeurs, à nos préoccupations les plus importantes. Ensuite, il faut les intégrer dans des objectifs et des plans à court et à long terme, puis dans notre emploi du temps. Enfin, à moins que quelque chose de plus important – et non quelque chose de plus urgent – ne surgisse, nous devons nous astreindre à suivre ce que nous avons planifié.

• La communication est une condition préalable à la résolution des problèmes, un des savoir-faire essentiels de la vie. La communication doit être définie comme la compréhension mutuelle. Le problème principal de la communication est celui de la « traduction », c'est-à-dire d'arriver à traduire ce que nous voulons dire par ce que nous disons et à traduire ce que nous disons par ce que nous voulons dire. Le premier défi est donc d'apprendre à exprimer ce que nous voulons dire et le deuxième d'apprendre à écouter afin de comprendre ce que les autres veulent dire. La clé de la « bonne traduction » ou de la communication efficace se situe dans un niveau de confiance élevé. Vous pouvez communiquer presque sans paroles avec quelqu'un en qui vous avez confiance. Vous pouvez même vous exprimer confusément et voir que votre interlocuteur vous comprend toujours. Mais, lorsque la confiance est faible, vous constatez que, quels que soient vos efforts de communication, votre éloquence et la clarté de votre langage, vous n'obtenez pas de meilleurs résultats. Lorsque la confiance est bonne, la communication est facile, instantanée et précise. Lorsque la confiance manque, la communication est extrêmement difficile, épuisante et inefficace. La clé de la communication est donc la confiance et la clé de la confiance est d'être digne de confiance. Une vie intègre est la meilleure garantie pour maintenir un climat de communication efficace. Comme pour tous les processus naturels, il n'existe pas de raccourcis ni de solutions rapides.

• La résolution de problèmes. Le véritable test quant à notre savoir-faire en communication porte sur la résolution de problèmes interactifs au sein des relations familiales. L'approche classique comprend quatre questions : Où en sommes-nous ? Où voulons-nous aller ? Comment y parvenir ? Comment savoir si nous sommes arrivés ?

La première question – Où en sommes-nous ? – exprime le besoin, important, de rassembler et d'examiner les données réelles. La deuxième – Où voulons-nous aller ? – concerne la précision des valeurs et la sélection des objectifs. Comment y parvenir ? s'attache à la création et à l'évaluation des possibilités, aux prises de décision et de planification des étapes à mettre en œuvre. La quatrième question – Comment savoir si nous sommes arrivés ? – pose le problème de l'établissement de critères ou de normes nécessaires pour observer, mesurer et comparer nos progrès par rapport à nos objectifs.

Quand une charge émotionnelle s'ajoute aux problèmes, ce qui est souvent le cas dans les situations familiales, la plupart des personnes ont des préjugés sur les deux premières questions et les discussions et les querelles surviennent autour de la troisième question. Cela ne fait que compliquer le problème et augmente la charge émotionnelle des personnes, qui, pour obtenir ce qu'elles veulent, cultivent la *mentalité de pénurie*. Elles commencent à penser en termes de dichotomie et optent pour des solutions gagnant/perdant. Quand les deux parties ont cette attitude, le résultat presque inévitable est perdant/perdant. Il se peut aussi qu'une des parties se sente dominée ou menacée et adopte une solution perdant/gagnant, mais le problème ne sera résolu que temporairement et aura de toute façon pour conséquences des problèmes plus graves encore.

Ce que nous voulons, c'est une solution gagnant/gagnant où les deux parties se sentent bien et sont engagées dans la décision et le plan d'action. Pour y parvenir, cela nécessite plus que du temps ; il faut de la patience, de la maîtrise de soi, du courage et de la considération, c'est-à-dire une grande maturité et la mise en action de nos facultés supérieures.

7. Retrouvez la *sécurité interne*. La plupart des personnes tirent leur *sécurité* de sources externes – de leur environnement, de leurs biens, de l'opinion des autres, y compris de celle de leur conjoint. Dépendre de ce genre de données rend nos vies incertaines et angoissantes à cause de tout ce qui peut advenir. Nous devons cultiver l'*interdépendance* à partir de sources constantes, fidèles, ne dépendant pas des circonstances. La capacité de réécrire le scénario de notre vie et de s'y tenir, demande beaucoup de courage qui ne pourra venir que d'un sentiment interne de valeurs et de sécurité personnelles. Considérez ces sept sources comme indépendantes des circonstances et de l'opinion.

• *Les principes du nord magnétique*. La source la plus essentielle, la racine de toute chose, celle sur laquelle nous pouvons absolument compter en toutes circonstances, c'est notre adhésion à un ensemble de *principes* immuables. Cela veut dire éduquer notre conscience et l'écouter constamment. Plus nous œuvrerons dans ce sens, plus nous serons heureux et épanouis dans notre couple et plus nous acquerrons une sagesse et une capacité à résoudre ou à transcender les différents problèmes et défis que nous rencontrons.

• Une vie privée riche. Cultivez l'habitude de méditer, de contempler, de prier et d'étudier les Évangiles ou d'autres textes spirituels. Beaucoup de personnes s'ennuient quand elles sont seules parce que leur vie a été une sorte de tourbillon d'activités partagées avec d'autres. Cultivez la capacité à être seul et à méditer, à « ne rien faire », à prendre goût au silence et à la solitude. Réfléchissez, écrivez, écoutez, planifiez, visualisez, rêvez et détendez-vous. Une vie privée riche renforce notre sentiment de valeur personnelle et de *sécurité*.

• Appréciez la nature. En prenant conscience des beautés de la nature, particulièrement des montagnes ou des rivages, tôt le matin ou alors le soir, vous sentirez la Création dans toute sa gloire et la nature nourrira votre âme de sa beauté tranquille et de sa force. C'est presque comme si l'on vous donnait un ballon d'oxygène. La nature est une des meilleures sources d'inspiration, elle nous enseigne d'excellents *principes* et processus.

• Pensez à des vacances pendant lesquelles vous avez été proches de la nature et où vous avez vécu des moments de calme dans des endroits magnifiques, avec des canyons, des lacs, des rivières, des ruisseaux, des plages tranquilles ou tout simplement en haute montagne. Comment étiez-vous ? N'étiez-vous pas plus contemplatifs, plus paisibles et ne ressentiez-vous pas une sérénité intérieure ? Pensez maintenant à d'autres vacances très amusantes, avec beaucoup d'animations, de déplacements, de voyages, d'obligations sociales, des moments passés dans des carnavals, des cirques, des parcs d'attractions ou autres. Comment étiez-vous en rentrant ? N'étiez-vous pas épuisés, frustrés et ne ressentiez-vous pas un terrible besoin de « vraies » vacances ?

• Aiguisez vos facultés. Cultivez l'habitude d'aiguiser vos facultés physiques, mentales et spirituelles chaque jour. Faites des exercices au moins tous les deux jours et pas juste à l'occasion du week-end, car ça ne suffit pas et cela peut même faire plus de mal que de bien. En vieillissant, nos corps n'ont plus la souplesse et l'élasticité pour résister à ce stress du week-end. La pratique régulière et rigoureuse d'exercices est essentielle pour garder une bonne santé et aura une influence incontestable non seulement sur le nombre d'années qui nous restent mais aussi sur leur qualité.

• Rendez des services. Rendre des services anonymes est un point particulièrement important. La philosophie qui prône que nous réalisons notre vraie vie quand nous passons notre temps à rendre des services est un paradoxe. Si nous avons l'intention de servir, d'aider les autres sans nous soucier de nous-mêmes, nous en serons récompensés – une gratification psychologique, émotionnelle et spirituelle sous forme d'une *sécurité* et d'une paix intérieure.

• Soyez intègres. Lorsque nous sommes cohérents, en harmonisant sans cesse notre système d'habitudes avec notre système de valeurs, alors notre vie est intègre. Notre dignité est plus importante que nos humeurs et nous pouvons avoir confiance en nous, parce que nous nous connaissons. Nous savons que nous serons fidèles malgré les tentations. L'intégrité est le fondement de toute vraie bonté et de la grandeur morale. La *sécurité interne* qui en résulte élimine le besoin de vivre pour impressionner les autres, en exagérant nos efforts, en nous appuyant sur notre statut, nos biens ou sur des modes, des réseaux de connaissances. Nous n'avons pas besoin d'être cyniques ou sarcastiques. Notre sens de l'humour est spontané, sain et en harmonie avec la situation.

• Cette autre personne. La source ultime de *sécurité* c'est l'autre, celui ou celle qui nous aime et qui croit en nous, même quand nous-mêmes nous doutons. En un sens, cette source est externe à soi et imparfaite. Mais je dois en parler, car il existe des personnes vraies et fidèles, tellement bien ancrées et enracinées intérieurement que nous pouvons compter sur elles – non seulement pour les choses importantes, mais aussi pour les choses quotidiennes. Elles nous connaissent, elles nous aiment, leur amour est inconditionnel et elles restent avec nous quand tous les autres nous abandonnent et surtout quand nous nous abandonnons nous-mêmes.

La plupart des mères et beaucoup de pères éprouvent un amour sans conditions pour leurs enfants. Peut-être est-ce la souffrance de l'accouchement qui donne à la mère un tel amour et une foi inébranlable dans la bonté fondamentale et le potentiel de son enfant. Les personnes axées sur les *principes* ont la même capacité à aimer. Elles peuvent faire toute la différence dans notre vie. Pensez à votre propre expérience : n'avez-vous jamais rencontré un professeur, un chef, un voisin, un ami, un entraîneur ou un conseiller qui a cru en vous alors que vous n'aviez plus confiance en vous-même, quelqu'un qui est resté à vos côtés en dépit de tout ? Non pas quelqu'un qui vous a tout permis, qui vous a cédé tout, mais quelqu'un qui ne vous a pas abandonné.

Pour moi, un des plus grands défis est de devenir cette personne pour une autre.

8. Développez un énoncé de mission familiale. La plus forte expérience unificatrice qu'une famille puisse faire consiste à établir un énoncé de mission familiale. Trop de familles sont gérées sur une base de récompenses immédiates et non sur des *principes* solides et des comptes bancaires émotionnels riches. Quand le stress et la pression augmentent, maris et femmes commencent à crier, à réagir trop vivement, à être cyniques, critiques ou à s'enfermer dans le silence. Les enfants le voient et croient qu'on résout les problèmes ainsi – soit par la bagarre soit par la fuite. Ces cycles peuvent se transmettre de génération en génération. C'est pourquoi je recommande de formuler un énoncé de mission familiale. En rédigeant une *constitution* familiale, vous vous attaquez à la racine même du problème. Si vous voulez atteindre un objectif à long terme, il vous faut identifier les valeurs et les buts fondamentaux en harmonisant les systèmes avec ces valeurs et ces objectifs. Travaillez sur les fondations. Consolidez-les. Le cœur d'une famille est ce qui ne change pas, ce qui sera toujours là. Cela peut s'illustrer par ce genre d'énoncé. Demandez-vous : « Qu'est-ce qui est le plus important pour nous ? Qu'est réellement notre famille ? Que représentons-nous ? Quelle est notre mission essentielle, notre raison d'être ?

Aussi important que soit le produit final – un bout de papier qui résume la mission –, l'essentiel réside dans sa rédaction. Si ce texte de mission doit vraiment servir de *constitution* – un guide, une source d'inspiration – tous les membres de la famille doivent être concernés. Un énoncé de mission familiale doit incarner les *principes* valorisés par chaque membre. Laissez le projet évoluer sur plusieurs semaines, voire plusieurs mois. Créez des occasions pour que les problèmes soient exprimés ouvertement, sans jugement, avec un véritable effort pour comprendre ce qui est important pour chaque enfant. Donnez de votre temps, ne forcez rien et soyez très patients.

Cela me fait penser à la première tentative de notre famille pour formuler un énoncé de mission.

La première proposition de mon fils, joueur de football, fut la suivante : « Nous sommes une sacrée famille et nous tirons droit au but ! » Durant plusieurs mois, nous avons vécu ensemble des moments formidables. Nous avons beaucoup appris les uns des autres, nous nous sentions unis autour d'une mission et engagés à nous soutenir mutuellement. J'aimerais partager avec vous notre énoncé de mission. J'hésite à le faire, car je ne souhaite pas que vous l'utilisiez comme modèle pour vous. Prenez-le à titre d'exemple : « La mission de notre famille est de créer un lieu d'éducation où règnent l'ordre, la vérité, l'amour, le bonheur et la détente, et d'offrir à chacun de nous des occasions de devenir responsablement indépendants et efficacement interdépendants afin d'atteindre des objectifs valables. »

J'ai vu l'influence que cet énoncé sur chaque membre de notre famille. J'ai vu nos enfants prendre des décisions dans leur vie, en les fondant sur cet engagement initial, atteindre des objectifs valables et participer activement à la société. Je vous conseille ce puissant moyen d'unification.

Chapitre XIII

Faites de vos enfants des champions

Sandra et moi avons neuf enfants et nous les considérons tous comme des champions. Bien sûr aucun de nous n'en est un véritable, mais, jour après jour, nous prions pour avoir la sagesse, la force, le pardon et la capacité de toujours faire mieux.

Nous avons essayé, dans des domaines différents, de faire des champions de chacun de nos enfants. Les dix clés suivantes permettent, par ailleurs, d'aider vos collaborateurs à devenir aussi des champions.

• **D'abord, nous nous efforçons de favoriser leur « estime de soi »**. Dès leur naissance, nous essayons de leur donner confiance en croyant en eux et en leur prodiguant très souvent des encouragements. Nous exprimons notre confiance en leur potentiel. Nous essayons de ne pas les comparer ni entre eux ni avec les autres.

J'ai toujours pensé que la manière dont les personnes se considèrent est la vraie clé de leur talent et de leur potentiel et elle dépend largement de la façon dont les autres, et surtout leurs parents, les voient et les traitent.

Lorsque nos enfants étaient très jeunes – avant l'âge de la scolarité –, nous avons essayé d'encourager leur confiance en eux en passant beaucoup de temps avec eux, en les écoutant et en jouant avec eux. Je passe, par exemple, encore de longs moments avec le plus jeune, Joshua, ce qui me procure un immense plaisir. Lorsque je rentre de voyage – même si je n'ai été absent qu'une journée –, nous fêtons ce retour en allant faire un achat dans un magasin du voisinage. Dès que nous sommes ensemble dans la voiture, il se blottit contre moi et dit : « Nous voilà de nouveau ensemble, toi et moi. » Je commence à faire « Ah ! Oh !... » Arrivés au magasin, nous nous sommes vraiment retrouvés. Puis il me demande : « Tu me raconteras encore une histoire ce soir, Papa ? » Je réponds : « Mais bien sûr, mon fils. » Alors il se met tout près de moi et je lui raconte des histoires.

• **Deuxièmement, nous encourageons la grandeur première**. Nous leur apprenons qu'il y a deux sortes de grandeurs : la *grandeur première* – qui est le caractère axé sur les *principes* – et la *grandeur secondaire*, reconnue par tout le monde. C'est un thème récurrent. Nous essayons de les inciter à vouloir d'abord la *grandeur première* et à ne chercher à compenser des faiblesses de réputation, biens, talents naturels, etc.

Par exemple, notre fils Sean a très souvent fait preuve de grandeur première pendant sa mission en Afrique du Sud – en se privant constamment, en se disciplinant, en aimant les autres, en aidant les personnes avec lesquelles il travaillait, tout en essayant de rayonner sur le plus grand nombre de personnes possible. Il a souvent appris à ses dépens que les questions essentielles de la vie tournent autour de l'opinion de Dieu et de sa gloire ou de celles de l'homme.

Sean a aussi fait preuve de *grandeur première* dans ses résolutions à prendre des décisions difficiles face à des pressions énormes. Lorsque à l'université, il a débuté dans l'équipe de football américain en tant que *quaterback*, il a appris à prévoir une défense et à changer de jeu quand il sentait que la tactique employée manquait d'efficacité. Il a développé du sang-froid, de la patience et une capacité à analyser la stratégie défensive et à jeter la balle au joueur qui n'était pas marqué. Quand il sentait que l'équipe perdait pied, il participait au regroupement avec enthousiasme et lui insufflait son courage. « Nous allons marquer un but, nous allons tout faire pour y arriver. » Lorsqu'il se faisait plaquer, il disait à son rival : « Bien tiré. » Il essayait toujours de se rapprocher d'un joueur découragé qui avait perdu toute confiance.

Même s'il voulait bien jouer et gagner des matchs, son premier objectif à l'université était de se préparer à la vie et de continuer ses études. Aujourd'hui, il n'envisage pas une carrière de footballeur à long terme, sachant qu'une blessure sérieuse pourrait tout remettre en cause.

• **Troisièmement, nous les encourageons à développer leurs propres intérêts**. Par exemple, quand Joshua a vu le film *Karaté Kid*, il a voulu prendre des leçons de karaté. Je l'ai tout de suite inscrit, sachant très bien que deux semaines après il s'intéresserait sans doute à autre chose et perdrait son attraction pour le karaté. Mais je voulais qu'il puisse essayer pendant qu'il était enthousiaste. Je fais en sorte de l'encourager dans ses choix d'activités. Par exemple, il y a peu de temps, nous jouions au foot et il a dit : « Regarde comme je joue bien ! » Il ne doute pas de sa capacité à réussir différentes choses.

Si nous nous rendons compte qu'un de nos enfants possède un vrai talent, nous l'encourageons à le développer. Ainsi, j'avais perçu les aptitudes physiques de Sean bien avant qu'il ne participe à des compétitions d'athlétisme. Lorsqu'il était élève du secondaire, j'avais remarqué sa souplesse, la coordination de ses mouvements, la rapidité et l'équilibre de son corps. Je l'encourageais en lui proposant : « Pourquoi ne fais-tu pas de la compétition ? » Mais il était toujours un peu hésitant, car il craignait d'échouer et pensait qu'il valait mieux ne pas essayer pour ne pas connaître l'échec. Un jour, il se décida à participer à des courses organisées à l'école. Il les gagna toutes et a réalisé ce dont il était capable, il a alors commencé à participer à des compétitions dans plusieurs disciplines sportives.

• **Nous essayons de créer une culture familiale agréable**. Nous voulons que nos enfants reçoivent plus de plaisir et de satisfaction de leur famille que de l'école ou de leurs amis, ou de n'importe quelle autre source d'influence. Nous ne voulons pas qu'ils aient un quelconque motif de révolte ; nous voulons que la *culture* familiale soit amusante et encourageante en offrant un grand nombre d'occasions. Il ne doit pas exister de limites, mais, au contraire, il faut suggérer qu'il n'y a rien que l'on ne puisse entreprendre. Nous cultivons l'attitude suivante : « Vous pouvez faire des choses, même de grandes choses si vous les planifiez à l'avance et si vous vous y attelez. »

Nous essayons de voir chacun de nos enfants à des moments réguliers, au moins une fois par mois et de faire quelque chose de particulier avec lui. Nous nous voyons souvent aussi en tête à tête. Nous nous amusons beaucoup pour les anniversaires. Nous les appelons les « semaines d'anniversaire » et nous dédions la semaine entière à cet enfant. Les départs et les retours sont fêtés. Nous avons aussi des soirées à la maison et des moments de prière en famille. Nous essayons d'être positifs et de les encourager à exprimer ce qu'ils aiment et pourquoi.

• **Cinquièmement, nous planifions à l'avance**. Nous planifions les événements familiaux importants au moins six mois à l'avance. Notre fils Stephen et sa femme Jeri nous ont dit qu'une des raisons pour lesquelles ils avaient hésité à déménager à Dallas, où il travaillait pour IBM, puis à Boston, où il était à la Harvard Business School, c'était qu'ils ne voulaient pas manquer les fêtes familiales que nous avions planifiées.

Je crois que beaucoup de parents ne savent pas faire de leurs enfants des champions parce qu'ils ne planifient pas des fêtes de familles traditionnelles. Le plaisir autour de chaque événement réside d'abord dans sa préparation. On retire souvent autant de satisfaction de celle-ci que de la réalisation elle-même de l'événement. L'argent est souvent une excuse pour ne pas avoir à organiser quelque chose. Faire quelque chose d'amusant ne coûte pas forcément cher. Ce qui est important c'est qu'on s'amuse en famille, que vos enfants participent à la préparation avec enthousiasme et que chacun s'en souvienne avec plaisir.

Bien sûr, la famille, au sens large, tient une part importante dans cette préparation. Nos enfants sont très proches de leurs cousins et se sentent concernés par leur bien-être et leur succès. Nous réunissons souvent quatre générations et nous nous intéressons tous les uns aux autres. Aucun de nous, y compris les adolescents, ne voudrait manquer les fêtes familiales. Cette attitude est importante pour faire des champions, car elle donne une identité aux enfants, elle construit leur propre « estime de soi », leur donne de l'affection et l'occasion de rendre service.

• **Sixièmement, nous essayons de donner un exemple d'excellence**. Nous essayons tous d'exceller dans ce que nous faisons, afin que cela devienne une norme, non dite ou non écrite. Nous n'avons jamais eu à dire à nos enfants d'étudier et de faire leurs devoirs, peut-être parce qu'ils ont senti que nous valorisions la lecture et l'enseignement. Cela fait partie de la *culture* familiale comme de celle de l'école. S'ils le demandent, nous les aidons à travailler mais nous essayons de les responsabiliser et de les rendre indépendants.

Un jour, nous nous sommes réunis une fois pour discuter en famille de l'usage de la télévision à la maison. Nombre de lectures et de recherches m'ont convaincu que les Américains en général, y compris ma famille, passent beaucoup de temps devant la télévision et laissent leur esprit s'atrophier. Je savais très bien ce qui se passerait si je transmettais cette information à ma famille sous forme d'une limitation arbitraire des heures de télévision : des cris, des plaintes et de graves signes d'état de manque.

Au lieu de cela, nous nous sommes réunis en conseil de famille et nous avons discuté de ce qu'il advient des familles à cause de la télévision et des valeurs exprimées dans les programmes diffusés. J'ai expliqué que certaines personnes comparent la télévision à une fosse d'aisances en plein milieu de leur maison ou à une drogue sur laquelle on se branche et qui a une influence subtile mais puissante.

À la fin de la discussion, nous avons décidé de nous limiter à environ une heure de télévision par jour – aux programmes éducatifs ou amusants. Bien sûr, nous n'avons pas toujours respecté cet objectif ; mais quand nous l'avons appliqué, les résultats ont été spectaculaires. Les devoirs à la maison étaient mieux faits et terminés consciencieusement. La lecture, la réflexion, l'analyse et la création ont remplacé les heures passées devant l'écran.

• **Septièmement, nous leur enseignons à visualiser pour réaliser leur potentiel**. Quand Sean était *quaterback* – peut-être y a-t-il un mot technique, comme par exemple : ailier droit, pilier avant, comme au rugby (?) –, à l'école secondaire, j'ai, à de nombreuses occasions, fait des expériences de visualisation en tête à tête avec lui, la veille des matchs. La visualisation est fondée sur le *principe* que toute chose existe deux fois : d'abord mentalement, puis physiquement. La plupart des entraînements en athlétisme sont physiques. Certains entraîneurs parlent de force mentale mais très peu ont une méthode cohérente de visualisation ou de répétition mentales. Cependant, les athlètes de premier ordre sont presque tous des visuels ; ils vivent littéralement leur victoire dans leur tête bien avant de l'accomplir.

Quand j'ai commencé à travailler avec Sean dans ce domaine, je lui ai appris comment se détendre et je lui ai décrit dans les moindres détails les différentes situations d'un match de football. Sean se voyait en train de jouer idéalement dans chaque situation.

Ce genre de préparation mentale a ses avantages. Je me rappelle que, dans un championnat entre États, son école (la High School de Provo) était en train de perdre par deux essais et c'était l'équipe adverse qui avait l'avantage. Provo était située bien loin dans sa propre zone après avoir perdu du terrain. J'ai « vu » Sean se décider : « Je ne vais pas simplement suivre les instructions. Je vais voir ce qui se passe mais il va falloir changer de tactique. » Je pouvais en même temps le voir et le sentir et toute l'équipe le sentait dans sa tête. Les joueurs sont revenus de l'autre côté du terrain et ont gagné un essai, puis un autre, encore un autre, pour finir par gagner la partie. Je pense qu'ils ont réussi en grande partie parce que Sean et les autres avaient déjà vécu de telles situations très souvent dans leur tête.

Lors de la préparation de chaque saison de football à BYU, Sean passait chaque jour un certain temps à visualiser. Il a aussi regardé des films d'anciens footballeurs connus de son université – Robbi Bosco, Steve Young, Jim McMahan, Marc Wilson et Gifford Nielson –, qui sont devenus pour lui des exemples et des modèles sur le terrain.

• **Huitièmement, nous adoptons leurs amis**, comme nous avons fait pour plusieurs des coéquipiers de Sean. Nous avons filmé tous les matchs en vidéo et nous avons invité tout le monde chez nous, après chacun de ces matchs, afin que tous puissent voir les films. L'équipe a fini par se sentir chez nous en famille et faire partie de notre culture familiale.

Les joueurs doués font souvent partie d'une équipe de championnat. C'est la raison pour laquelle nous prenons une part active dans les équipes, les clubs, les écoles et même les classes de nos enfants.

Lorsque la famille, les amis, l'école et l'Église sont en harmonie, on obtient un puissant système de formation.

• **Neuvièmement, nous leur apprenons à avoir la foi, à croire dans les autres et à leur faire confiance, à les encourager, à les aider à se construire et à les servir**. Lors de sa mission, Sean a appris que l'empathie est la clé de toute influence, qu'il faut être très attentif aux sentiments et aux perceptions des autres. Si vous voulez façonner des champions, vous devez vous intéresser aux autres, en particulier à ceux qui sont rejetés.

Au football, Sean va vers les joueurs dont personne ne se préoccupe, comme les nouveaux arrivés, et il s'intéresse vraiment à eux ; il ne fait pas semblant. Il est convaincu que si ces personnes ne réalisent pas leur potentiel, c'est parce qu'elles doutent d'elles-mêmes. Il les encourage. Les autres peuvent grandir si vous les traitez avec confiance. La clé de votre succès auprès des autres est de croire en leur potentiel et de les encourager.

• **Dixièmement, nous fournissons un soutien, des ressources et du feed-back**. Nous échangeons lettres et coups de téléphone avec tous nos enfants pour les encourager. De telles méthodes ont un effet cumulatif et cela peut leur servir de soutien émotionnel puissant.

Nous comptons aussi les uns sur les autres pour un *feed-back* honnête puisque c'est un élément essentiel pour aller de l'avant. Sean l'a toujours recherché. Par exemple, il a demandé à ses entraîneurs de football : « Je veux que vous sachiez que j'ai besoin de *feed-back*. Vous ne me vexerez pas, mais dites-moi simplement ce que vous pensez de mon jeu. » Il est toujours prêt à apprendre de ceux qui ont la compétence et le savoir-faire. Il est très ouvert même si certaines critiques sont très dures à accepter.

Façonner des champions est un effort constant. Nous nous y soumettons sans cesse et nous constatons qu'il faut souvent revenir aux choses essentielles.

SECTION II

LE DÉVELOPPEMENT MANAGÉRIAL ET ORGANISATIONNEL

Introduction

Très tôt dans ma vie, dès l'âge de vingt ans, on m'a demandé de gérer le travail d'un grand nombre de personnes et de former des hommes et des femmes beaucoup plus âgés que moi aux *principes* et au savoir-faire du management et du leadership efficaces. Ce fut une expérience impressionnante, qui m'a enseigné la modestie.

Comme moi, beaucoup de personnes – une fois leur formation achevée – se retrouvent rapidement en position de « managers ». Souvent, ces responsabilités nous échoient avant que nous y soyons vraiment préparés. Mais c'est dans l'action que se poursuit notre apprentissage. Au début, nous faisons des erreurs et, petit à petit, nous arrivons à un certain degré de compétence et de confiance.

Dans cette partie, je vais surtout considérer les questions et les défis que rencontre tout manager, *supervision*, délégation, participation, attentes et accords de performance. Je traiterai aussi des questions relatives au leadership en entreprise. Lorsque nous devenons des chefs d'entreprise, nous nous trouvons face à de nouveaux problèmes. Certains sont chroniques, d'autres aigus. Un grand nombre d'entre eux se rencontrent aussi bien dans les grandes institutions de notre pays, que dans les familles, les petites entreprises comme les associations.

Bien qu'ici je traite plus spécialement des problèmes en entreprise, de structures, de stratégies, de flux et de systèmes, je pense que le caractère individuel fait partie intégrante de notre modèle *SP* du leadership axé sur les *principes*. Aucun leader ne peut se permettre d'oublier que l'intégrité personnelle et l'intégrité organisationnelle sont profondément liées. Aucun leader ne peut se permettre de perdre de vue la mission et la vision partagée – la *constitution* de l'entreprise.

Résoudre les problèmes de management

Le leadership axé sur les *principes* vous aidera aussi à résoudre des problèmes classiques de management et d'organisation :

• Comment avoir une *culture* caractérisée par le changement, la souplesse, l'amélioration continue tout en maintenant la stabilité et la *sécurité* ?

• Comment faire en sorte que le personnel, la *culture* d'entreprise, soient en harmonie avec la stratégie afin que tous dans l'entreprise soient aussi engagés que ceux qui ont établi la stratégie ?

• Comment provoquer la créativité, l'ingéniosité, le talent et l'énergie de la majorité des employés lorsque leurs tâches ne requièrent pas forcément ces qualités ?

• Comment comprendre que le dilemme entre une attitude autoritaire et une attitude souple n'est qu'un faux problème ?

• Comment servir et participer au déjeuner des champions (le *feed-back*), puis le dîner (l'amélioration continue) et le petit déjeuner (la vision) ?

• Comment transformer un énoncé de mission en une *constitution* – la ligne directrice de toute entreprise – au lieu d'énoncer un lot de platitudes dénuées de sens qui conduisent au cynisme ?

• Comment créer une *culture* où le management considère les employés comme des clients et les utilise comme des experts ?

• Comment créer un esprit d'équipe et une harmonie entre les services et les personnes qui, depuis des années, ne font que s'attaquer, se critiquer, se battre pour de rares ressources, jouer à des jeux politiques et travailler à partir d'emplois du temps secrets ?

Encore une fois, en lisant les chapitres suivants, vous comprendrez les *principes de base* du leadership d'entreprise efficace, vous aurez la capacité de les mettre en œuvre et de résoudre les questions difficiles de management.

DEUX PRINCIPES PRIMORDIAUX

Le leadership axé sur les *principes* s'exerce de l'intérieur vers l'extérieur, aux niveaux personnel, interpersonnel, managérial et organisationnel. Chaque niveau est « nécessaire mais pas suffisant ». Nous devons travailler sur ces quatre niveaux selon certains *principes*. Je me concentrerai ici sur ceux qui sont primordiaux pour le management et le leadership.

• **La responsabilisation au niveau managérial**. Si vous n'avez pas, ou peu de confiance, comment allez-vous gérer votre personnel ? Si vous pensez que vos employés manquent de caractère ou de compétences, comment allez-vous les utiliser ? Quand vous n'avez pas confiance, vous êtes dans l'obligation de contrôler les autres. Et si vous avez un niveau élevé de confiance, comment les gérer au mieux ? Il ne faut pas les superviser, ils se superviseront eux-mêmes. Vous devenez alors un soutien. Vous établissez avec eux un accord sur la performance, pour qu'ils puissent comprendre vos attentes. Vous faites correspondre leurs besoins avec les besoins de l'entreprise. Vous établissez un système de contrôle, mais ils participent à l'évaluation de leurs performances selon les modalités de vos accords. Les personnes sont responsabilisées à faire leur propre évaluation parce que leurs connaissances sont plus rares que n'importe quel autre système de mesures. Si vous avez une *culture* où la confiance est faible, vous êtes obligés d'utiliser le contrôle, parce que les gens ne vous diront pas ce qu'ils pensent, mais ce que, vous, vous voulez entendre.

• **L'harmonisation dans l'entreprise**. À quoi ressemble une entreprise dans une *culture* à faible niveau de confiance, avec un style de management où on pratique le contrôle ? Elle est très hiérarchique.

Quelle est la portée du contrôle ? Très faible, parce qu'on ne peut contrôler qu'un certain nombre de personnes. Le dirigeant est obligé de compter sur une délégation très limitée ; il prescrit et gère des méthodes. Son système d'information rassemble des données à partir des résultats, dans le but de pouvoir mettre en œuvre des actions correctives. Il utilise le système de la carotte et du bâton. De tels systèmes primitifs peuvent lui permettre de survivre face à une faible concurrence mais il est une proie facile pour un concurrent plus redoutable.

Dans une *culture* à confiance élevée, comment l'entreprise est-elle structurée ? Avec une hiérarchie peu importante et une grande souplesse. Quelle est la portée du contrôle ? Extrêmement large. Pourquoi ? Parce que les personnes se supervisent elles-mêmes. Elles font leur travail dans la bonne humeur, sans qu'on le leur demande parce que le dirigeant a ouvert avec elles un compte en banque émotionnel. Il a obtenu l'engagement de ses employés et ils sont responsabilisés. Pourquoi ? Parce qu'il a élaboré une *culture* autour d'une vision commune sur la base de certains *principes* fondamentaux et qu'il essaie constamment d'harmoniser la stratégie, le style, la structure et les systèmes avec la mission déclarée (la *constitution*) et avec les réalités de l'environnement (les courants).

Le défi que je lance aux dirigeants est le suivant : « Lorsque vous travaillez sur l'harmonie, appliquez-vous à la développer simultanément sur quatre niveaux, de l'intérieur vers l'extérieur, et sur la base des quatre *principes* primordiaux. »

Chapitre XIV

Les managers de l'*abondance*

Les dirigeants habitués aux « coups durs » savent garder leur sang-froid et se concentrent surtout sur la création de nouveaux marchés pour leurs produits et évitent de passer trop de temps à protéger leur « territoire », à promouvoir leurs trucs et à obtenir leur part de gâteau.

Deux agriculteurs de l'Idaho, spécialisés dans la pomme de terre, ont très bien réussi dans les affaires en s'appuyant sur une *mentalité d'abondance*. J.R. Simplot et Nephi Grigg ont tous deux construit de grandes entreprises de produits congelés (la Compagnie J.R. Simplot et Ore-Ida-Foods), en partant de l'idée que l'on peut réellement créer un marché sans pour cela en voler une partie aux autres.

Simplot, le plus grand fournisseur de pommes de terre de McDonald's, et Grigg, qui a créé Ore-Ida, vendue ensuite à Heinz, ont compris que créer de nouvelles richesses n'est pas obligatoirement synonyme de les enlever aux autres partenaires du même marché. Comme d'autres personnages légendaires de leur époque, Ray Kroc et J. Willard Marriot, Simplot et Grigg ont créé leur propre marché pour leurs produits.

Ils y sont parvenus grâce à une *mentalité d'abondance* – la conviction profonde qu'il y a assez de ressources naturelles et humaines pour réaliser son rêve, que « mon succès n'implique pas nécessairement un échec pour les autres tout comme leur succès ne doit pas entraver le mien ».

Depuis vingt-cinq ans que je travaille dans les entreprises et avec les hommes, j'ai observé que la *mentalité d'abondance* fait souvent la différence entre l'excellence et la médiocrité surtout parce qu'elle permet l'élimination des pensées mesquines et des relations conflictuelles.

Il y a énormément d'énergie négative dans les entreprises et dans notre société. Dès qu'un problème apparaît, on préfère souvent passer par des instances juridiques pour le résoudre. On cherche à devenir numéro un, on est impatient d'avoir sa part du gâteau et on occupe son temps à protéger son territoire. Ces pensées égocentriques sont à l'origine de l'idée que les ressources sont limitées. Ce que je nomme la mentalité de la pénurie.

Dans les universités et les entreprises, on a tendance à développer la *mentalité de pénurie*. Si les personnes arrivent malgré tout à échapper à cette « mise en application » de la *mentalité de pénurie* à l'école ou pendant leur formation, elles l'acquièrent alors souvent lors d'une activité sportive ou sociale.

Quand on agit avec une *mentalité de pénurie*, on a tendance à tout voir sous l'angle « gagnant/perdant ». On a la conviction que « les choses sont limitées ; que si quelqu'un en possède une partie, il y en aura moins pour soi ». De telles personnes ont donc du mal à se réjouir du succès des autres – surtout s'ils font partie de leur entreprise, de leur famille ou de leur voisinage – parce qu'elles pensent qu'il y en aura autant de moins pour elles.

Si vous concevez la vie comme un jeu « d'addition zéro », vous voyez les choses de manière conflictuelle et compétitive, puisque tout « gain » pour quelqu'un d'autre que vous implique une perte personnelle. Si vous avez été élevé dans un climat d'amour restreint et de comparaison constante, vous adoptez un scénario de *pénurie* et une pensée dichotomique – « Ceux qui ont et ceux qui n'ont pas ».

Dans ma vie, j'ai alterné entre la *mentalité d'abondance* et la *mentalité de pénurie*. Lorsque j'ai la *mentalité d'abondance*, je suis confiant, ouvert, généreux, prêt à vivre et à laisser vivre et capable d'apprécier les différences. J'ai conscience de la force qui réside dans ces dernières. Je définis l'unité non pas comme une même chose, mais comme une singularité complémentaire où ma faiblesse est compensée par la force de l'autre.

Les personnes qui ont une *mentalité d'abondance* utilisent le *principe* de négociation gagnant/gagnant et celui de communication : « Cherchez d'abord à comprendre, ensuite à être compris. » Leur satisfaction psychologique ne vient pas de la victoire ou de l'échec des autres ni même d'une mise en concurrence avec eux. Elles ne sont pas possessives. Elles ne forcent pas les processus naturels en exigeant des autres de savoir où ils en sont à tout moment. Elles ne fondent pas leur *sécurité* sur l'opinion des tierces personnes.

La *mentalité d'abondance* vient d'une *sécurité interne* et non d'estimations extérieures, de comparaisons, d'opinions, de possessions ou de relations. Les personnes qui fondent leur *sécurité* sur de telles sources en deviennent dépendantes, leur vie est affectée par l'évolution même de ces données. Les gens qui ont la *mentalité de pénurie* pensent que les ressources sont rares. Si un collègue décroche une grosse promotion, si un ami obtient une distinction importante ou du succès, leur *sécurité* ou leur identité en sont menacées. Elles les féliciteront, mais intérieurement, elles se rongeront le cœur. Elles ont l'impression qu'on leur enlève quelque chose, puisque leur *sécurité* repose sur la comparaison avec les autres et non sur leur fidélité aux lois et aux *principes* naturels.

Plus nous sommes axés sur les *principes*, plus nous développons une *mentalité d'abondance*, plus nous aimons partager le pouvoir, le profit et la reconnaissance, plus nous sommes réellement heureux du succès, du bien-être, des réalisations, de la reconnaissance et de la chance des autres. Nous pensons que leur succès ajoute quelque chose de plus à nos vies et jamais le contraire.

SEPT CARACTÉRISTIQUES DES MANAGERS DE *L'ABONDANCE*

Quelles sont les caractéristiques qui distinguent ceux qui ont une *mentalité d'abondance*, tels que Simplot, Grigg, Kroc et Marriott ? Considérez les sept points suivants.

• **Ils reviennent souvent aux bonnes sources**. Dans *Les Sept Habitudes de ceux qui réalisent tout ce qu'ils entreprennent*, je suggère que la source principale est celle des *principes*. Si nos vies sont axées sur d'autres sources – notre conjoint, notre travail, l'argent, les biens, les plaisirs, les leaders, les amis, les ennemis, soi-même –, nous aurons tendance à développer des distorsions et des dépendances.

Ceux qui ont la *mentalité d'abondance* puisent profondément dans des sources de *sécurité interne* qui les soutiennent et les rendent aimables, ouverts, confiants et réellement heureux du succès des autres ; qui les fortifient, les nourrissent et génèrent un sentiment d'abondance leur permettant de croître et se développer, de réconforter, de rassurer, de faire preuve de perspicacité, d'inspiration, de protéger et d'acquérir la paix spirituelle. Ils ont envie de retourner souvent à ces sources. S'ils ne prenaient pas le temps de le faire – ne serait-ce que quelques heures –, ils seraient réellement en état de manque, comme s'ils se passaient de nourriture.

• **Ils recherchent la solitude et aiment la nature**. Les personnes qui ont une *mentalité d'abondance* se réservent du temps pour se retrouver seules. Les personnes qui ont une *mentalité de pénurie* s'ennuient souvent quand leur vie n'est pas prise dans un tourbillon. Cultivez la capacité à être seul, à méditer, à aimer le silence et la solitude. Réfléchissez, écrivez, écoutez, planifiez, préparez, visualisez, méditez et détendez-vous.

• **La nature peut nous donner beaucoup de leçons précieuses et réapprovisionner nos réserves spirituelles**. Les paysages sereins de la nature nous rendent plus paisibles et plus contemplatifs et nous préparent à reprendre le rythme effréné de nos carrières, le moment venu.

• **Ils aiguisent régulièrement leurs facultés**. Cultivez l'habitude d'*aiguiser vos facultés,* tous les jours, en entraînant votre esprit et votre corps. Comme exercice mental, je vous propose la lecture assidue. Suivez de temps en temps une formation de cadres pour raffermir votre discipline et votre responsabilité. Lorsque nous poursuivons notre formation, notre *sécurité* économique n'est pas plus dépendante de notre travail, de l'opinion de notre patron ou des institutions qu'elle ne l'est de notre capacité à produire. Le grand marché des « problèmes non résolus » existe, et il y a donc toujours de la place pour ceux qui ont le sens de l'initiative et qui savent se valoriser en montrant comment trouver des solutions à ces problèmes.

Dans le livre *Executive Jobs Unlimited,* Carl Boll dit que les personnes qui n'aiguisent pas régulièrement leurs facultés sentent que leurs capacités s'étiolent, qu'elles deviennent obsolètes et de plus en plus dépendantes de la *sécurité*. Elles s'entourent de protection, sont obsédées par la sécurité, et finissent par s'accrocher à tous les signes extérieurs qui peuvent les rassurer.

• **Ils rendent des services de manière anonyme**. En puisant souvent dans les sources enrichissantes de la *sécurité interne*, ils restaurent leur capacité à rendre des services aux autres de façon efficace. Ils aiment particulièrement le faire de façon anonyme avec le sentiment que le service est comme un loyer à payer pour le privilège de vivre dans ce monde. Si notre intention est de servir les autres sans nous soucier de nous-mêmes, nous sommes récompensés par une *sécurité interne* grandissante et une *mentalité d'abondance*.

• **Ils savent établir une relation vraie sur le long terme**. Ce sera, par exemple, avec un conjoint ou un ami proche, qui nous aime et croit en nous, même quand nous ne croyons plus en nous-mêmes. Il ne s'agit pas de tout nous accorder ; ils ne cèdent surtout pas à toutes nos fantaisies, mais ne nous abandonnent pas. De telles personnes peuvent faire toute la différence dans notre vie. Souvent les personnes qui ont une *mentalité d'abondance* jouent ce rôle envers d'autres. Chaque fois qu'elles sentent qu'une personne est à un carrefour important de sa vie, elles font tout ce qu'elles peuvent pour lui communiquer leur confiance.

• **Ils se pardonnent et pardonnent aux autres**. Ils ne se condamnent pas chaque fois qu'ils commettent une bévue ou une maladresse et ils pardonnent aux autres leurs fautes. Ils ne ressassent pas ce qui s'est passé la veille ni ne rêvent du lendemain. Ils vivent au présent, de manière sensée, planifient soigneusement l'avenir et s'adaptent avec souplesse aux changements de circonstances. Leur honnêteté est illustrée par leur sens de l'humour, leur capacité à admettre puis à oublier des erreurs, à accomplir avec enthousiasme les tâches qui leur reviennent.

• **Ils trouvent la solution aux problèmes**. Ils font partie intégrante de cette solution. Ils apprennent à séparer les problèmes des personnes, et prennent à cœur leurs intérêts et leurs préoccupations plutôt que de se battre pour maintenir des positions. Petit à petit, les autres découvrent leur sincérité et se rallient à un processus de résolution de problèmes dont les résultats synergiques sont généralement beaucoup plus efficaces que ceux proposés à l'origine, car ce n'est pas un compromis.

LA LOI DE LA FERME

L'hésitation et le bachotage, nous l'avons vu, ne sont pas envisageables dans une ferme. Il faut traire les vaches chaque jour. Bien d'autres choses doivent être faites en fonction des saisons, selon des cycles naturels. Si l'on enfreint ces règles naturelles, des conséquences naturelles en découleront. Nous sommes soumis aux lois naturelles et aux *principes* qui les gouvernent – les lois de la ferme et de la récolte.

En effet, la seule chose qui perdure c'est la loi de la ferme. Selon les lois et les *principes* naturels il faut préparer la terre, ensemencer, cultiver, désherber et arroser pour pouvoir récolter. De même, au sein d'un couple ou lorsqu'on aide un adolescent à traverser une crise d'identité difficile, il n'y a pas de solution rapide, de formule simple et instantanée ou de nouvelle méthode à la mode.

La loi de la récolte est souveraine. Les lois naturelles et les *principes* continuent à fonctionner quoi qu'il arrive. Alors, appliquez ces méthodes agricoles dans votre vie et vos relations. Vous passerez d'une *mentalité de pénurie* à une *mentalité d'abondance*.

Dans l'exemple de l'agriculteur producteur de pommes de terre, la *mentalité d'abondance* signifie au bout du compte « plus de kilos pour moins de pelures », et après tout c'est bien de cela qu'il s'agit.

Chapitre XV

Sept problèmes chroniques

Chaque jour, nous sommes bombardés d'annonces publicitaires qui nous promettent des résultats ou des remèdes rapides, faciles et gratuits. Ce que nous oublions souvent c'est que la plupart des solutions miracles n'ont d'effet que sur des symptômes aigus et non sur ceux qui sont chroniques.

Qu'est-ce qu'une maladie aiguë ? C'est celle qui nous cause une douleur immédiate. Une maladie chronique est une maladie persistante et continue qui sous-tend une douleur aiguë.

La plupart des personnes essaient de soulager des maux ponctuels ; elles souhaitent que la douleur lancinante disparaisse immédiatement ; elles veulent que les relations rompues soient réparées instantanément. Elles constatent pourtant qu'en employant des solutions faciles ou des remèdes miracles qui semblent marcher pour les autres ou qui paraissent si attirants, elles ne se débarrassent pas du mal chronique qui perdure et augmente même.

Par exemple, si je suis fatigué de façon chronique, si mes réserves sont épuisées, si mon style de travail m'a mis dans une situation de crise, si je suis constamment surchargé ou sous pression pour arriver à faire beaucoup plus que ce que je devrais faire, si ma vie émotionnelle est dépendante des opinions que les autres ont de moi au point que j'essaie toujours de faire tout pour tout le monde, si je suis tout simplement trop stressé, il se pourrait que je développe un cas de mononucléose chronique ou une autre maladie. Certains symptômes pourraient apparaître et je serais tenté de les traiter par des remèdes miracles.

Mais la promesse est fausse. Il n'existe pas de solutions rapides à des problèmes chroniques. Pour les résoudre, nous devons faire appel aux processus naturels. La seule manière de récolter en automne est de semer au printemps, d'arroser, de cultiver, de désherber et de fertiliser tout au long de l'été. Nous admettons ces faits quand nous travaillons dans un système naturel ; cependant, quand nous considérons les systèmes sociaux, nous nous tournons plus facilement vers des remèdes miracles. Par exemple, combien d'entre nous ont bachoté à l'école ? Combien d'entre nous ont obtenu de bonnes notes et même des licences en bachotant ? Intérieurement, nous savons que nous n'avons pas profité de la meilleure éducation possible, parce que nous n'en avons pas payé le prix quotidiennement. Nous avons plutôt traité la douleur à chaque crise sans traiter la maladie chronique.

Ce style de vie use les gens et leurs capacités relationnelles, surtout s'ils sont stressés et sous pression. Leur vie devient dépendante de ce qui leur arrive. Ils en deviennent les victimes.

Là où la chirurgie devient nécessaire

Beaucoup de personnes et d'entreprises souffrent de problèmes chroniques graves et les solutions se soldent souvent par une intervention chirurgicale.

Un jour, j'ai rendu visite à un ami, chirurgien en chef dans un hôpital. Il m'a permis d'observer une vingtaine d'opérations différentes. Je l'ai ainsi assisté à remplacer des vaisseaux sanguins. Je tenais l'appareil qui maintenait les parois de la cage thoracique écartées pendant qu'il remplaçait trois vaisseaux. J'ai touché ces vaisseaux ; ils étaient rigides et friables, parce qu'ils étaient pleins de cholestérol.

« Pourquoi ne les nettoies-tu pas tout simplement ? » demandai-je. Il me répondit : « Pendant un certain temps, on peut inverser le processus, mais à la longue, les plaques du cholestérol se fondent avec le contenu de la paroi. – Maintenant que tu as changé ces trois vaisseaux, est-ce que cet homme est débarrassé de son problème de cholestérol ? » demandai-je alors.

Sa réponse fut catégorique : « Non, c'est inhérent à son système. Il a un problème vasculaire chronique, une maladie de cœur. Je vois qu'il fait de l'exercice parce que certains aspects de son système circulatoire sont développés, mais il n'a pas changé les autres aspects de son mode de vie. Son problème est chronique. Je ne travaille que sur les trois points les plus aigus qui pourraient déclencher une crise cardiaque par manque d'oxygène dans cette partie du corps. »

Ce que les personnes ne veulent pas changer c'est leur style de vie. Mais elles doivent le faire si elles veulent s'attaquer à la nature chronique de leurs problèmes les plus graves.

Les problèmes chroniques dans les entreprises

Les individus constituent les entreprises. Même en essayant d'exercer plus de discipline dans nos vies professionnelles, nos tendances personnelles nous poursuivent dans notre travail. Là aussi, nous continuons à chercher des solutions rapides pour des symptômes aigus plutôt que de nous attaquer aux habitudes chroniques qui font partie intégrante de notre quotidien.

Les problèmes individuels chroniques deviennent des problèmes organisationnels chroniques lorsqu'une « masse critique » de personnes arrivent chaque matin avec leurs problèmes et lorsque les valeurs sociales encouragent une gratification instantanée et des solutions rapides à des problèmes profonds et difficiles.

Bien que cela soit particulièrement vrai en Amérique, je dirais, d'après mon expérience, que jusqu'à un certain point, les sept problèmes suivants sont universels – ils s'appliquent à la majorité des entreprises quelle que soit la *culture*.

Problème n° 1 – Pas de vision ni de valeurs partagées : soit l'entreprise n'a pas d'énoncé de mission, soit il n'y a ni compréhension profonde ni engagement envers la mission à tous les niveaux de l'entreprise.

La plupart des dirigeants ne savent pas ce que recouvre un énoncé de mission qui représente vraiment les valeurs et la vision partagées à tous les niveaux de l'entreprise. Cela demande de la patience, une perspective à long terme et un engagement formel – et peu d'entreprises le font vraiment. Beaucoup de sociétés en formulent, mais le plus souvent les employés ne s'y sentent pas engagés parce qu'ils n'ont pas été impliqués dans son élaboration ; par conséquent il ne fait pas partie de la *culture*. La *culture*, par définition, sous-entend une vision et des valeurs partagées, représentées par un énoncé de mission élaboré, compris et mis en œuvre à tous les niveaux.

Mon expérience m'a appris que sans *constitution* d'entreprise pour régler vos difficultés, vous rencontrerez probablement les problèmes dont nous allons parler plus loin.

Pour être très efficace, votre énoncé de mission doit aborder les quatre besoins humains fondamentaux : économique ou financier ; social ou relationnel ; psychologique ou de développement ; spirituel ou participatif. La plupart ne traitent pas de l'ensemble de ces quatre besoins. Certains font abstraction de l'aspect psychologique ou du nécessaire développement humain ; d'autres ne mentionnent pas les relations gagnant/gagnant, l'équité dans la compensation économique et l'engagement à un ensemble de *principes* ou de valeurs au service de la communauté – fournisseurs, clients ainsi que les actionnaires et les employés.

Le premier problème est la partie invisible de l'iceberg. Si l'entreprise n'a qu'un semblant de mission, la situation n'est pas claire – les dirigeants ne se rendent peut-être pas compte que la mission n'est pas partagée. Mais ce manque de vision et de valeurs partagées est le point de départ de la majorité des autres problèmes.

Problème n° 2 – Pas d'orientation stratégique : soit la stratégie n'est pas bien développée, soit elle exprime de façon inefficace l'énoncé de mission et/ou elle ne rejoint pas les besoins, les désirs et les réalités de la conjoncture.

Nous avons vu que la meilleure forme de stratégie est de passer du modèle d'une carte routière à celui d'une boussole, parce que notre environnement est devenu une jungle ; la conjoncture et l'environnement sont devenus tellement imprévisibles que les cartes routières ne valent plus rien. Les personnes ont besoin d'une boussole et d'une *constitution* (l'énoncé de mission avec son ensemble de pratiques et de valeurs) pour pouvoir s'adapter avec souplesse aux circonstances.

Les vieux modèles de planification stratégique s'appelaient les fins (là où nous allons), les voies (comment nous y allons) et les moyens (quelles sont les ressources). Le nouveau modèle demande d'utiliser une boussole et un ensemble de *principes* et de valeurs et de créer des moyens pour arriver à des fins. La tendance naturelle de la plupart des entreprises est de prévoir en faisant ce qu'elles nomment de la « planification stratégique ». Les leaders de ces entreprises ne demandent jamais « Où voulons-nous être dans cinq ans ? » ou « Quel type d'organisation désirons-nous avoir ? ». Au lieu de cela, ils deviennent très réactifs à l'environnement, à la conjoncture dans lesquels ils évoluent. Ainsi, leur plan stratégique reflète la conjoncture mais ne reflète pas la vision. D'autres entreprises deviennent tellement axées sur la mission ou la vision que leur stratégie ne suit plus la conjoncture.

Une bonne planification stratégique doit refléter à la fois les deux. Assurez-vous que votre direction stratégique vous mène bien à l'énoncé de mission et en reflète la vision et les valeurs sans oublier les réalités conjoncturelles, pour ne pas créer des produits et des services obsolètes. Cet équilibre est difficile à trouver, et à maintenir, et demande beaucoup de clairvoyance et de sagesse ; il faut un radar social pour appréhender la conjoncture. Cela demande aussi un engagement et une profonde conscience du système de valeurs. Si le vôtre est absent ou n'est pas suffisamment enraciné et partagé au sein de votre entreprise, vous manquerez probablement de *sécurité interne* et vous irez la chercher à l'extérieur. Vous serez indécis et sujet à toutes les forces contradictoires du monde extérieur.

Problème n° 3 – Une harmonisation faible : si celle qui réside entre la structure et les valeurs partagées, la vision et les systèmes est mauvaise, la structure et les systèmes de l'entreprise seront un frein à la direction stratégique.

Le problème d'harmonisation est présent à tous les niveaux. Posez-vous la question : « Notre énoncé est-il une *constitution* ? Est-il la loi suprême du "territoire" ? Chaque personne qui entre dans l'entreprise s'engage-t-elle à obéir à cette *constitution* ? Chaque programme, chaque système, y compris notre structure organisationnelle, sont-ils soumis à la *constitution* ? » Si votre réponse est non – ce qui est presque toujours le cas –, vous avez un problème d'harmonisation.

Si vous n'avez pas de valeurs partagées, vous n'avez pas de source interne de *sécurité*. Alors, d'où provient votre *sécurité* ? D'une structure et de systèmes rigides. Pourquoi ? Parce que cela vous donne une forme d'assurance, un sentiment que le soleil se lèvera demain. Avec une structure et des systèmes rigides, vous pouvez être prévoyants. Mais vous manquez de souplesse pour vous adapter à la conjoncture – et cela peut très vite vous anéantir, comme beaucoup de sociétés et d'industries américaines pourraient en témoigner.

De nombreuses entreprises américaines sont gérées selon une échelle de contrôle allant de un à six ou de un à sept, éventuellement de un à dix. Tout à coup, elles se retrouvent face à une concurrence qui, elle, a une échelle de contrôle de un à cinquante ou plus – et une structure de coûts totalement différente. Elles savent qu'à moins de se restructurer elles ne peuvent pas être compétitives. Pourtant, certaines gardent ma même vieille structure parce que : « C'est comme ça qu'on fait ici. » D'autres entreprises réduisent leurs effectifs parce que la conjoncture les oblige à simplifier leurs structures et leurs systèmes. Et c'est la source d'une grande inquiétude. Les personnes ont peur. Elles cherchent de nouvelles structures alors qu'elles dépendent encore des anciennes.

Un grand nombre de dirigeants se réclament du capitalisme, mais ils récompensent le féodalisme. Ils prétendent croire à la démocratie mais ils encouragent l'autocratie. Ils prétendent admirer l'ouverture et la *glasnot* mais se comportent comme s'ils privilégiaient la fermeture, les emplois du temps secrets et les intrigues politiques.

Les symptômes de ce problème chronique sont des conflits interpersonnels, des rivalités entre les services et des guerres de territoire. Le plus simple consiste à trouver des remèdes miracles – un nouveau programme de formation rapide sur les savoir-faire en communication –, mais la confiance est étouffée et cela ne sert plus à rien. Le prochain remède miracle sera peut-être de refaire le système de compensation pour obtenir une motivation temporaire. Mais les personnes se sentent flouées parce que la direction se mêle de leurs problèmes, grignote leurs acquis... et elles s'inquiètent du lendemain. Le nouveau système de compensation va peut-être les obliger à augmenter la productivité par la compétitivité même si leur valeur principale reste le travail en équipe et la coopération.

Problème n° 4 – Le mauvais style : soit la philosophie du management est incohérente avec la vision et les valeurs partagées, soit le style adopté est incohérent avec la vision et les valeurs de l'énoncé de mission.

D'une certaine façon ce problème chronique est encore plus fondamental que les trois précédents, car nous tirons notre style de notre éducation, de nos enseignants, de notre famille, de l'école ou du travail. Les personnes que nous avons prises comme exemples ont un impact sur notre style, à cause de notre besoin émotionnel et psychologique d'acceptation qui est particulièrement fort lorsque nous nous sentons dépendants. Que nous l'aimions ou non, un père autoritaire, même abusif, peut être notre seule possibilité de survie et son style deviendra notre style.

Face à un style très différent du nôtre – un style conflictuel ou abusif, par exemple – nous pouvons être choqués. Mon fils de huit ans, Joshua, a été choqué d'entendre aux informations qu'un garçon de son âge avait été abandonné par ses parents. Cela l'a troublé pendant deux jours. Il demandait : « Comment est-ce possible ? » Il ne pouvait concevoir que cela puisse exister – parce qu'un acte de cette nature lui était totalement étranger.

Quand les personnes se retrouvent dans un nouveau contexte, dans un nouveau système de valeurs incohérent avec leur style – qu'il soit autoritaire, libéral, ou démocratique –, elles doivent renaître et s'impliquer dans le nouveau jusqu'à en être transformées. Elles doivent adopter une nouvelle *constitution*.

Le style des employés est certainement influencé par les dirigeants à qui, le plus souvent, on a enseigné le management et non le leadership. Par conséquent, ils raisonnent en termes de performance ; ils pensent aux faits, ils ne pensent pas aux personnes, ils ne pensent pas aux *principes*, car ils n'ont pas appris à le faire.

La diversité et la mobilité de notre société placent les personnes face à un défi lorsqu'elles doivent adapter leur style à la vision et aux valeurs de leur entreprise. Vous aurez peut-être besoin de le faire, jusqu'à un certain point. C'est la raison pour laquelle le leadership axé sur les *principes* est essentiel, car vous pouvez être très souples dans votre vie courante, si votre style est en harmonie avec ces derniers.

Certains se demandent si les dirigeants chevronnés peuvent adopter un nouveau style ou alors disent que notre style – que l'on soit chanteur, comédien ou manager – est si fortement ancré dès l'âge de dix, vingt ou trente ans qu'il est comme gravé dans la pierre. Je pense qu'il n'est pas impossible de s'adapter ou de changer notre style, bien que ce soit très difficile. Notre style de leadership peut être adapté aux situations, mais avant de pouvoir le transformer il nous faut d'abord prendre de nouveaux mentors et de nouveaux modèles.

L'un des débats d'actualité est de savoir si l'on naît leader ou si on le devient. Je pense que la plupart le deviennent grâce à des modèles – ils apprennent et mettent en œuvre des *principes* corrects. C'est pourquoi les grands leaders servent d'exemple et aident les nouvelles générations à naître, à le devenir. Mais le prix personnel à payer est élevé ; vous aurez peut-être même à payer très cher, à faire des sacrifices et à souffrir pour arriver à des changements significatifs.

Une entreprise peut tolérer différents styles tant que les personnes restent attachées aux mêmes *principes* directeurs. Toutefois, il est raisonnable de trouver un environnement compatible avec votre style. Vous conviendrez mieux à certaines entreprises qu'à d'autres. Quand on sait combien il est difficile de se changer, on comprend qu'on aura besoin de sagesse pour discerner où s'intégrer le mieux et si notre style est cohérent avec le style de l'entreprise.

Problème n° 5 – Des savoir-faire inadéquats : le style n'est pas au même niveau que le savoir-faire ou bien les managers n'ont pas toujours le savoir-faire nécessaire pour adopter une vision appropriée.

Je constate parfois que les personnes veulent adopter un nouveau style mais il leur manque tout simplement le savoir-faire : comment mettre en place une délégation efficace ? Comment utiliser l'empathie pour obtenir le point de vue de quelqu'un d'autre ? Comment utiliser la synergie pour créer une troisième option ? Ou comment arriver à un accord de performance gagnant/gagnant ? Le manque de savoir-faire n'est pas un problème chronique. Nous pouvons résoudre ces problèmes grâce à la formation.

Les skieurs débutants, par exemple, développent vite un style et une certaine aisance sur les pistes ; cependant il leur manque le savoir-faire pour négocier efficacement une pente dans des conditions plus difficiles. Leur style et leur savoir-faire doivent être adaptés à tous les types de neige, de terrain ou de conditions climatiques. Ils ne sont pas préparés à affronter n'importe quelles circonstances. Même s'ils en ont le désir, la motivation et la capacité physique, ils peuvent améliorer leur savoir-faire.

En développant un savoir-faire, nous pouvons aussi développer nos désirs et même changer nos styles. Si on dispose d'un nouvel outil de gestion du temps, avec la formation nécessaire, on opère souvent de grands changements dans sa vie. Ou bien, quand on commence à apprendre et à mettre en œuvre les savoir-faire de l'empathie, on découvre souvent que le développement de ceux-ci améliore notre style. Carl Rogers, le père du mouvement du potentiel humain, a dit que si on veut vraiment aider les autres à changer, il faut leur témoigner de l'empathie. Petit à petit, ils acquièrent une nouvelle compréhension et commencent à se rendre compte de leur potentiel ; en un sens, c'est grâce au processus lui-même que le changement se met en route.

Problème n° 6 – Le manque de confiance : les employés ont peu confiance et un compte en banque émotionnel extrêmement bas, et ce peu de confiance entrave la communication, bloque la résolution des problèmes, affaiblit la coopération et le travail en équipe.

La confiance détermine la *qualité* des relations entre les personnes. En un sens, la confiance est un problème qui ressemble à celui de l'œuf et de la poule. Si vous essayez d'instaurer la confiance sans tenir compte des autres problèmes, chroniques et aigus, vous ne ferez qu'exacerber la situation. Une des meilleures façons de l'instaurer est de travailler sur l'énoncé de mission et sur les problèmes d'harmonisation. Mais si vous essayez de le faire tout en maintenant un style de management fermé, vos employés vivront dans un climat d'incertitude et auront peu confiance en vous.

Le manque de confiance détériore la communication en dépit de la formation. Dans des cultures où existe un manque de confiance, les dirigeants présentent des contrats de performance, des descriptions de postes et des énoncés de mission que les employés n'adoptent pas. Et s'ils ne les adoptent pas, ils ne les utilisent pas non plus comme *constitution* ; à l'inverse, ils essaient d'établir des manuels de procédures pour préserver leur travail et construire leur pyramide.

Si vous dites : « J'ai confiance en vous » ou « Vous êtes une personne de confiance », « Vous êtes une personne qui sait admettre qu'elle a fait une erreur », « Vous êtes une personne accessible », « Vous êtes ouvert et on peut vous apprendre des choses » ou « Vous tenez vos promesses », tout cela fournit une base qui soutient le reste. Si vous jouez un double jeu, vous ne pourrez jamais résoudre le problème du manque de confiance ; vous ne pourrez vraiment résoudre de problèmes si vos paroles ne sont pas en accord avec vos actions.

La confiance représente plus que l'intégrité, car elle implique aussi la compétence. En d'autres termes, vous pouvez être un docteur honnête, mais avant de vous faire confiance je veux savoir si vous êtes aussi compétent. Quelquefois, nous attachons trop d'importance à l'intégrité et pas assez à la compétence personnelle et à la performance professionnelle. Les gens honnêtes mais incompétents dans leur domaine d'expertise ne sont pas dignes de confiance.

Problème n° 7 – Pas d'intégrité : les valeurs n'égalent pas les habitudes ; il n'y a pas de corrélation entre mes valeurs, mes croyances et mes actions.

Si une personne manque d'intégrité, comment pourrait-elle ouvrir un compte en banque émotionnel, être digne de confiance ? Comment va-t-elle adapter son style aux exigences de la conjoncture, créer une *culture* fondée sur la véritable confiance ?

Si une entreprise manque d'intégrité, comment va-t-elle satisfaire ses clients, garder ses meilleurs employés, assurer sa pérennité ?

Une personne qui ne dirige pas sa vie selon son système de valeurs n'a probablement pas d'énoncé de mission. Sans énoncé clair sur les valeurs, nos habitudes se désintègrent. Si nous en avons un, mais que nous ne le suivons pas, alors nous sommes hypocrites et faux.

L'hypocrisie en entreprise est exactement la même sauf qu'elle est décuplée, puisqu'une entreprise est faite d'individus. C'est pourquoi, quand nous détectons un ou plusieurs des sept problèmes chroniques, dans une entreprise – et que les dirigeants accusent tout et tout le monde –, nous devons les obliger à se regarder dans un miroir pour identifier une des premières sources des problèmes. Ils n'ont pas besoin de regarder qui que ce soit d'autre et la seule question qu'ils doivent se poser est : « Suis-je moi-même intègre ? »

On peut guérir les problèmes

Ces sept problèmes chroniques sont guérissables. Ils sont aussi extrêmement communs – il y a des chances pour que vos concurrents aient autant de cancers que vous. Le succès dans les affaires est aléatoire ; il ne se mesure pas en fonction d'un idéal d'excellence, mais par rapport à la concurrence. Puisque la plupart des entreprises ont ces mêmes problèmes à un degré ou à un autre, les gens se contentent d'apprendre à vivre avec des problèmes chroniques, et ce, pendant toute la durée de leur vie professionnelle. Ils peuvent même survivre très longtemps à moins que la douleur ne devienne trop aiguë.

Je suis convaincu que certains leaders éclairés peuvent résoudre ces sept problèmes chroniques, et pas seulement en traitant les symptômes, en vue de créer de meilleures sociétés. Mais, pour y arriver, ils doivent changer les cœurs, instaurer la confiance et revoir la structure et les systèmes. La plupart des leaders tentent de le faire à un niveau ou à un autre. Ils cherchent à créer une entreprise de *qualité,* productive, coopérative. Ils se mettent à valoriser leurs employés autant que les résultats financiers.

Chapitre XVI

Changer votre paradigme de management

Victor Hugo a dit : « Il n'y a rien de plus puissant qu'une idée parvenue à son terme. »

Quand le livre *In Seach of Excellence* déferla sur l'Amérique, c'était le signe qu'il était temps de parler d'excellence. Maintenant, il est grand temps, pour les individus et les sociétés, de faire un bond important en termes de performances, de changement d'habitudes et de procéder à un renouvellement fondamental de leurs schémas ; sinon ce sont « les affaires comme d'habitude » – et cela ne suffit plus.

Aujourd'hui, la question est : « Comment devenir plus efficace ? » J'ai compris que si l'on veut s'améliorer lentement mais sûrement, on doit changer d'attitude, de comportement. Si vous voulez vous améliorer de manière fondamentale – de manière spectaculaire, révolutionnaire, radicale –, aussi bien comme individu que dans votre entreprise, il faut changer votre cadre de référence. Changer la manière dont vous voyez le monde, votre façon de voir les autres, le management et le leadership. Changer votre *paradigme*, votre schéma de compréhension et d'explication de certains aspects de la réalité. Les grandes avancées sont, au départ, des ruptures avec les anciennes manières de penser. Au fur et à mesure que le paradigme change, on découvre un nouveau domaine de compréhension et de sagesse qui amène une grande différence de performance. Considérez les trois exemples suivants tirés de l'histoire.

• À travers les âges, des centaines de milliers de personnes sont mortes de maladies et d'infections. En temps de guerre, pour un homme tué au combat, des dizaines d'autres mouraient de maladie. De même, des milliers de femmes et de nouveau-nés perdaient la vie au moment de l'accouchement. Les médecins ont mis très longtemps à accepter le fait que la fermentation, la putréfaction, l'infection et la maladie pouvaient être causées par des bactéries invisibles à l'œil nu. Ce fut seulement quand Louis Pasteur, en France, Ignaz Philipp Semmelweis, en Hongrie, et d'autres chercheurs changèrent le paradigme des médecins, que la science progressa de façon significative face à la maladie et à l'infection.

• C'est un changement de paradigme qui donna naissance à cette terre de liberté. Lorsque Thomas Jefferson écrivit dans la Déclaration d'Indépendance que le gouvernement ne tirerait son pouvoir que du consentement des gouvernés. Ceux qui signèrent cette déclaration établirent un nouveau schéma de gouvernement. Ce n'était plus le droit divin qui régnait sur ce pays, plus de seigneurs imposés. Les seuls dirigeants seraient ceux choisis par la voix du peuple. De ce paradigme sont nés les gens les plus libres et le pays le plus prospère de l'histoire du monde.

• L'utilisation d'un mauvais paradigme a paralysé des nations entières. En 1588, l'Espagne était la nation la plus puissante d'Europe. Ses coffres étaient remplis de l'or du Nouveau Monde et ses bateaux étaient les plus puissants des sept mers. Mais les Anglais ne se laissèrent pas intimider et quand les restes de l'*Invincible Armada* rentrèrent péniblement au port, il était évident que le paradigme avait changé. Les intrépides capitaines anglais et leurs rapides navires étaient devenus les nouveaux maîtres des mers

De nos jours et souvent pour des raisons identiques, nous assistons à de telles évolutions dans le monde des affaires. Certaines des entreprises les plus puissantes du monde, sûres de leurs liquidités, leurs capitaux, leur technologie, leur stratégie et leur immobilier ont pourtant vu, comme les Espagnols au XVIe siècle, des petites entreprises, avec un paradigme différent – mieux adapté au marché actuel – les humilier dans la bataille commerciale.

Pensez aux changements de paradigme dans votre propre vie. Si vous êtes mariés, souvenez-vous de votre état de célibataire. Qu'est-il arrivé de votre paradigme de vie à ce moment précis ? Si vous avez servi dans l'armée, rappelez-vous votre changement de grade de simple soldat à officier. Vous avez découvert le monde sous un autre jour ; vous avez perçu vos responsabilités de manière différente. Vous avez vu la vie à travers un nouveau paradigme – une nouvelle carte –, qui vous a amenés à des changements fondamentaux, spectaculaires et révolutionnaires. Si vous êtes des grands-parents, souvenez-vous de la naissance de votre premier petit-fils. On vous a appelés d'un nouveau nom et on vous a donné un nouveau rôle.

Avoir un nouveau nom et un nouveau grade, un nouveau paradigme, implique un changement spectaculaire dans les attitudes et le comportement. En fait, la manière la plus rapide de changer le paradigme d'une personne est de changer son nom ou son grade.

Souvenez-vous de ce qui s'est passé quand vous êtes devenus membres de l'encadrement. N'avez-vous pas vu, tout à coup, les choses de façon très différente ? Ce fut un changement radical. Soudain, les problèmes dont nous nous plaignions avant, nous semblent très différents maintenant que nous incombe la responsabilité de les résoudre.

Les crises aussi peuvent amener des changements de paradigme lorsque nous sommes obligés de décider de nos priorités. Par exemple, quand Anouar el Sadate était président d'Égypte, il a juré devant des millions de téléspectateurs : « Je ne serrerai jamais la main d'un Israélien tant qu'ils occuperont un centimètre de terre arabe. Jamais, jamais, jamais. » Et les foules reprenaient : « Jamais, jamais, jamais. »

Mais en son for intérieur, Sadate savait qu'il vivait dans un monde périlleux et interdépendant. Heureusement, il avait appris à travailler avec son esprit et son cœur et il avait la capacité de changer de paradigme. Jeune homme, alors qu'il était emprisonné dans une cellule au quartier de haute surveillance de la prison centrale du Caire, il avait appris à se recueillir, à réfléchir, à évaluer les réalités jusqu'à voir la situation de manière différente et jusqu'à pouvoir opérer un changement de paradigme en lui-même. Plus tard, cela l'a amené à cette initiative de paix courageuse et unique, à Jérusalem, et au processus de paix qui a abouti aux accords de Camp David.

Je pense que, si nous nous concentrons sur les techniques, sur les pratiques spécifiques, sur la liste des « Quoi faire ? » ou sur les pressions actuelles, nous pouvons parvenir à de petites améliorations. Mais si nous voulons faire un grand pas en avant, nous devons changer notre paradigme et voir la situation de manière totalement différente.

Quatre paradigmes de management

Je voudrais proposer quatre paradigmes essentiels au management et signaler que, si chacun a un certain mérite, trois d'entre eux sont malgré tout fondamentalement erronés, parce qu'ils sont fondés sur des idées fausses de la nature humaine.

BESOIN	MÉTAPHORE	PARADIGME	PRINCIPE
Physique/ Économique	Le ventre	Scientifique Autoritaire	Équité
Social/ Émotionnel	Le cœur	Relations humaines Autoritaire Paternaliste	Gentillesse
Psychologique	La tête	Ressources humaines	Utiliser et développer ses talents
Spirituel	L'esprit (la personne entière)	Le leadership axé sur les principes	Le sens

• **Premièrement, le paradigme du management scientifique**. Avec ce paradigme, nous considérons surtout les autres comme de simples ventres – des outils économiques. Si je vois mes employés de cette manière, ma tâche de manager sera de les motiver par la méthode de la carotte et du bâton – la carotte en avant pour les attirer, les amener aux objectifs, et le bâton derrière. Je contrôle parfaitement la situation. Je suis l'autorité. Je fais partie de l'élite. Je sais ce qui est mieux. Je vous dirai où aller grâce à la carotte et au bâton. Bien sûr, il faut que je sois juste, en donnant des récompenses et des primes. Mais tout cela est fait pour satisfaire les besoins du ventre.

Le concept de la nature humaine associé à ce paradigme est l'idée de « l'homme économique ». Cela veut dire que nous sommes d'abord motivés par notre quête de sécurité économique. Le manager qui fonctionne sur la base de cette idée développe la méthode de la carotte et du bâton, mais si l'idée était correcte, les personnes réagiraient de manière cohérente en raison de leur motivation à gagner de l'argent, pour assurer un revenu à leur famille.

Ce style de management est autoritaire. Un manager autoritaire prend les décisions, donne des ordres, les employés s'y conforment, coopèrent, exécutent et collaborent comme on le leur demande s'ils veulent être récompensés économiquement. Beaucoup d'entreprises et de managers fonctionnent sur cette idée. De temps en temps, ils font semblant de croire à une conception plus ouverte de la nature humaine mais au fond ils se voient utilisant un ensemble de récompenses pour obtenir le comportement qu'ils désirent.

• **Le paradigme des relations humaines**. Nous admettons que les autres n'ont pas seulement un ventre, mais aussi un cœur (des êtres sociaux). Ils ont des sentiments. Ainsi, nous les traitons non seulement de façon juste, mais aussi avec gentillesse, courtoisie, civilité et décence. Mais ce n'est qu'un glissement du comportement autoritaire vers un autoritarisme paternaliste, parce que nous faisons toujours partie de l'élite, qui sait ce qu'il y a de mieux. Nous avons toujours le pouvoir mais, en plus, nous sommes justes et gentils envers nos employés.

L'idée associée à ce paradigme est l'idée de « l'homme socio-économique ». Nous admettons qu'en plus de leurs besoins économiques les personnes ont aussi des besoins sociaux : elles veulent être bien traitées, aimées et respectées et aussi être reconnues comme membres de leur société à part entière. Cette conception de la nature humaine est la base des relations humaines.

Cette idée laisse toujours le management en position d'unique responsable et c'est toujours lui qui prend les décisions et donne les ordres, mais au moins le dirigeant « relations humaines » essaie de créer une équipe harmonieuse ou un esprit d'entreprise et donne l'opportunité aux personnes qui travaillent ensemble de se connaître, de se distraire, en organisant des événements sociaux et des loisirs. Les managers qui fonctionnent sur cette idée sont susceptibles de devenir permissifs et indulgents, par souci de popularité, d'appartenance, et parce qu'ils détestent imposer des normes strictes ou des points de vue aux autres. Beaucoup de managers sont tombés dans cette fausse dichotomie : « Nous sommes durs ou apathiques, forts ou faibles. Si nous ne sommes pas responsables des autres, les autres seront responsables de nous. » Puisque l'autoritarisme rapportera toujours plus de fruits que la permissivité, les managers qui adhèrent à l'idée socio-économique résolvent cette dichotomie en adoptant un style de management fondé sur un autoritarisme paternaliste.

Le paternaliste ressemble à un gentil père qui sait ce qu'il y a de mieux pour ses enfants et s'en occupe volontiers à condition qu'ils fassent ce qu'il veut. S'ils désobéissent, il considère cette rébellion comme une attitude déloyale et ingrate. « Après tout ce que j'ai fait pour eux, regardez ce qu'ils me font. »

• **Troisièmement, le paradigme des ressources humaines**. Là, nous retrouvons non seulement la gentillesse et la justice, mais aussi l'efficacité. La contribution est un élément important. Nous voyons qu'en plus d'un ventre et d'un cœur, les employés ont une tête. En d'autres termes, les employés sont eux aussi des êtres pensants. Grâce à cette plus grande compréhension de la nature humaine, nous commençons à mieux utiliser leurs talents, leur créativité, leur ingéniosité et leur imagination. Nous déléguons davantage en comprenant qu'ils feront le nécessaire s'ils ont un but précis. Nous commençons à percevoir les autres, avec leur cœur et leur esprit, comme notre principale ressource : supérieure aux capitaux, aux biens matériels et physiques. Nous commençons à explorer les conditions pour établir un environnement optimal, une *culture* qui s'appuie sur leurs talents et développe leur énergie créatrice. Nous reconnaissons qu'ils désirent contribuer de manière significative ; ils veulent que leurs talents soient identifiés, développés, utilisés et reconnus.

À ce stade, les personnes sont ressenties comme des êtres psychologiques. Cela signifie qu'en plus du besoin de *sécurité* économique et d'appartenance sociale, les hommes ont aussi celui de croître, de se développer et de participer efficacement et de façon créative à l'accomplissement de buts valables. Avec ce paradigme, les managers voient les autres comme autant de talents et de potentiels. Leur but est d'identifier et de développer ces capacités dans le but d'accomplir les objectifs de l'entreprise. Lorsque les personnes sont considérées comme des êtres économiques, sociaux et psychologiques, avec leurs besoins de développement et que les talents soient utilisés de façon créatrice et constructive, les managers ont pour mission de créer un environnement dans lequel chacun développe pleinement ses talents dans le but de participer à la réalisation des objectifs de l'entreprise.

• **Quatrièmement, le leadership axé sur les *principes*.** Maintenant, nous travaillons dans un environnement juste, plaisant, efficace et performant et nous employons la personne dans sa totalité. Nous devons considérer que les autres ne sont pas seulement des ressources ou des biens, des êtres économiques, sociaux et psychologiques, ils sont aussi des êtres spirituels ; ils veulent du « sens », le sentiment de faire quelque chose qui compte. Ils ne veulent pas travailler pour une cause futile, même si elle utilise au maximum leurs capacités. Ils veulent des buts qui les élèvent, les anoblissent, responsabilisent et inspirent.

Les managers axés sur les *principes* s'assurent que leurs employés ont plus d'énergie créatrice, d'ingéniosité et d'initiatives que ne leur permet ou ne le leur demande actuellement leur travail. Les personnes supplient : « Croyez en moi. » Le fondement d'IBM est la foi dans la dignité et le potentiel de l'individu. Quand vous aurez atteint le paradigme axé sur les *principes*, vous apporterez la preuve de votre nouvelle perception des autres. Et vos employés répondront à vos attentes.

Les individus déploient leur créativité à réaliser leurs aspirations et leurs rêves – et beaucoup de cette énergie est perdu pour l'entreprise. La synergie négative est une immense fuite de talents humains. La formule de la synergie positive est : implication + patience = engagement. L'employé derrière son bureau doit être traité comme le client devant le bureau. Rien ici-bas ne vaut un engagement volontaire. Vous pouvez acheter les mains et le dos d'un homme, mais pas son cœur et son esprit.

Tom Peters suggère que, lorsqu'on cesse d'avoir un groupe autoritaire élitiste au centre du pouvoir – même s'il n'est pas paternaliste –, tout le monde dans l'entreprise se sent plus responsable.

La manière dont nous envisageons le management et le leadership n'est rien de moins qu'un changement de cap à 180 degrés. Les modèles et les métaphores du dirigeant sont allés du manager flic, arbitre, avocat du diable à l'annonciateur. Les mots qui nous semblent les plus appropriés aujourd'hui dans les meilleures entreprises sont : les managers, les leaders, les stimulateurs, les entraîneurs et les faiseurs de champions. Au fond, ce qui manquait depuis si longtemps, c'était l'importance accordée aux gens eux-mêmes et à leur nature profonde.

Les employés veulent contribuer à la réalisation d'objectifs valables et ils veulent faire partie d'une mission et d'une entreprise qui transcendent leurs tâches individuelles. Ils ne veulent pas faire un travail qui a peu de sens, même s'il met en œuvre et développe leurs capacités intellectuelles. Ils veulent un but et des *principes* qui les élèvent, les responsabilisent et les encouragent à donner le meilleur d'eux-mêmes.

Je demande souvent aux gens s'ils accepteraient de creuser un trou, de le remplir huit heures par jour, cinq jours par semaine, jusqu'à la retraite à soixante-cinq ans, pour un salaire annuel d'un million de dollars, indexé sur le coût de la vie. Certains répondent qu'ils accepteraient pour améliorer leur situation financière du moment, mais qu'ils penseraient devenir fous au bout de quelques années en dépit de la récompense économique et malgré les tentatives de compenser en utilisant au mieux leur temps et leur argent pendant les moments de loisirs. L'homme ne vit pas que de pain, à moins d'en être réduit à cette seule extrémité.

Cette conception plus large de la nature humaine sous-tend le besoin de rendre le travail intéressant et épanouissant. Les leaders axés sur les *principes* essaient d'automatiser les tâches répétitives et ennuyeuses et de donner aux employés une chance d'être fiers de leur travail. Ils les encouragent à participer aux décisions et aux affaires importantes. En fait, plus la décision est importante, plus le problème est épineux, plus ils s'efforcent de compter sur les ressources humaines. Ils essaient constamment d'élargir les domaines dans lesquels leurs employés peuvent s'orienter en se développant et où ils pourront mieux exercer leurs connaissances et leurs capacités.

La plupart des enquêtes dans les entreprises montrent que les employés souhaitent être gérés par des *principes*. Ils veulent un sens et un but et être traités par leurs dirigeants comme des personnes à part entière. Mais ils désirent en même temps que leurs subordonnés réagissent au paradigme des relations humaines. Autrement dit : « Je veux que, vous (là-haut), vous me demandiez mon opinion, mais je veux que, vous (en dessous), vous soyez de mon avis comme un bon soldat. Soyez coopératifs et participez. »

Le paradigme du management scientifique (le ventre) dit : « Payez-moi bien. » Le paradigme des relations humaines (le cœur) dit : « Traitez-moi bien. » Le paradigme des ressources humaines (la tête) suggère : « Utilisez-moi bien. » Le paradigme du leadership axé sur les *principes* (la personne dans son ensemble) dit : « Parlons de la vision et des missions, des rôles et des buts. Je veux apporter une contribution significative. »

Je propose que nous cultivions le paradigme du leadership axé sur les *principes*, qui non seulement comprend les *principes* d'équité et de gentillesse et utilise mieux les talents des autres en augmentant leurs performances, mais conduit aussi à des changements significatifs dans l'efficacité des employés et de l'entreprise.

Chapitre XVII

Les avantages du paradigme *SP*

J'ai travaillé une fois avec l'équipe de direction d'une entreprise multimilliardaire basée à Dallas, au Texas. Je leur ai demandé : « Avez-vous un énoncé de mission ? »

En hésitant, ils me l'ont montré et j'ai pu lire : « Faire fructifier l'actif des associés. » J'ai demandé : « Et vous l'accrochez au mur pour inspirer vos clients et vos employés ?

— Eh bien, vous savez, c'est un peu privé, mais nous, on ne fait pas dans la foutaise idéaliste. Enfin, quand on fait des affaires, il s'agit bien de faire de l'argent, non ?

— Je suis certain que c'est un des objectifs importants. Mais je vais vous dire à quoi ressemble votre *culture* », ai-je répondu.

Ensuite je leur ai décrit leur *culture* : des conflits interpersonnels, des rivalités interdépartementales, des sous-groupes polarisés autour de questions idéologiques, des intrigues et des ragots, de l'hypocrisie à tous les niveaux et des échanges superficiels. Puis j'ai décrit leur organisation interne : des employés très démotivés dans leur travail, fortement syndiqués ; des intérêts barricadés par services, un système de compétition et de promotion permanent pour réaliser les quotas.

Ils ont répondu :

« Comment savez-vous tout cela ?

— Parce que vous venez de me le dire. Vous ne faites que traiter les besoins économiques des personnes à un seul niveau et sur la base de prétentions erronées. C'est la raison pour laquelle tout le monde regarde ailleurs pour réaliser d'autres besoins et apporter des contributions plus significatives.

— Eh bien, que proposez-vous ? »

Je leur ai alors présenté un nouveau paradigme de management. Pendant la présentation, ils ont commencé à comprendre le besoin d'opérer un changement fondamental dans leur *culture* et ils ont demandé :

« Combien nous faudra-t-il de temps pour réparer ?

— Cela dépend de votre seuil de tolérance : si ça ne vous fait pas mal, il ne se passera pas grand-chose. Si ça vous fait mal, soit à cause des circonstances soit à cause de votre conscience, et si la douleur est ressentie à travers toute la *culture*, vous pouvez y arriver – vous pouvez développer un énoncé de mission équilibré et commencer à harmoniser le style, la structure et les systèmes en deux ans.

— Il y a quelque chose que vous ne comprenez pas, Stephen. Nous, nous travaillons vite. Nous allons résoudre le problème ce week-end ».

Quel était leur but final, leur paradigme ? Dans leurs têtes, le but final était les biens, ce qu'ils pouvaient acheter et vendre « en un week-end ». Ils n'avaient pas la *culture* pour créer un véritable travail en équipe et ils s'appuyaient sur un paradigme de management erroné.

Pour vous aider à analyser vos opérations et vos buts, je vous recommande d'adopter un paradigme qui décrit de manière plus adéquate la vraie nature des entreprises. Je l'appelle le paradigme SP.

Sept *S* et un *P*

Dans le paradigme *SP* du leadership axé sur les *principes*, toutes les composantes commencent avec un *S*, sauf le *P* – qui représente les personnes.

• **Les Personnes**. Le paradigme *SP* n'est pas fondé sur les performances de la structure organisationnelle, le style et les systèmes de management, mais plutôt sur l'efficacité des personnes. Il reconnaît que celles-ci sont la valeur la plus importante, car elles sont les programmateurs – elles produisent tout le reste, sur le plan personnel, interpersonnel, managérial et organisationnel. La *culture* n'est qu'une manifestation de la manière dont les personnes se voient, voient leurs collègues et leur entreprise.

• **Le « Soi »**. Nous avons certainement des préoccupations « ailleurs », à l'intérieur et à l'extérieur de notre entreprise. Mais si nous voulons opérer des changements significatifs, nous devons commencer à l'intérieur de notre cercle d'influence avec ce que nous pouvons contrôler directement. Encore une fois, c'est l'approche de l'intérieur vers l'extérieur ; en effet, le changement et l'amélioration doivent commencer par soi-même.

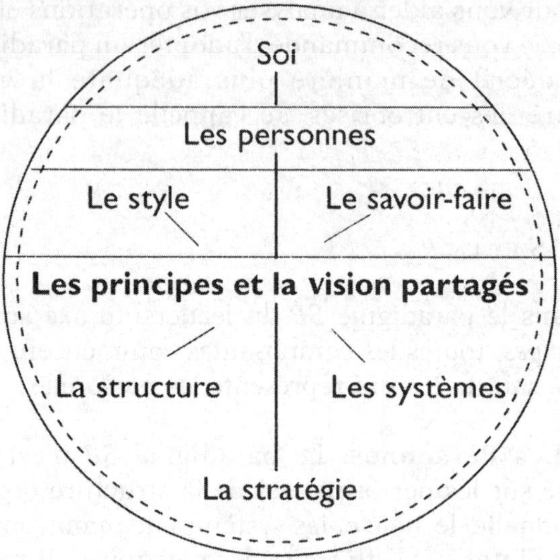

LES COURANTS

• **Le Style**. Les Styles de management participatifs créent plus d'innovation, d'initiative et d'engagement mais aussi plus de comportements imprévisibles. Les dirigeants doivent comparer les avantages des styles participatifs avec la prévision d'un niveau élevé de contrôle. Parler de participation mais pratiquer le contrôle ne développe que du cynisme.

• **Le Savoir-faire**. Le savoir-faire, comme la délégation, la communication, la négociation, le contrôle de soi, est fondamental pour obtenir des performances élevées. Heureusement, ce savoir-faire peut s'acquérir et s'améliorer grâce à une formation continue.

• **Le Soutien d'une vision et de *principes* partagés**. Comment faire ce travail ? Il faut établir un arrangement, un accord de management qui formalise et organise nos relations. Un accord de performance gagnant/gagnant où les deux parties partagent une vision commune basée sur des *principes* communs qui permettent aux deux parties de faire ce qu'elles ont à faire, c'est-à-dire son travail, pour l'employé, et être une source d'aide, un soutien, en ce qui concerne le leader. Sans un tel accord, le patron n'est pas vraiment libre d'être au service de ses employés, parce qu'il doit superviser le travail de ceux qui n'ont pas accepté la responsabilité des résultats.

• **La Structure et les Systèmes**. Dans les entreprises nous avons des relations avec un grand nombre de personnes de manière interdépendante et l'interaction demande une structure et certains types de systèmes. Le corps est une bonne *métaphore*. C'est une entreprise modèle. Par exemple, le système nerveux transmet des messages (de l'information) ; le système circulatoire passe des substances nutritives (compensations) ; le squelette (la structure) soutient le corps et le système respiratoire fournit l'oxygène (le *feed-back*).

Ces systèmes sont interdépendants et le changement de l'un peut déséquilibrer le reste. Les entreprises, comme le corps, ont aussi un état d'équilibre. Lorsqu'elles fonctionnent sur ce mode, elles sont relativement libérées de toute souffrance et de toute douleur ; cependant, elles peuvent se situer à des niveaux très différents de productivité. Par exemple, une entreprise peut être très créative, synergique, avec un esprit d'équipe, un sens de la mission, de la passion, des objectifs, de l'enthousiasme et de l'innovation ; elle sera relativement apte à passer les caps douloureux. Une autre entreprise se caractérise par une ambiance conflictuelle, des intrigues, des comportements défensifs, une faible productivité et de faibles bénéfices. Elle aussi sera dans un état d'équilibre, mais à un niveau de faible performance.

Six systèmes sont communs à la plupart des entreprises :

1. L'information. Pour avoir une idée exacte, équilibrée et impartiale de ce qui se passe, les dirigeants ont besoin d'un système d'information – un système qui leur permet de savoir ce qui se passe à l'intérieur de l'entreprise et dans l'esprit et le cœur de tous les participants. Un bon système de données conduit à de bonnes décisions.

2. La compensation. L'argent, la reconnaissance, la responsabilité et autres incitations de statuts et de postes sont des compensations. Un système efficace de compensation comporte des gratifications financières et psychologiques. Il récompense la coopération synergique et crée un esprit d'équipe.

3. La formation et le développement. Dans les programmes efficaces de développement des ressources humaines, le participant est responsable de ce qu'il apprend. L'instructeur et l'institution sont considérés comme des ressources utiles ; c'est le participant qui contrôle la formation plutôt que le système. Ce qui implique que le participant peut aller à son rythme et choisir les méthodes pour atteindre les objectifs décidés d'un commun accord ; le participant doit enseigner ce qu'il a appris, car enseigner à une tierce personne consolide l'engagement tout en améliorant la mémoire. Il y a une relation étroite entre les buts d'un programme de formation et les plans de carrière de chaque individu.

4. Le recrutement et la sélection. Les leaders axés sur les *principes* recrutent et sélectionnent les personnes très attentivement en alignant les capacités, les aptitudes et les intérêts du candidat sur les exigences du poste. Ce que les gens aiment faire et font bien, est étroitement lié à ce qu'ils feront pour l'entreprise. Les entretiens, les tests et le recrutement sont faits dans l'intérêt des deux parties. L'histoire professionnelle d'un individu et ses succès sont mis en relation avec les succès exigés par l'entreprise et le métier. Les différences doivent être ouvertement discutées. Et avant de prendre la décision d'embaucher, de promouvoir, de rétrograder ou de licencier, les dirigeants efficaces demandent conseil confidentiellement à des collègues ou des superviseurs qu'ils respectent.

5. La description de poste. Tout comme on bâtit les maisons pour satisfaire les besoins et les goûts, de même les postes doivent être conçus pour utiliser au mieux les intérêts et les savoir-faire des personnes. Elles ont besoin d'avoir une idée claire des postes, du rapport avec la mission globale de l'entreprise et de leur contribution personnelle. Elles ont aussi besoin de savoir quels ressources et systèmes de soutien sont mis à leur disposition et quel est leur degré d'autonomie dans l'utilisation des méthodes pour arriver au résultat souhaité. Le *feed-back*, comme l'électricité dans une maison, doit être intégré dès le départ, ainsi que les possibilités de croissance et les nouvelles opportunités.

6. La communication. Des entretiens en tête à tête – pour discuter de l'accord de performance gagnant/gagnant et du processus de responsabilité – sont les clés d'une communication efficace, de même que les réunions du personnel, réalisées en fonction des

besoins, avec des ordres du jour et des minutes orientées sur les actions. On peut parler aussi des systèmes de propositions des employés, qui récompensent les idées et réalisent des économies ; des politiques et des procédures de porte ouverte ; des entretiens annuels d'amélioration de postes, des enquêtes d'opinion anonymes et des séances de *brainstorming* adaptés. Les systèmes de communication fonctionneront plus efficacement s'ils sont organisés autour d'une vision et d'une mission partagées ; ils sont souvent peu harmonisés parce qu'ils sont conçus par des personnes ayant une *mentalité de pénurie* et qui ont beaucoup de mal à obtenir la confiance des autres. Elles se sentent menacées par les compétences qui les entourent. Elles veulent que toutes les idées émanent d'elles-mêmes. Elles ont du mal avec la reconnaissance et le partage du pouvoir.

• La stratégie. Elle doit être cohérente avec la mission exprimée, les ressources disponibles et les conditions du marché. De plus, elle doit être contrôlée et évoluer pour s'adapter au « changement de vent », y compris à la concurrence.

• La conjoncture. Il existe beaucoup de conjonctures à l'intérieur et à l'extérieur de l'entreprise. De temps en temps, on a besoin de les comprendre pour s'assurer que la stratégie, la vision partagée, les systèmes et tout l'ensemble sont bien en harmonie avec les réalités externes. Aussi, les dirigeants avisés lisent les tendances et anticipent les changements de conjonctures pour éviter de faire chavirer ou de faire échouer le bateau.

Tout cela dépend des personnes, des programmateurs. Il faut travailler d'abord sur les S pour les raffermir – parce qu'ils ne sont que les manifestations extérieures des pensées profondes des personnes.

La clé de produits et de services de *qualité* personnelle, c'est le caractère, la compétence et le compte en banque émotionnel que nous avons auprès des autres. Les personnes axées sur les *principes* obtiennent la quantité par la *qualité*, les résultats par les relations. Dans leur couple, leur famille, leurs affaires et leur vie sociale, leur *principe* directeur est : « Nous ne parlons pas des autres derrière leur dos. Nous pouvons être critiques de manière constructive pour aider quelqu'un mais nous ne lui ferons pas de coup bas. Si nous sommes en désaccord avec quelqu'un, nous allons directement le voir pour nous expliquer ou pour résoudre le problème. » Cela demande du courage et de la force de caractère – cela vient du fait que nous sommes axés sur *les principes* et que nous avons un paradigme *SP*.

Quatre caractéristiques

Un paradigme est un modèle de la nature. Pour améliorer un paradigme il faut donc faire l'effort de mieux comprendre ce qu'est la nature, et ce dans chaque domaine, cela s'appelle des théories, des explications ou des modèles. Si votre paradigme est faux, vous aurez beau avoir un comportement impeccable ou une attitude excellente, cela n'y changera rien.

Le paradigme SP a quatre caractéristiques qui décrivent la nature bien mieux que la plupart des autres paradigmes.

• **Premièrement, c'est un tout**. En d'autres termes, tout y est inclus. Vous pouvez y mettre les finances, les structures physiques, les technologies. Vous pouvez y mettre les styles de travail, les compétences, les styles de leadership complémentaires, les savoir-faire. C'est un système ouvert, qui peut aborder tout et n'importe quoi dans une conjoncture donnée – l'environnement interne de votre entreprise, votre industrie et de la collectivité au sens large.

Aucune organisation n'est en parfaite harmonie. Nous avons tous à faire face à un environnement hostile, soit à l'intérieur, soit à l'extérieur de l'entreprise. Les gens axés sur les *principes* n'en sont pas victimes. Ils progressent sans cesse vers l'harmonisation, essaient de comprendre le milieu dans lequel ils vivent et s'occupent de leurs affaires – l'impact de la société au sens large, les tendances économiques, sociales et politiques, les forces culturelles et les marchés internationaux.

• **Deuxièmement, c'est écologique**. Ce qui veut dire que tout est interdépendant, comme dans n'importe quel écosystème. Une initiative dans un domaine affecte tous les autres domaines. Certains paradigmes de management présument qu'une entreprise est une sorte d'environnement déconnecté, mécanique, non organique, non écologique. Mais toutes les entreprises sont des écosystèmes avec des biosphères et font donc partie de la nature. La nature n'est pas compartimentée. C'est un tout indivisible. La nouvelle conscience sur l'environnement fait que la société se sent concernée par les écosystèmes naturels. Nous ne pouvons pas dire par exemple : « Ah ! Ces puits de pétrole en feu et toutes ces marées noires vont affecter l'environnement, le temps, les saisons et la *qualité* de la vie, mais heureusement, ça se passe loin de chez nous. » Lors de l'opération Tempête du Désert, pendant la guerre du Golfe, nous avons vu un assaut massif où l'armée de terre, la marine de guerre, les Marines et les Forces Aériennes ont fonctionné comme une seule unité au lieu d'être des divisions séparées. Ils faisaient tous partie du même écosystème avec des rôles bien définis et bien menés. Le général Schwarzopf a dit : « Si j'avais le choix entre faire une action opportune et gagner la bataille du jour ou une action fondée sur des *principes* et la perdre, je choisirais l'action fondée sur les *principes* parce qu'à la longue cela se retournerait contre nous. » Quel homme ! J'ai beaucoup aimé la manière dont il a exprimé son énoncé de mission. Quand un journaliste lui a demandé : « Qu'aimeriez-vous que l'on dise de vous dans une épitaphe ? », il a répondu : « Un soldat qui a servi son pays dans l'honneur, qui a aimé ses troupes et sa famille. »

• **Troisièmement, cela permet le développement**. Cela veut dire qu'il y a certaines choses qu'il faut faire avant d'autres, par exemple l'arithmétique avant l'algèbre. La croissance et le progrès sont des processus séquentiels. Pourtant, il y a beaucoup de paradigmes traditionnels de management qui ne sont pas évolutifs. Ils présupposent que vous n'avez pas vraiment besoin de suivre un processus : vous pouvez y entrer à n'importe quel niveau et améliorer la situation grâce à une solution rapide. Le processus de développement évolutif se communique de manière forte à travers *la métaphore des six jours de la création*. Le vrai progrès commence avec soi-même et va de l'intérieur vers l'extérieur.

• **Quatrièmement, ce paradigme est fondé sur les personnes proactives et non sur des choses inanimées, des plantes ou des animaux**. Contrairement au reste de la nature, les hommes ont une volonté et sont capables de choisir. Il est vrai que la volonté et l'influence de certaines personnes peuvent être faibles à cause de blessures psychiques et de traumatismes de l'enfance ou de leur environnement actuel. Les personnes élevées dans une ambiance compétitive ont tendance à penser de façon défensive et protectrice et ont une *mentalité de pénurie*. Ceux qui vivent dans une atmosphère d'encouragement et d'amour partagé ont tendance à avoir un sens intrinsèque de *sécurité* personnelle et une *mentalité d'abondance*.

La plupart des paradigmes de management essaient de transformer les personnes en objets plus efficaces. C'est la raison pour laquelle les dirigeants pensent que les ressources humaines sont toujours renouvelables. Si ce point de vue est général dans la *culture*, les personnes essaieront de se protéger en développant un pouvoir collectif, peut-être même un syndicat, en militant pour obtenir des législations sociales et faire front à l'exploitation et à l'opportunisme d'un style de management agressif. Vous pouvez améliorer les performances des choses, mais avec les hommes il faut être efficace. Si vous utilisez le biais de la performance avec ceux-ci pour des questions affectives, vous finirez soit par vous battre, soit par fuir en vidant tout votre compte en banque émotionnel.

Le paradigme *SP* et ses quatre caractéristiques – le fait d'être entier, écologique, évolutif, orienté vers les personnes et non les choses – sont plus adaptés à la gestion des affaires et au leadership axé sur les *principes*.

Chapitre XVIII

Six conditions pour la responsabilisation

Dans chaque domaine, nous faisons des hypothèses sur ce qu'est la réalité. Si nos idées ou nos postulats fondamentaux sont erronés, nos conclusions seront fausses aussi, même si la méthode de raisonnement est juste.

Des conclusions justes sont l'aboutissement d'un raisonnement cohérent fondé sur les bonnes hypothèses.

Nous oublions souvent cette vérité simple et évidente. Un domaine entier, qui a été nommé la connaissance objective, peut être fondé sur des idées subjectives. Dans nos domaines respectifs, nous devons nous interroger et vérifier dans la mesure du possible, par des recherches, le bien-fondé de notre système particulier de connaissances. La psychologie s'appuie sur certaines hypothèses de la nature humaine. Les chefs d'entreprise, qu'ils en soient conscients ou non, sont des psychologues pratiquants, puisque leurs tentatives pour motiver leur personnel sont fondées sur leurs propres hypothèses de la nature humaine.

Dans son *Autobiographie*, Lee Iacocca écrit qu'en plus de tous les cours et formations d'ingénierie et d'affaires qu'il a suivis à l'université, il a aussi fait quatre ans de psychologie, dont de la psychologie clinique. « Je ne plaisante pas quand je dis que c'était probablement les cours les plus intéressants de toutes mes études universitaires. Le sujet d'un des cours, dans le service psychiatrique de l'Hôpital d'État, n'était autre que la base du comportement humain : qu'est-ce qui motive l'homme ? »

La plupart des grands dirigeants d'aujourd'hui reconnaissent la validité du leadership axé sur les *principes*. Puis se pose la question de la mise en œuvre : comment un dirigeant peut-il agir sur l'hypothèse de « la personne dans son ensemble » ? Comment l'entreprise peut-elle refléter cette vue plus globale des individus ? Comment les dirigeants peuvent-ils se défaire d'un style autoritaire ou autoritaire paternaliste. Comment débarrasser l'entreprise de son excès de « bagage » psychologique et culturel et donner aux personnes la liberté et la souplesse pour penser et agir de manière cohérente et avec une vue plus globale de la nature humaine ?

« Mince et agile », les mots-clés de la General Electric Corporation, peuvent s'appliquer à de nombreuses situations. Je n'oublierai jamais un voyage fait en Europe avec ma famille. En peu de temps, nous avions déjà accumulé tellement d'objets, de vêtements, de cadeaux, de brochures de voyages et de souvenirs, que nous étions surchargés de bagages. Nous avons décidé d'en envoyer les deux tiers à la maison, par l'intermédiaire d'un ami, un peu avant la fin de notre séjour. Tout d'un coup, nous nous sommes sentis légers, capables de suivre nos désirs et nos envies, tellement libres. Nous n'avions plus à nous inquiéter de la place que prenaient tous ces bagages et de l'énergie que cela nous demandait pour les transporter.

Je veux suggérer ainsi que les dirigeants devraient se débarrasser de certaines idées fausses qu'ils ont sur la nature, simplifier leurs entreprises avant d'utiliser vraiment leurs ressources humaines et connaître les bienfaits d'un gain en efficacité. Comme le suggère Lee Iacocca, nous devrions peut-être étudier la motivation avant d'ériger une structure. Suivant l'adage de l'architecte « La forme suit la fonction », nous devrions essayer d'identifier et de clarifier nos hypothèses avant de développer nos stratégies et nos systèmes.

Pour motiver les personnes à atteindre de meilleures performances, nous devons d'abord trouver les domaines où les besoins et les buts de l'entreprise coïncident avec les besoins, les buts et les capacités des êtres humains. C'est à ce moment-là que nous pourrons établir des accords gagnant/gagnant et que les personnes pourront se superviser elles-mêmes suivant les termes de cet accord. Nous pouvons alors leur servir de soutien et établir des systèmes utiles d'organisation à l'intérieur desquels l'autodirection et le contrôle individuel peuvent aider à la réalisation de l'accord. Les employés pourraient s'autoévaluer périodiquement quant à leurs responsabilités en se jaugeant eux-mêmes sur des critères spécifiés dans l'accord gagnant/gagnant.

Voici les quatre premières conditions de la responsabilisation : 1) L'accord gagnant/gagnant ; 2) Se superviser soi-même ; 3) Des systèmes et une structure utiles ; 4) L'évaluation.

L'accord gagnant/gagnant est avant tout un contrat psychologique entre le dirigeant et son collaborateur. Il reflète une compréhension mutuelle claire et un engagement par rapport aux attentes, dans cinq domaines : les résultats recherchés ; les grandes lignes ; les ressources ; l'évaluation et, enfin, les conséquences.

Afin de mieux comprendre comment établir et gérer l'accord gagnant/gagnant, nous allons détailler chacune de ces cinq étapes.

• **Premièrement, spécifiez les résultats désirés**. Discutez des résultats que vous escomptez. Soyez précis quant à la quantité et la *qualité*. Décidez du budget et de l'emploi du temps. Engagez les personnes à obtenir les résultats, puis laissez-les décider elles-mêmes des meilleurs moyens et des méthodes. Établissez des dates butoirs concernant la réalisation des objectifs. Ces derniers représentent essentiellement l'alignement des stratégies, les buts et les descriptions de postes de l'entreprise en rapport avec les valeurs, les besoins et les capacités personnelles. Le concept gagnant/gagnant implique que les managers et les employés précisent leurs attentes et s'engagent mutuellement à obtenir les résultats désirés.

• **Deuxièmement, établissez des lignes de conduite**. Communiquez les *principes* politiques et les procédures que vous considérez comme essentielles en vue d'obtenir les résultats désirés. Établissez aussi peu de procédures que possible pour autoriser autant de liberté et de souplesse que possible. Les politiques organisationnelles et les manuels de procédures doivent être brefs et se concentrer surtout sur les *principes* sous-jacents de la politique et des procédures. Ainsi, au fur et à mesure que les circonstances évoluent, les personnes ne sont pas paralysées ; elles peuvent continuer à travailler en utilisant leur jugement et leurs initiatives et faire le nécessaire pour obtenir les résultats désirés dans le cadre des valeurs de l'entreprise.

Les lignes de conduite devraient aussi identifier ce qu'il ne faut pas faire ou ce qui est néfaste à l'accomplissement des objectifs ou au maintien des valeurs de l'entreprise. Un grand nombre de programmes de management par objectifs sont partis en fumée, car les mauvaises directions ou les interdits n'étaient pas clairement identifiés. Si l'on donne aux gens l'impression qu'ils ont une marge de manœuvre presque illimitée et la liberté de faire ce qu'ils veulent pour arriver aux résultats attendus, ils finissent par « réinventer la roue », rencontrer « les vaches sacrées » de l'entreprise, tout remettre à plat, être désarçonnés et rencontrer de tels revers qu'ils ne veulent plus prendre aucune initiative.

L'attitude générale des employés devient alors : « Oublions toutes ces salades sur le management par les objectifs. Dites-nous simplement ce que nous devons faire. » Leurs attentes sont totalement déçues et les blessures provoquées sont tellement profondes qu'ils commencent à considérer leur travail comme une simple fin économique et préfèrent satisfaire des aspirations plus élevées dans d'autres domaines, en dehors de leur vie professionnelle.

Lorsqu'on identifie les interdits ou « les vaches sacrées », il faut identifier aussi quel niveau d'initiative peut avoir une personne face à différentes responsabilités : va-t-elle attendre jusqu'à ce qu'on intervienne ? va-t-elle poser des questions ? ou va-t-elle réfléchir et proposer une initiative ? faire le travail et le rapporter immédiatement, ou le faire et le rapporter de manière régulière ? Ainsi les attentes sont éclaircies et les limites posées.

Dans certains domaines de responsabilité, le niveau d'initiative est simplement réduit à l'attente des instructions. Dans d'autres domaines, certains degrés d'initiative sont préconisés : « Utilisez votre bon sens et faites ce que vous pensez approprié ; dites-nous de façon régulière ce que vous faites et quels sont vos résultats. »

• **Troisièmement, identifiez les ressources disponibles**. Identifiez les ressources financières, humaines, techniques et organisationnelles disponibles pour les employés ou bien dites-leur quelles sont les ressources qui les aideront à obtenir les résultats désirés. Mentionnez le fonctionnement et les processus de la structure et des systèmes. De tels systèmes peuvent inclure l'information, la communication et la formation. Vous pouvez vous identifier, vous et d'autres personnes, comme des ressources et préciser comment ces ressources humaines peuvent être utilisées. Vous pouvez aussi mettre des limites ou partager votre expérience et laisser les personnes choisir elles-mêmes la meilleure façon d'en profiter.

• **Quatrièmement, définissez l'évaluation**. Demander aux personnes de rendre des comptes sur les résultats soulève des difficultés dans le cadre de l'accord gagnant/gagnant. Sans évaluation, les personnes perdent peu à peu leur sens des responsabilités et commencent à mettre en cause les circonstances ou les autres si les performances sont faibles. Mais si elles participent à la mise en place de normes précises de performances réalisables, elles acquièrent un sens profond des responsabilités nécessaires à l'obtention des résultats désirés. Ceux-ci peuvent être évalués de trois façons : la mesure, l'observation et le discernement. Vous devez spécifier comment vous évaluerez les performances. Spécifiez aussi quand et comment seront établis les comptes rendus et comment se dérouleront les séances d'évaluation. Lorsque le niveau de confiance est élevé, les personnes sont beaucoup plus rigoureuses envers elles-mêmes qu'un évaluateur extérieur ou qu'un dirigeant n'oserait l'être. Leur discernement est également bien plus exact que la prétendue mesure objective. Parce que les personnes en savent beaucoup plus sur elles-mêmes que tout système de mesures externe.

• **Cinquièmement, déterminez les circonstances**. Mettez-vous d'accord sur ce qui est défini, que les résultats désirés soient atteints ou non. Les résultats positifs peuvent donner des récompenses financières et psychologiques, telles que la reconnaissance, l'appréciation, la promotion, la charge d'une nouvelle mission, la formation, les horaires flexibles, des jours de congés, des responsabilités plus grandes et des primes. Des résultats négatifs peuvent aller du blâme à un licenciement, en passant par une nouvelle formation.

Vers la gestion de soi

Ces cinq éléments d'un accord gagnant/gagnant correspondent à ce qu'une personne doit connaître avant de commencer un travail. Nous précisons les résultats désirés, le cadre de travail, les ressources disponibles, les moyens d'évaluation et les conséquences de la performance, mais nous ne parlons pas des méthodes. Le *principe* des ressources humaines gagnant/gagnant reconnaît que les personnes sont capables de se diriger et de se contrôler elles-mêmes et de faire le nécessaire, dans un certain contexte, pour atteindre les résultats désirés.

Lorsque plus de deux personnes sont impliquées dans un tel accord, le contrat psychologique devient un contrat social. Nous pouvons établir l'accord avec une équipe, un service ou un département entier. Quelle que soit la taille du groupe, tous les membres doivent participer à l'élaboration de l'accord gagnant/gagnant. Ce contrat social devient alors encore plus puissant, plus solide, plus motivant que le contrat psychologique parce qu'il s'appuie sur la nature sociale et le besoin humain de participer à un projet, ou à un effort particulier, d'une équipe.

L'une des forces de ce contrat psychologique ou social gagnant/gagnant est qu'il est d'une grande souplesse et adaptable à une grande diversité de circonstances, de maturité ou de compétence. Si la capacité ou le désir de faire un travail sont faibles, vous tablerez alors sur des résultats moins ambitieux. Vous aurez aussi peut-être un cadre et des procédures plus resserrés. Mettez plus de ressources à votre disposition, rendez-les attirantes et accessibles ; formulez vos évaluations avec des critères plus serrés, plus clairs et plus mesurables ; faites en sorte que les résultats suivent immédiatement pour rendre le *feed-back* significatif et étayé.

Dans une situation différente, avec beaucoup de maturité, de capacités et de désir de travailler, l'accord gagnant/gagnant permet la prévision de résultats plus vastes, plus ambitieux, une politique et un cadre moins rigides. Vous pourrez mettre des ressources à disposition, mais elles ne seront pas nécessairement aussi accessibles ; vous aurez besoin de moins d'évaluation, vous utiliserez le discernement et la mesure pour évaluer les performances ; vous pourrez établir des résultats à plus long terme en portant l'accent plus nettement sur les récompenses psychologiques intrinsèques que sur les récompenses extérieures.

Une fois l'accord gagnant/gagnant établi, les personnes se supervisent elles-mêmes selon cet accord. Les managers peuvent alors devenir des soutiens et établir des structures et des systèmes d'organisation qui aident les personnes dans leurs réalisations et leur contrôle d'elles-mêmes, en vue de poursuivre l'accord gagnant/gagnant. Ayant participé à l'élaboration de l'accord, les employés n'ont aucun mal à faire une évaluation régulière de leurs responsabilités ; au fond, ils s'évaluent eux-mêmes par rapport à des critères clairement spécifiés. Si l'accord gagnant/gagnant est bien établi, ils feront le nécessaire pour obtenir les résultats désirés à l'intérieur du cadre.

Des systèmes organisationnels de soutien peuvent faciliter grandement la réalisation de ce type d'accord. Ces systèmes peuvent inclure la planification stratégique, la structure de l'entreprise, la description de poste, la communication, la budgétisation, la compensation, l'information, le recrutement, la sélection, le placement, la formation et le développement. Dans un système de soutien, les personnes sont informées directement de leurs performances et utilisent cette information pour mettre en œuvre les corrections nécessaires.

Avec un système de soutien, dit de soutien, gagnant/perdant (de destruction, en réalité), c'est celui-là qui prendra le pas sur un accord gagnant/gagnant. C'est particulièrement le cas dans un système de compensation. Si le dirigeant s'exprime en termes de gagnant/gagnant, mais récompense en termes de gagnant/perdant, il détruira son propre système, comme si l'on disait à une fleur : « Pousse, pousse », tout en arrosant une autre plante.

Tous les systèmes, à l'intérieur de l'entreprise, doivent être intégrés à l'accord gagnant/gagnant et le soutenir. L'attitude gagnant/gagnant doit se refléter dans le recrutement, l'embauche et la formation. On doit aussi le retrouver dans le développement professionnel, la compensation, la description de poste, la structure de l'entreprise, la planification stratégique, la sélection de la mission et des objectifs, ainsi que dans toutes les activités tactiques.

ESTIMER LA PERFORMANCE GAGNANT/GAGNANT

Dans un accord gagnant/gagnant, les personnes s'évaluent elles-mêmes. Puisqu'elles ont une estimation claire des résultats attendus et des critères d'évaluation utilisés pour leurs performances, elles sont bien placées pour le faire.

La notion ancienne du dirigeant évaluant la performance de son personnel, en utilisant parfois un ensemble de critères subjectifs secrets avec lesquels il les surprend à la fin d'une période de travail, est tout à fait humiliante. C'est la raison pour laquelle certains managers n'obtiennent pas de bonnes évaluations de performances. À moins que les attentes ne soient claires et les engagements pris, ils doivent s'attendre à ce que les évaluations de performances soient difficiles, gênantes et quelquefois humiliantes.

Un dirigeant doit adopter une attitude de soutien et non de jugement. Il devrait se présenter comme une ressource dans l'accord gagnant/gagnant. Il doit servir de formateur quand ses employés commencent de nouvelles tâches ou endossent de nouvelles responsabilités, ou encore de conseiller dans les domaines de la planification d'une carrière et du développement professionnel. Il implique ses employés dans l'élaboration de l'accord gagnant/gagnant et leur permet d'évaluer leurs propres performances. Si le niveau de confiance est élevé, l'autoévaluation de l'employé sera plus juste, plus complète, plus honnête que ne le serait celle émanant du dirigeant, car la personne évaluée connaît toutes les conditions et tous les détails.

Si le dirigeant prend conscience de changements de tendances ou d'autres conditions qui ne font pas partie de l'accord premier, il doit reprendre cet accord afin de le revoir, de le reformuler et de le planifier.

Deux autres conditions

Au centre de ces quatre conditions, il y en a deux principales : le savoir-faire et le caractère. Le caractère constitue la personne ; le savoir-faire constitue les compétences de la personne. Ce sont les caractéristiques humaines nécessaires pour établir et maintenir les quatre autres conditions. Elles doivent être prioritaires et préalables à toute mise en place de relations de confiance, d'accords gagnant/gagnant, de systèmes de soutien et d'autoévaluation par les employés.

Dans une *culture* où la confiance est faible, il est difficile d'établir un bon accord gagnant/gagnant ou de permettre la *supervision* et l'évaluation de soi. Au contraire, il faut des systèmes de contrôle et d'évaluations externes. Avant de pouvoir établir les quatre conditions déjà mentionnées, un dirigeant devra faire des dépôts sur son compte en banque émotionnel et bâtir une relation de confiance pour qu'il y ait un accord gagnant/gagnant. Une fois l'accord gagnant/gagnant en place, les autres conditions suivront logiquement et naturellement.

Les traits de caractère les plus exigeants en efforts sur soi-même pour établir un accord gagnant/gagnant sont l'intégrité (lorsque les habitudes sont cohérentes avec les valeurs, les paroles avec les actes, les expressions avec les sentiments), la maturité (le courage mêlé de considération) et la *mentalité d'abondance* (il y en a suffisamment pour tout le monde). La personne possédant ces traits de caractère peut se réjouir du succès et des réalisations des autres.

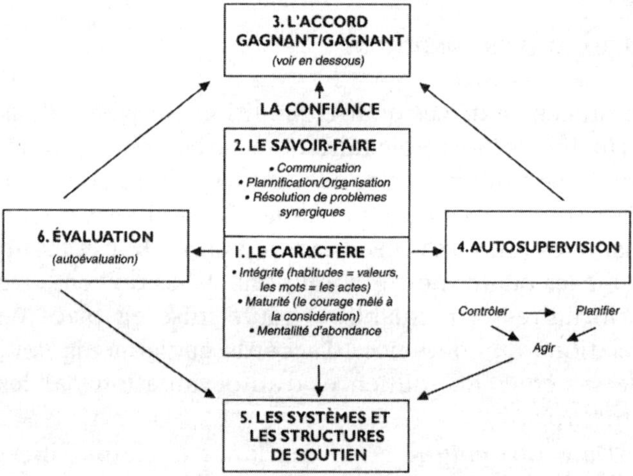

Les trois savoir-faire suivants : la communication, la planification et l'organisation et enfin la résolution de problèmes synergiques sont les plus importants parce qu'ils permettent de réaliser les quatre autres conditions de l'efficacité organisationnelle.

Quand les personnes sont déloyales, qu'elles disent une chose, mais en font une autre, qu'elles disent du mal des autres dans leur dos et les flattent par-devant, il y a une communication subtile, mais éloquente, qui sape la confiance et mène inévitablement à des accords gagnant/perdant et à des « arrangements » avec des contrôles, de l'évaluation et des supervisions externes.

Ces six conditions sont tellement interdépendantes que si l'une d'entre elles est déséquilibrée, cela affectera immédiatement les cinq autres ; en fait, le changement d'un seul trait de caractère peut affecter toutes les autres conditions. Considérez, par exemple, la *maturité*, définie ici comme *le courage mêlé de considération*. Si un dirigeant a beaucoup de courage, mais manque de considération, il s'exprimera sans doute clairement, mais écoutera mal, sans empathie. Par conséquent, l'accord sera gagnant/perdant. Il obtiendra quand même ce qu'il souhaite et pensera que sa méthode est la meilleure. Il n'encouragera ni ne permettra à ses employés d'exprimer leurs vrais sentiments. Il n'aura pas connaissance de la motivation interne et aura besoin de motivations externes et de *supervision*, de bons systèmes de contrôle, de procédures d'évaluation des performances et de systèmes de compensation pour s'assurer du comportement désiré.

En revanche, si un dirigeant manque de courage, mais a beaucoup de considération, un besoin énorme d'acceptation et de popularité, il aura tendance à développer un contrat psychologique perdant/gagnant où les autres font leurs affaires de leur côté. Ces accords mènent souvent à des formes variées d'autocomplaisance et de chaos organisationnel. Les employés commencent à s'accuser mutuellement de leurs faibles performances ou de leurs mauvais résultats. Ils deviennent aussi très demandeurs. De tels comportements ne font que renforcer l'accord perdant/gagnant, qui ne peut être maintenu économiquement longtemps et aboutit à un système de contrôle central gagnant/perdant pendant que le management se bat pour survivre et maintenir un semblant d'ordre. L'anarchie engendre la dictature. Comme le dit Patrick Henry : « Si nous ne nous gouvernons pas seuls avec sagesse, nous serons gouvernés par des despotes. »

Profiter des résultats

Pour illustrer l'impact d'un accord gagnant/gagnant sur l'efficacité organisationnelle, je vais vous raconter l'expérience suivante. Je faisais partie d'un groupe de consultants impliqué dans un projet d'amélioration organisationnelle d'une très grande banque possédant des centaines d'agences. Cette banque avait prévu un budget de trois quarts de million de dollars en vue d'un programme de formation de six mois pour les jeunes cadres dirigeants. L'idée était de recruter des jeunes gens sortant de l'université et de les faire passer par différents postes. Après deux semaines dans un département, ils passeraient deux semaines dans un autre. Au bout de six mois, ils seraient nommés dans une agence à un poste de dirigeant. La haute direction voulait que ce programme soit analysé et amélioré.

La première chose que nous avons faite a été d'essayer de comprendre leurs objectifs. Nous nous sommes demandé si ces gens comprenaient bien les attentes. Ce n'était pas le cas. Nous avons constaté que celles-ci étaient générales, vagues et que le désaccord était très grand entre les membres de la haute direction de la banque sur les objectifs et les priorités.

Nous avons continué à les questionner jusqu'à ce qu'ils finissent par énumérer les capacités exactes qu'ils attendaient d'un jeune à la fin de la période de formation, avant de le nommer à un poste. Ils nous énumérèrent plus de quarante objectifs pour ces jeunes en formation. Nous les avons ramenés à quarante objectifs – les résultats désirés.

L'étape suivante était de donner ces objectifs aux personnes en formation. Les jeunes gens étaient très enthousiasmés par leur travail et l'occasion d'obtenir un poste de dirigeant assez rapidement. Ils étaient totalement prêts à s'identifier à ces objectifs, à les intérioriser et à faire le nécessaire pour les réaliser.

Ils comprenaient ces objectifs et les critères d'évaluation. Ils avaient une liste complète des ressources utilisables pour la réalisation de ces objectifs, y compris beaucoup de lectures et des rencontres avec des directeurs de département et des agences de formations spécifiques. Ils savaient qu'ils pourraient être nommés à un poste de jeune dirigeant dès qu'ils feraient preuve de compétences dans ces quatre domaines.

Cela les a tellement motivés qu'ils ont accompli leurs objectifs en trois semaines et demie en moyenne.

Cette performance a totalement étonné les membres de la haute direction. Certains d'entre eux pouvaient à peine y croire. Ils ont réexaminé attentivement les objectifs et les critères et réévalué les résultats pour s'assurer que les critères avaient été respectés. Beaucoup nous dirent que trois semaines et demie étaient trop peu pour que ces stagiaires acquièrent une véritable expérience et suffisamment de jugement. Nous avons répondu : « D'accord. Alors, donnez-nous des objectifs plus difficiles avec des problèmes et des défis demandant plus de jugement. » Ils énoncèrent six nouveaux objectifs et tout le monde fut d'accord pour dire que, si ces jeunes arrivaient à réaliser les six objectifs en même temps que les quarante autres, ils seraient mieux préparés que la plupart des personnes ayant suivi le programme de formation de six mois.

Nous avons communiqué ces six objectifs supplémentaires aux stagiaires. À ce stade-là, on leur permettait déjà de se superviser eux-mêmes. Nous avons assisté à un débordement étonnant d'énergie et de talent humain. Presque tous les stagiaires ont réalisé les six autres objectifs en une semaine.

Autrement dit, nous avons découvert que le programme de six mois pouvait être réduit à cinq semaines, avec de meilleurs résultats et en établissant un accord gagnant/gagnant avec ces jeunes dirigeants.

Ceci a des implications profondes dans beaucoup de domaines du management et pas seulement dans la formation. Certains managers éclairés de cette banque ont commencé à les voir. D'autres se sentirent très menacés par ce processus, et eurent le sentiment que les individus devaient passer un certain temps avant de mériter une médaille. Mais personne ne pouvait nier les résultats.

Avec l'accord gagnant/gagnant, il s'agit justement d'obtenir les résultats désirés.

La lettre du manager

Il y a déjà très longtemps, le consultant en management, Peter Drucker, a introduit le concept de la lettre du manager. Il propose qu'un collaborateur prépare une esquisse écrite des résultats désirés, des ressources, de l'évaluation et des conséquences, puis les communique à son directeur.

Cela fait maintenant des années que je travaille avec ce concept dans des environnements différents : dans mon métier de consultant et de formateur ; dans la mise en place et la direction de ma propre société ; dans mon travail auprès des étudiants de l'université de Brigham Young et dans ma vie de famille. Je suis convaincu que, si nous recherchons vraiment une productivité élevée et l'augmentation de nos capacités à produire, nous devons utiliser ces six conditions de l'efficacité.

Je sais que ce n'est pas facile. Cela demande du temps et de la patience – nous ne pouvons pas passer notre temps à arracher les fleurs pour voir comment poussent les racines. L'accord gagnant/gagnant ne peut pas s'établir en une nuit. Cela demande beaucoup de réflexion et une communication honnête. Il faut aussi de la maturité pour s'engager dans des interactions d'influences mutuelles. Cela demande beaucoup de discipline et de cohérence, de suivi et d'encouragement. Chaque fois que j'ai échoué dans l'un de ces domaines, j'ai eu un impact négatif sur les résultats.

Nous pouvons commencer de façon modeste et obtenir des succès minimes jusqu'à ce que notre confiance dans le concept général augmente. Nous pouvons alors l'étendre à des domaines de responsabilité plus larges. Si vos employés ne veulent pas écrire une lettre qui contient les éléments d'un accord gagnant/gagnant, vous pouvez peut-être l'écrire et leur demander si cela représente bien l'accord. Si l'écrire vous paraît quelque peu menaçant, ne l'écrivez pas. Mais assurez-vous qu'il existe une compréhension orale mutuelle, bonne et claire. Assurez-vous qu'elle est souple et ouverte aux changements éventuels.

Les attitudes sont importantes. L'attitude fondamentale du dirigeant doit être « Où allons-nous ? » ou « Où voulez-vous aller ? » ou « Quels sont vos objectifs et comment puis-je vous aider ? ». Plus tard, cela devient « Comment ça se passe et comment puis-je vous aider ? ».

Je fus confronté à cette manière de penser dans une entreprise, il y a longtemps, grâce à un dirigeant dont l'attitude et la manière étaient réellement « Qu'essayez-vous d'accomplir et comment puis-je vous aider ? ». Sa sincérité et sa confiance dans mon potentiel m'ont responsabilisé et m'ont incité à faire le nécessaire pour atteindre les résultats, en comptant aussi sur lui comme ressource extrêmement précieuse. Je crois aussi que, quelle que soit l'opinion que nous avons des autres, elle se réalise d'elle-même, c'est-à-dire que nous aurons toujours un motif pour soutenir notre point de vue. Si nous avons un point de vue, une attitude ouverte sur la nature humaine et le potentiel humain, nous trouverons peu à peu les raisons pour soutenir ce point de vue jusqu'à ce que nous nous sentions intérieurement assurés et réconfortés.

Chapitre XIX

Gérer les attentes

Chacun de nous aborde un travail, une relation et des situations avec certaines attentes implicites. Une des causes les plus importantes des « problèmes de personnes », en famille ou dans l'entreprise, vient du fait que les attentes sont peu claires, ambiguës, ou insatisfaites. Des attentes conflictuelles au sujet des rôles et des buts engendrent alors de la douleur et des problèmes dus aux tensions que cela crée dans les relations.

Les attentes conflictuelles

Voici quelques exemples d'attentes conflictuelles.

• **Fusions d'entreprises**. Regardons ce qui est arrivé à Roger Smith avec General Motors et à Ross Perot avec Electronic Data Systems. Quand ces deux cultures se sont rencontrées, les dirigeants sont entrés en conflit sur la façon de résoudre des problèmes sérieux et d'ajuster deux volontés sociales différentes. Nous avons vu Ross Perot défendre le droit des travailleurs en essayant de se débarrasser des strates de management et des privilèges spéciaux propres aux patrons, ignorant apparemment que certains éléments de la *culture* de la GM sont générationnels et ne peuvent pas être éliminés en un jour. Les consultants ne peuvent pas changer les choses de cette façon. Cela demande plus que de la formation et beaucoup de communication. La plupart des responsables, dans les fusions et les acquisitions, ne prennent pas le temps de faire de la vraie communication à double sens. Soit ils jouent les durs soit les gentils, gagnant/perdant ou perdant/gagnant.

• **Les relations maritales**. Aujourd'hui, beaucoup de questions et d'attentes touchant au mariage, autrefois occultées, sont discutées ouvertement. Mais il reste encore le débat des rôles de l'homme et de la femme. Par exemple, si un jeune homme d'une famille traditionnelle envisage le mariage avec l'attente implicite que « C'est moi qui ramène le salaire et c'est toi qui t'occupes des enfants », il passera peut-être par une rude épreuve. Il est évident que les jeunes couples et les plus anciens se débattent dans des problèmes de rôles conflictuels. Beaucoup de femmes restent insatisfaites si elles n'ont pas de carrière professionnelle extérieure – phénomène encouragé par une société qui ne donne pas beaucoup de valeur, d'avantages et de gratifications aux femmes qui restent au foyer.

• **L'éducation**. Chaque groupe spécifique voit l'éducation à travers ses propres lunettes, chacun s'intéresse à des problèmes différents et propose des solutions différentes. L'éducation du caractère dans les écoles devient de plus en plus nécessaire devant le déclin progressif de la famille traditionnelle.

• **Les relations parents-enfants**. Les parents ont souvent des attentes conflictuelles dans leurs relations avec leurs enfants, surtout lorsque ceux-ci sont adolescents. Les parents et les enfants ont des idées différentes de leurs rôles et ces idées évoluent au fur et à mesure que les enfants passent par les différentes étapes de la croissance et du développement.

• **Les relations avec les gouvernements**. Le rôle du gouvernement est-il de faire du bien ou d'empêcher les gens de faire du mal ? Si je travaille avec quelqu'un qui pense que le rôle du gouvernement est de faire du bien, nous aurions des attentes totalement différentes. Ce qui mène à des conflits engendre déception et cynisme.

• **L'embauche et la promotion**. Ce qu'une nouvelle personne attend d'un travail et d'une entreprise est souvent très différent de ce que son employeur espère. Pendant l'époque de la lune de miel, ces attentes sont abordables et négociables. C'est un bon moment pour les préciser, alors que les personnes sont ouvertes et s'expliquent volontiers.

Si le système est injuste, cela se voit lors des embauches ou des promotions. Par exemple, si de nouveaux employés sont mieux payés, ceux en place se disent : « Comment se fait-il qu'ils soient mieux payés, alors que je travaille ici depuis plus longtemps ? » Quand les dirigeants font ce genre d'erreur, ils doivent en supporter les conséquences : la confiance baisse, les employés commencent à en faire moins, ils se détournent, se demandent ce qui se passe ou bien ils deviennent presque paranoïaques et perçoivent tout de travers.

• **Les projets interdépartementaux et interdisciplinaires**. Chaque fois que vous avez une interface entre différents départements ou entre des personnes de disciplines différentes, vous aurez sans doute des attentes conflictuelles. Au commencement de tout projet interdépartemental ou interdisciplinaire vous trouverez plusieurs cas d'attentes déçues.

• **Les relations avec les clients**. Les dirigeants expérimentés d'entreprises de produits et de services savent à quel point il est dangereux d'avoir des clients dont les attentes dépassent ce que l'entreprise peut fournir. Ils contrôlent et gèrent donc celles-ci par l'empathie et des systèmes d'information clients.

Ils essaient d'identifier leurs sentiments et leurs attentes : « Que pensent-ils ? », « Qu'attendent-ils de nous », « À quel service après vente s'attendent-ils ? », « Quel genre de relations sociales attendent-ils ? » Si ces attentes ne sont pas précisées, les clients seront déçus – et plus tard, perdus.

• **Le conflit des intéressés**. Différentes entités ont des enjeux dans le succès d'une entreprise : les employés, les fournisseurs, les clients, les actionnaires, la collectivité. Chaque groupe, cependant, a son propre programme et ces programmes conflictuels provoquent des disputes paralysantes et de mauvaises orientations.

Le problème : les attentes implicites

L'attente est un espoir humain, l'incarnation des désirs d'une personne, ce qu'il ou elle espère obtenir d'une situation telle que le mariage, une famille ou une relation d'affaires. Chacun de nous aborde ce genre de circonstance avec certaines attentes implicites. Celles-ci viennent de nos expériences antérieures, des rôles que nous avons déjà joués dans notre vie et de relations qui ont été importantes pour nous. Certaines de ces attentes peuvent être totalement romanesques, ce qui veut dire qu'elles ne sont pas fondées sur la réalité. Elles sont influencées par les médias ou des fantasmes.

Il y a une différence entre une attente et la réalité. Une attente est une carte imaginaire, une carte au conditionnel plutôt qu'au présent. De nombreuses personnes pensent que leurs cartes sont exactes, que « la leur, c'est la bonne carte, que la vôtre est erronée ».

Les attentes implicites – ces désirs et volontés humaines – sont les bagages que nous portons en nous, dans nos relations, dans une entreprise en tant que client. Par exemple, si nous allons faire des courses, nous pouvons nous attendre implicitement à un service courtois et compétent. Si un magasin ne répond pas à ces attentes, nous le quitterons rapidement pour aller dans un autre qui se préoccupera plus du client et qui satisfera nos besoins et nos désirs psychologiques.

Les managers avisés rendent les choses très explicites par l'intermédiaire de ce genre de message : « Voilà ce que nous faisons et ce que nous ne faisons pas » afin que le client puisse dire « D'accord, nous comprenons et cela nous convient » ou alors « Cela nous convient dans ce domaine-là, mais nous préférons une autre approche pour satisfaire nos besoins dans cet autre domaine. » Ils expriment explicitement ce qu'est leur mission, ce que sont leurs ressources et ce qu'ils ont choisi de faire et de ne pas faire avec leurs ressources.

L'accord de performance est la solution au problème des attentes conflictuelles. C'est un outil pour les gérer. Cela rend toutes les attentes explicites.

L'accord de performance est une forme de compréhension, un engagement mutuel et précis concernant les attentes autour des rôles et des buts. Si le management peut obtenir un accord de performance entre les personnes et les groupes, il aura résolu bien des problèmes.

Ce concept incarne toutes les attentes de toutes les parties impliquées. Si elles se font confiance et qu'elles acceptent d'écouter et de parler de manière authentique, de pratiquer la synergie et d'apprendre les unes des autres, elles peuvent alors établir un accord performance gagnant/gagnant et mettre en place une situation où toutes les personnes ont la même compréhension des attentes.

Un accord de performance comporte trois parties : les deux conditions préalables (la confiance et la communication) ; les cinq éléments de contenu et le renforcement des systèmes et de la structure de l'entreprise.

• **La confiance**. En arrivant dans une entreprise, les personnes ont beaucoup d'attentes implicites et même parfois des intentions secrètes. Souvent, les véritables intentions et les sentiments ne sont pas exprimés parce que le niveau de confiance n'est pas assez élevé pour qu'on les partage. La confiance est donc une condition préalable pour un bon accord de performance et le fondement de la confiance est d'être digne de confiance – les autres sentent que vous honorerez vos engagements.

Si la confiance est érodée et le respect perdu, il est difficile de créer des accords de performance gagnant/gagnant. Les entreprises ou les départements dans les entreprises pourront encore mettre en place des accords de performances acceptables, en commençant modestement et en permettant au processus de faire et de tenir des accords qui se développeront petit à petit tout en regagnant la confiance. Il faut élaborer le meilleur accord possible selon les circonstances – même si c'est un compromis – et travailler ensuite vers un accord synergique gagnant/gagnant pour la prochaine fois.

L'accord de performance doit toujours être ouvert et négociable – ouvert par n'importe quelle partie et à tout moment. Si la situation change, chaque partie peut entamer un processus de communication et modifier l'accord. Bien que certains *principes* soient inviolables, c'est-à-dire non négociables, l'ensemble sera toujours ouvert à la discussion.

• **La communication**. La deuxième condition préalable est donc la communication, un processus pour tester la réalité : « Oh, je ne m'étais pas rendu compte que vous le ressentiez comme ça. Vous pensiez que c'était moi qui allais faire le premier pas ? Je vois. Je vais maintenant vous dire ce que, moi, je pensais. »

C'est la communication horizontale, un partage authentique entre les personnes considérées comme des collaborateurs précieux – comme des égaux, sans supérieurs ni subordonnés : « Je pensais que vous alliez montrer plus d'initiative. C'est cela que j'attendais de vous ! Je comprends maintenant ce que vous attendiez, la prochaine fois je veillerai à faire les recommandations nécessaires. »

C'est le dialogue de personnes qui essaient de préciser leurs attentes dans une relation de travail. Une telle communication est plus facile quand elle est soutenue par la culture. Malheureusement, dans les entreprises, parler formellement des attentes semble presque interdit et pourtant cela tient une grande place dans les conversations informelles au bureau : « Quel est ton programme ? Qu'est-ce qui te préoccupe vraiment ? »

Je recommande vivement le schéma de communication esquissé par Roger Fisher et William Ury dans leur livre *Getting go Yes*. C'est un processus sensé pour rendre les attentes explicites et pour créer un accord mutuellement bénéfique. Souvenez-vous des quatre énoncés de base :

1) Séparez les personnes du problème.
2) Concentrez-vous sur les intérêts et non sur les positions.
3) Inventez des options pour un gain mutuel.
4) Insistez sur l'utilisation de critères objectifs.

Ce processus de négociation gagnant/gagnant demande de l'empathie pour chercher d'abord à comprendre. Les personnes ont un grand nombre de préoccupations immédiates qu'elles désirent exprimer, elles veulent d'abord être comprises. « Chercher d'abord l'intérêt de l'autre » veut dire essayer de comprendre quels sont ses intérêts, ce qui est bon pour lui, pour sa croissance et son bonheur. Vous ne pouvez pas prétendre savoir ce qu'il y a de mieux pour quelqu'un d'autre ; il faut essayer de comprendre par l'empathie pour l'intégrer dans l'accord.

Précisez les attentes sur les rôles et les buts, c'est la quintessence de la création d'une équipe. L'idée est de réunir des groupes différents – des employés du secteur des ventes avec ceux de la fabrication ou des achats, par exemple, et de leur faire partager leurs attentes sur les rôles et les buts, dans une ambiance détendue.

Quand les personnes vivent cette interaction et transforment leurs attentes implicites en attentes explicites, il se passe des choses extraordinaires. Elles commencent à dire : « Je ne me suis pas rendu compte. Je pensais que vous vouliez dire autre chose. Cela ne m'étonne pas que vous le ressentiez comme ça ! Je vois, alors, vous avez sûrement interprété ce que j'ai fait la semaine dernière de telle manière...

— Oui, c'est exactement ce que j'ai pensé. »

C'est incroyablement thérapeutique. Les personnes sont soulagées. « Eh bien, c'est une bonne chose de mettre tout ça sur la table ! » En mettant nos intentions sur la table nous savons tous où nous en sommes. Nous pouvons alors passer au processus de négociation.

Les principes de la performance gagnant/gagnant

En créant des accords de performance gagnant/gagnant, n'oubliez pas les principes suivants :

• Précisez les résultats désirés, mais ne supervisez pas les méthodes et les moyens – sinon vous serez débordés par des détails de management et votre capacité de contrôle sera extrêmement restreinte.

• Insistez sur les lignes directrices, ne pesez pas sur les procédures – pour que dans les changements de circonstances, les personnes puissent avoir une marge de fonctionnement et d'initiative.

• Mentionnez toutes les ressources disponibles – à l'intérieur de l'entreprise ainsi que sur les réseaux extérieurs.

• Impliquez les autres lorsque vous déterminez les normes – ou les critères de performance acceptables et exceptionnels.

• Maintenez la confiance et utilisez le discernement – pour évaluer les résultats, de préférence aux mesures dites objectives ou quantitatives.

• Mettez-vous d'accord sur ce que pourraient être les conséquences positives et négatives – c'est-à-dire sur la réussite ou l'échec des résultats désirés.

• Assurez-vous que l'accord de performance est renforcé par la structure et les systèmes organisationnels – pour durer dans le temps.

DU CONTRÔLE À LA LIBERTÉ

Un accord de performance gagnant/gagnant est beaucoup plus qu'une description de poste. La plupart des entreprises ont déjà des descriptions de postes qui définissent ce qu'est le travail et ce qu'on attend de la personne à ce poste. C'est en général très clair et explicite. Mais l'accord de performance va au-delà en intégrant les attentes implicites dans un accord gagnant/gagnant établi grâce à un processus de communication synergique.

La plupart des descriptions de poste donnent très peu d'indications sur ce qui est « gagnant » pour l'employé. La seule indication pour lui allant dans ce sens, c'est d'avoir du travail et la rémunération qui en découle. La description du poste ne parle pas des autres besoins – psychologiques, spirituels et sociaux. Ces besoins ne sont pas du tout mentionnés.

De plus, une description de poste s'appuie d'habitude sur des méthodes et sur un contrôle externes. L'accord de performance nous fait passer d'un contrôle externe à un contrôle interne, d'une situation où, dans l'environnement, quelque chose ou quelqu'un contrôle quelqu'un d'autre à une situation où une personne peut dire : « Je comprends et je suis engagé parce que j'y gagne aussi. »

L'accord de performance transforme le management de contrôle en un management de liberté. La raison pour laquelle la plupart des entreprises n'utilisent pas le management de liberté c'est parce qu'elles ne gèrent pas leur personnel par ce genre de contrat.

Si gérer les attentes par des accords de performance n'est pas une chose qui se fait actuellement dans l'entreprise, les dirigeants peuvent toujours l'initier individuellement et le faire de leur côté. Mais ils doivent savoir qu'ils ont affaire avec une volonté sociale et ne pas avoir la naïveté de penser qu'il suffit simplement de dicter un accord de performance psychologique ; que cet accord de performance est lié à tous les contrats sociaux et à la *culture* implicite de l'entreprise.

Un dirigeant intelligent dirait : « Nous devons avoir conscience de la *culture*, de la nature de la situation, de la volonté sociale. » Le contrat social est plus puissant qu'un contrat psychologique et la *culture* n'est rien de plus qu'une autre forme de contrat social. Ce qu'on appelle « les valeurs partagées » revient à rendre explicites certaines normes implicites – « C'est comme cela que nous faisons les choses, ici. »

La gestion des attentes par l'accord de performance est une des choses qui « devraient être faites ici ».

Chapitre XX

Contrôle par l'entreprise ou *autosupervision*

Bob, le vice-président d'une grande entreprise de fabrication est content de la décision qu'a prise sa société de réduire le nombre de postes dans l'encadrement supérieur, ce qui permet d'augmenter les possibilités de contrôle et de conférer plus d'autorité aux cadres moyens. Il est surtout satisfait des économies d'argent et de temps et de la « responsabilisation » que cela va impliquer vis-à-vis du personnel de l'entreprise.

En tant que cadre moyen, Fred est aussi satisfait de cette décision. Il ne sera plus obligé de subir un système très bureaucratique, de passer son temps à essayer de convaincre et d'assister à des réunions inutiles. Il pourra attraper le ballon et courir avec.

La direction se sent bien : tout le monde anticipe un bon changement et une croissance de l'entreprise.

Une semaine après cette décision, Fred a l'occasion de traiter un problème important dans le cadre de ses nouvelles responsabilités. Un client l'appelle pour lui dire qu'il a un problème d'assurances sur son inventaire, ce qui le gêne pour accepter la livraison importante envoyée par la société de Fred. Après avoir considéré le problème, Fred prend la décision qu'il pense être la meilleure.

« Vous êtes un bon client ; nous tenons à faire affaire avec vous. Retournez-nous la livraison et nous en reparlerons quand vos problèmes d'assurances seront résolus. » Fred est content de sa décision et sent qu'il a agi en accord avec la direction de son entreprise, qui insiste toujours sur la satisfaction du client.

Lorsque Bob est mis au courant, il devient fou furieux. « Comment as-tu pu lui dire de nous retourner la commande ? explose-t-il. Nous venons de finir une énorme production pour envoyer à l'Est et il n'y a pas de place – pas de place ! – pour la stocker ! Et nous n'avons pas de marge pour couvrir les coûts de retour d'une commande de cette taille-là.

— Mais, et la politique de l'entreprise sur la satisfaction du client ? demande Fred. C'est sérieux ou pas ?

— Bien sûr, on veut que les clients soient contents. Mais ça ne veut pas dire qu'on supporte leurs erreurs du commencement jusqu'à la fin ! Tu aurais dû traiter le problème autrement. »

Fred sort du bureau furieux et vexé en se disant que jamais plus il ne prendrait d'initiatives. Bob est assis à son bureau, la tête dans les mains, se demandant pourquoi les cadres moyens sont si incompétents et se disant qu'il ne laissera plus jamais Fred prendre de décisions.

Le besoin d'une autonomie efficace vient de rentrer en conflit avec le besoin d'un contrôle organisationnel.

Ce scénario se joue chaque jour, à des niveaux différents dans un grand nombre d'organisations, y compris les affaires, la politique, les services et même la famille. Il reflète ce qui peut être considéré comme un conflit entre le besoin d'intégrité opérationnelle et les bénéfices d'une plus grande évaluation de soi (*autosupervision*).

Contrôle organisationnel	——— CONFLIT ———	***Auto-supervision***

Si ce scénario se répète continuellement, nous arrivons à un « conflit chronique », qui empêche de créer à la fois le contrôle organisationnel et l'*autosupervision* en engendrant une spirale descendante des confiances qui aboutit au cynisme, au renforcement du contrôle et à des tensions constantes.

Le besoin de contrôle – pour l'intégrité, la direction et la continuité à l'intérieur de la société – saute aux yeux. Mais un autre besoin est aussi criant – à la fois pour l'individu et pour l'efficacité de l'entreprise – celui d'avoir plus d'autonomie et de liberté individuelle pour que les décisions soient prises au plus près du lieu d'action. Le problème fondamental n'est pas le conflit, mais plutôt l'idée qu'il y a conflit – le paradigme ou le cadre mental de la pensée dichotomique qui mène à des présuppositions « soit/soit ».

L'efficacité ne correspond pas « soit » au contrôle organisationnel « soit » à l'*autosupervision*. Les deux valeurs peuvent aller de pair ; les deux éléments sont vitaux pour une organisation efficace. Plutôt que la logique « soit », c'est la logique « et » qui doit prédominer – le contrôle organisationnel « et » l'autosupervision.

Dans une entreprise responsabilisée, le personnel a la compétence, le savoir-faire, le désir et l'opportunité de réussir personnellement de façon à contribuer au succès organisationnel collectif. Pour comprendre comment les éléments de ce conflit « chronique » peuvent être transformés en conditions engendrant la responsabilisation, nous devons examiner notre paradigme de base des entreprises.

Le paradigme mécanique ou le paradigme agraire

Un grand nombre de personnes voient les entreprises à travers un paradigme mécanique. L'entreprise est comme une machine : si quelque chose casse, il faut le réparer. Si on peut trouver le problème, la bonne pièce, il suffit de la remplacer et ça remarchera.

Mais les entreprises ne sont pas mécaniques, elles sont organiques. Voir les entreprises à travers le paradigme agraire, c'est les considérer comme des organismes vivants, en pleine croissance, composés de personnes vivantes. Les êtres vivants ne peuvent être « réparés » instantanément, en remplaçant des pièces défectueuses. Il faut s'en occuper avec soin pour obtenir les résultats désirés.

Ce n'est pas le mécanicien, mais le jardinier qui crée les résultats désirés. Le jardinier sait que la vie est dans la graine. Bien qu'il soit impossible de forcer la graine à croître, le jardinier peut sélectionner les meilleures graines puis utiliser la logique « et » pour créer les conditions – la bonne température du sol, l'ensoleillement nécessaire, l'arrosage, les fertilisants, le désherbage et attendre le temps nécessaire à la croissance.

Les « agriculteurs » d'entreprise travaillent avec six conditions critiques pour accroître la responsabilisation dans les entreprises. (Ce sont les mêmes six conditions présentées au chapitre XVIII.)

Une de ces conditions concerne directement le conflit chronique entre le contrôle organisationnel et l'autonomie individuelle à travers les accords gagnant/gagnant – des accords qui représentent un « gain » pour l'individu et pour l'organisation. De tels accords sont fondés sur la logique « et » ; ils recherchent le bénéfice mutuel et essaient d'harmoniser les buts de l'entreprise avec ceux de l'individu au sein de l'entreprise.

Entreprise		L'Individu
Contrôle organisationnel	————	**L'*Autosupervision***

Les accords gagnant/gagnant sont essentiellement des contrats entre les individus qui représentent une compréhension et un engagement clairement exprimés dans cinq domaines.

Les résultats désirés – et non les méthodes employées – identifient ce que l'on doit faire (les buts et les objectifs) et le moment propice.

Les lignes directrices spécifient les paramètres (les *principes* et les politiques) à l'intérieur desquels les résultats doivent être obtenus.

Les ressources identifient les soutiens humains, financiers, techniques ou organisationnels disponibles pour favoriser l'obtention des résultats.

L'évaluation établit des normes de performance, de périodicité et les méthodes pour mesurer les progrès.

Les conséquences spécifient « bon ou mauvais, naturel ou logique » – ce qui se passera après l'évaluation. Elles donnent aussi la raison, le pourquoi des actions.

De tels accords donnent la structure nécessaire pour la responsabilisation, mais l'accord gagnant/gagnant, c'est plus qu'un simple contrat. C'est une manière de penser et d'interagir à l'intérieur de l'entreprise qui mène à un gain pour tous les intéressés, y compris les clients, les actionnaires et bien sûr les employés. C'est le paradigme qui cherche constamment des solutions mutuellement bénéfiques et créatives. Au fur et à mesure que les personnes fonctionnent dans le cadre de l'accord gagnant/gagnant et de manière quotidienne, le contrôle organisationnel et l'autosupervision ne sont plus considérés comme des valeurs en conflits. Ils deviennent, en fait, deux conditions supplémentaires de la responsabilisation.

« Contrôle » ne veut pas dire que certaines personnes en contrôlent d'autres, mais que l'entreprise est « en contrôle » – les parties travaillent ensemble de façon responsable pour obtenir les résultats désirés. Cette condition devrait être nommée « obligations » au sens large. L'entreprise a « des obligations » vis-à-vis des gens qui la composent par rapport aux résultats globaux. Les personnes ont des obligations envers l'entreprise et leurs propres performances. Toutes les parties de l'entreprise sont responsables de l'intégrité. Dans le cadre de ces obligations, les efforts de travail sont en harmonie avec les besoins de l'entreprise, qui se doit de vérifier et de soutenir la performance individuelle et de groupe. Les personnes se sentent responsables de la réalisation de tâches pertinentes et le niveau de confiance est élevé.

L'autosupervision devient le processus pratique par lequel les personnes planifient, mettent en œuvre et contrôlent leurs propres performances dans le cadre de l'accord. L'accord gagnant/gagnant facilite l'autonomie efficace par laquelle les personnes ont accès aux éléments premiers de la responsabilisation – la connaissance, le savoir-faire, le désir et l'opportunité. Le temps et l'argent qui étaient perdus dans l'évaluation peuvent être réinvestis dans le leadership de haut niveau et dans des activités managériales.

Accords gagnant/gagnant

Contrôle organisationnel ———— **L'*Autosupervision***

Comme le jardinier, il faut arroser ce que vous voulez faire pousser. Si les résultats désirés sont de faire travailler ensemble et efficacement des personnes dans une culture gagnant/gagnant, dans un climat de confiance, il convient de mettre en place des systèmes et des structures de soutien pour renforcer ces résultats. Un système de compensation qui encourage la compétition entre les employés ne peut engendrer la coopération. Un système de communication qui met des barrages sur le chemin des obligations limite l'efficacité. Les systèmes et les structures – le cadre organisationnel et la définition des rôles – doivent faciliter, et ne jamais entraver la réalisation des résultats désirés.

Accords gagnant/gagnant

Contrôle organisationnel —————— L'*Autosupervision*

Systèmes et Structures de Soutien

AU CŒUR DES OBLIGATIONS

Ces quatre conditions – les accords gagnant/gagnant, les obligations, l'autosupervision et les systèmes et structures de soutien – délimitent le cadre dans lequel la responsabilisation devient possible. Sa concrétisation dépend de la force des deux conditions essentielles qui donnent vie aux quatre autres conditions.

Un véritable accord gagnant/gagnant est impossible dans une atmosphère de manque de confiance et de suspicion. Aucune forme de négociation ne peut résoudre les problèmes créés par la malhonnêteté, la duplicité, le manque de responsabilité ou les intérêts égocentriques des parties impliquées. Pour qu'il y ait confiance, il faut être digne de confiance ; ainsi, au cœur de la responsabilisation doit se trouver le caractère.

La culture de confiance dans laquelle l'accord gagnant/gagnant peut se réaliser est créée par des personnes intègres, mûres, qui ont la mentalité d'abondance. Les personnes intègres font et tiennent des engagements fermes vis-à-vis d'elles-mêmes et des autres. Les personnes qui ont de la maturité ont du courage mêlé de considération et peuvent exprimer, fortes de cette qualité, leurs idées et leurs sentiments pour les idées et les sentiments des autres. Les personnes qui ont une mentalité d'abondance présument « qu'il y en a pour tout le monde ». Elles estiment profondément les autres personnes et reconnaissent qu'il existe un potentiel illimité pour trouver de nouvelles solutions. Les personnes de caractère sont libres d'interagir avec synergie et créativité et ne sont pas enchaînées par le doute et la suspicion qui sévissent dans les cultures à faible confiance.

Au cœur de la responsabilisation se situe une condition qui est en rapport étroit avec le caractère – un savoir-faire essentiel dans les domaines de la communication (la capacité à comprendre les autres et à être compris par eux), l'organisation (la capacité à planifier, à agir et à faire) et la résolution de problèmes synergiques (la capacité à trouver de nouvelles solutions). Il ne suffit pas de connaître l'existence des accords gagnant/gagnant, il faut savoir les créer.

Accords gagnant/gagnant

Contrôle organisationnel ———— **L'*Autosupervision***

Le Savoir-faire

Systèmes et Structures de Soutien

AU CŒUR DES OBLIGATIONS

Ces six conditions engendrent la responsabilisation. Bien qu'une personne ne puisse créer de changements positifs efficaces en « réparant » le caractère « déficient » d'une autre ou en « remplaçant » un savoir-faire qui ne fonctionne pas, il y a des actions précises que le leader peut réaliser à l'intérieur de son cercle d'influence pour améliorer les conditions qui mènent à la responsabilisation dans toute entreprise en plein essor.

1. Faites l'inventaire et évaluez l'efficacité personnelle et organisationnelle dans chacun des six domaines.

2. Concentrez-vous sur le fait d'opérer un changement dans le caractère et le savoir-faire personnel, puis développez les domaines d'influence interdépendants.

3. Commencez à créer des accords gagnant/gagnant avec les superviseurs et avec vos autres collaborateurs.

4. Travaillez pour créer et consolider des systèmes et des structures de soutien à l'intérieur de l'entreprise.

5. Enseignez, servez d'exemple et soyez un soutien.

Ces différentes étapes ne correspondent pas à des « réparations » techniques. Elles sont fondées sur des principes de croissance et de changement durables. Les leaders qui choisissent les principes éprouvés par le temps pour fonder leurs paradigmes centraux de leadership, comprennent que les lois naturelles de la dimension humaine sont aussi réelles que les lois naturelles de la dimension physique. Ils comprennent que la croissance de la personne et de l'entreprise suit le même processus que la croissance du jardin. Ils travaillent alors pour créer les conditions qui engendrent cette croissance.

Les leaders axés sur les principes comprennent aussi que la croissance va de l'intérieur vers l'extérieur et ils se concentrent d'abord sur leur propre transformation, puis sur les autres domaines d'influence au sein de l'entreprise. En augmentant leur propre capacité et leur travail pour intégrer des principes justes de façon cohérente et selon un modèle agraire, ils font que la responsabilisation devient une réalité essentielle pour une entreprise efficace et pour les personnes qui y travaillent.

Chapitre XXI

Impliquer les employés dans les problèmes de l'entreprise

L'implication est la clé de la mise en œuvre du changement du développement de l'engagement. Nous avons tendance à nous intéresser davantage à nos propres idées qu'à celles des autres. Si nous ne sommes pas impliqués, nous allons résister au changement. Mais avant de commencer à impliquer les personnes dans les problèmes de votre entreprise, vous devrez sans doute apprendre de nouveaux savoir-faire. Laissez-moi vous les expliquer.

Je jouais au racket-ball avec un médecin plus âgé que moi, qui avait des problèmes de poids. Il me disait qu'il avait beaucoup joué quand il était plus jeune. Cependant, comme il était très peu entraîné, je pensais que notre partie serait sans grand intérêt et que je ne me dépenserais pas beaucoup.

Je me trompais. En dépit du fait que j'étais en bien meilleure condition physique que lui et que j'avais envie de gagner, il avait beaucoup plus de savoir-faire – son niveau de compétence plus élevé compensait sa condition physique. J'ai eu du mal à gagner le premier jeu et il m'a totalement dominé dans les deux suivants.

Je me disais sans arrêt : « Si je veux gagner, il faut que je change ma tactique. » J'essayais de changer, mais je n'y arrivais pas. Il me forçait constamment à jouer son jeu. Je tentais d'imposer le mien et de gagner mes échanges. Je m'efforçais à être plus agressif mais je n'avais tout simplement pas un répertoire suffisant de coups et de savoir-faire. J'essayais d'évaluer la situation de manière objective et d'effectuer des changements. Rien n'y fit.

LE DILEMME DU MANAGEMENT

Les managers se retrouvent quelquefois devant un cas semblable. Ils savent qu'ils devraient avoir de meilleures performances sur un marché compétitif, mais ils semblent incapables de faire les changements nécessaires : c'est le dilemme du management. Changer les personnes dans les entreprises n'est pas chose simple ou si c'est simple, ce n'est pas facile. Nous avons affaire à une dynamique, à des attitudes, à des niveaux de compétence, à des perceptions et à des schémas établis. Les personnes ont tendance à s'accrocher à leurs anciens points de vue, à leurs coutumes et à leurs vieilles habitudes. Et les anciennes données sont difficiles à changer.

Pour casser une habitude il faut un très grand engagement et l'engagement vient du fait qu'on est impliqué – il agit comme catalyseur dans le processus de changement.

Le mauvais côté de l'implication est, bien sûr, le risque. Lorsque vous impliquez des personnes dans votre problème, vous risquez d'en perdre le contrôle. Il est tellement plus simple, plus sécurisant – et apparemment plus efficace – de ne pas impliquer les autres et de simplement les commander, les diriger et les conseiller.

Dans son livre, *Managing*, l'ancien patron d'ITT, Harold Geneen, écrit : « La plupart des patrons endossent des rôles autoritaires sans s'en rendre compte. Ils changent subtilement parce qu'il est plus facile d'être autoritaire et qu'on y perd moins de temps. »

La plupart des managers et des dirigeants autoritaires ne sont pas des tyrans. Beaucoup sont bienveillants – et utilisent le plus souvent le *principe* des relations humaines pour diriger les comportements et obtenir les résultats désirés.

Pour gérer selon les *principes* des ressources humaines, il faut quitter les terrains connus. L'implication est un billet pour l'aventure. Le patron ne sait jamais au départ ce qui va se passer et où cela finira. Le risque en vaut-il la peine ?

« Un des défauts premiers et fondamentaux du management américain, répond Geneen, est que depuis des années il a perdu son goût pour l'aventure, pour les prises de risque, pour l'envie de faire des choses jamais faites auparavant. La raison de ce changement est la croyance erronée que les managers professionnels sont censés être sûrs d'eux et ne jamais faire d'erreur. »

Les dirigeants sont pris entre ces deux positions : celle plus sûre, plus facile, plus performante des relations humaines, où ils sont des leaders directifs et autoritaires, et celle beaucoup plus risquée mais infiniment plus efficace du *principe*, ressource humaine de l'implication.

La qualité et l'engagement

Une décision efficace a deux dimensions, la *qualité* et l'engagement. En pesant ces deux dimensions, puis en les multipliant, nous pouvons déterminer les facteurs d'efficacité. Supposons, par exemple, que nous prenions une décision de *qualité* (un 10 parfait sur une échelle de 10 points) ; cependant, pour une raison quelconque, l'engagement vis-à-vis de cette décision est faible (soit 2 sur une échelle de 10 points). Le résultat est que nous nous trouvons avec une décision relativement inefficace (en multipliant 10 par 2, nous obtenons un facteur d'efficacité de 20).

Maintenant, supposons qu'en impliquant les autres nous compromettons la *qualité* de la décision (elle tombe de 10 à 7), mais nous augmentons l'engagement vis-à-vis de celle-ci (disons de 2 à 8).

Dans ce cas, nous arrivons à un facteur d'efficacité de 56 (7 fois 8). Cela veut dire que la décision n'est peut-être pas aussi bonne, mais qu'elle est quand même trois fois plus efficace !

Cependant, beaucoup de jeunes ou de nouveaux managers hésitent à impliquer les autres dans des décisions, par peur d'ouvrir la porte à des options différentes, de contaminer leur propre pensée ou de compromettre leur position.

En fin de compte, grâce à l'expérience, la plupart des managers apprennent que l'efficacité de leurs décisions dépend de la *qualité* et de l'engagement et que l'engagement vient de l'implication. Ils sont alors prêts à assumer les risques et à développer les compétences requises pour impliquer vraiment les gens.

Les forces motrices et les forces contraignantes

Kurt Lewin, un des plus grands chercheurs en sciences humaines, a largement contribué à notre compréhension du processus de changement. Sa théorie de l'analyse de la force d'un champ, qu'il a développée il y a quarante ans, décrit les dynamiques en jeu dans un processus de changement. (Voir le schéma ci-dessous.)

La ligne du bas représente le niveau actuel de l'activité ou de la performance, la ligne du dessus, celui qu'on désire atteindre ou ce qu'on pourrait appeler l'objectif de l'effort de changement. Les flèches orientées vers la première ligne sont les forces contraignantes et les flèches orientées vers le haut sont les forces motrices. Parfois, les *forces contraignantes* sont appelées « les forces de résistance » ou « les forces de découragement » et les secondes, « les forces d'encouragement ». Le niveau actuel de performance ou le comportement actuel représente l'état d'équilibre entre les *forces motrices* et les *forces contraignantes*.

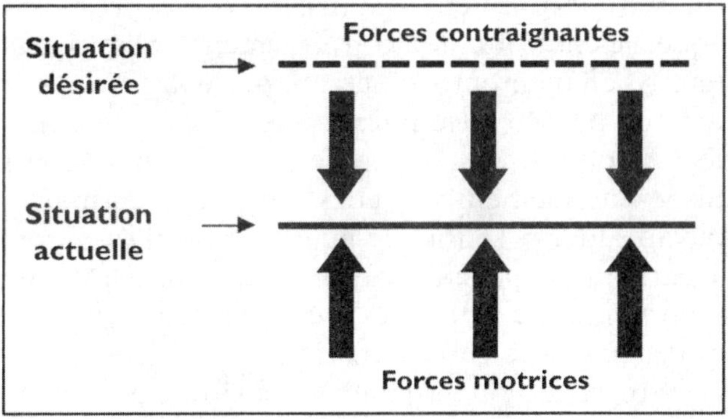

Une des études les plus anciennes et les plus significatives de Lewin avait été demandée par le gouvernement des États-Unis pour savoir comment faire changer les habitudes d'achat, de cuisson et de consommation des ménagères américaines pendant la Deuxième Guerre mondiale. Pour aider l'effort de guerre, les instances gouvernementales encourageaient les femmes à acheter et à cuisiner plus d'abats de bœuf que de bifteck. Le gouvernement expliqua les faits en présentant logiquement les *forces motrices* – le patriotisme, la disponibilité, l'économie et la nutrition – afin de motiver et d'encourager les ménagères à acheter, cuisiner et servir des abats à leur famille. Mais il sous-estima les *forces contraignantes*. Les gens n'avaient tout simplement pas l'habitude de manger de la langue, du cœur ou des rognons. Les femmes ne savaient pas comment acheter ces morceaux, ni comment les cuisiner, ni comment les servir. Elles avaient peur que leurs familles réagissent négativement.

Elles résistèrent au changement jusqu'à ce qu'elles se rencontrent et comprennent la nature du problème. À partir du moment où les ménagères furent vraiment impliquées – dans le même problème auquel se confrontait le gouvernement – elles se calmèrent, changèrent de perception, élargirent leur mode de pensée et se mirent à considérer sérieusement les options. Quand ces femmes eurent compris que le changement de leurs habitudes culinaires pouvait aider à l'effort de guerre et qu'elles purent en parler sans peur d'être censurées ou gênées, un grand nombre d'entre elles changèrent leurs habitudes d'achat et de consommation.

Lewin et le gouvernement apprirent une leçon importante :

Lorsque les gens sont impliqués dans un problème, ils s'engagent de façon sincère et significative pour trouver des solutions à ce problème.

Je peux témoigner personnellement du pouvoir qui résulte d'impliquer d'autres personnes dans la résolution d'un problème, même au sein de la famille.

Un soir, j'avais rendu visite à ma fille aînée et elle me parlait de ses sentiments et de ses préoccupations. Après avoir écouté un certain temps, elle me demanda s'il y avait quelque chose dont, moi, je voulais parler. J'ai décidé de l'impliquer dans un problème qui nous irritait, ma femme et moi, depuis un certain temps – coucher les enfants à une heure qui leur permettrait de bénéficier d'une durée de sommeil suffisante et nous assurerait, à ma femme et moi, un peu de temps ensemble.

À ma grande surprise, elle exprima des idées ingénieuses. Une fois impliquée, elle se sentit responsable et son implication a beaucoup contribué à nous fournir une solution.

Une autre fois, c'était au sujet de mon désir de conserver mes voitures en bon état de marche sans investir trop de temps ni d'argent dans leur entretien. Je suis allé voir le directeur d'un garage local et je l'ai impliqué dans le problème. Je lui ai exprimé ma confiance en lui et en son jugement. À partir du moment où il s'est senti impliqué, il s'est aussi senti responsable des résultats. Il s'est occupé de mes voitures comme des siennes. Il s'est chargé personnellement des révisions en faisant faire des vérifications préventives et m'a signalé les meilleures occasions quand je voulais en changer.

Les leaders et les dirigeants avisés ont utilisé, à travers le monde, ces simples *principes* d'une manière ou d'une autre, depuis bien des années. Ils savent que les personnes impliquées de manière significative engagent volontairement ce qu'elles ont de meilleur. De plus, quand les personnes identifient leurs buts personnels avec les buts d'une entreprise, elles libèrent une grande quantité d'énergie, de créativité et de loyauté.

Harold Geneen écrit encore : « L'attitude mentale du patron quand il prend une décision est très importante. Je voulais que les patrons d'ITT soient imaginatifs et créatifs, mais aussi objectifs par rapport à la situation qu'ils avaient entre les mains. La maîtrise de l'ambiance est entre les mains du président. Pour moi, l'élément le plus important dans la création d'une atmosphère heureuse et prospère est le fait d'insister sur une communication libre, ouverte et honnête du haut en bas de notre structure de management. »

Si nous utilisons une approche autoritaire ou paternaliste pour résoudre les problèmes, nous nous laisserons aller à un schéma de communication condescendant ou vertical. Si les personnes sentent que nous leur parlons de haut et que notre motivation est de les manipuler pour qu'elles changent, elles résisteront à nos efforts.

Faut-il augmenter les forces motrices ou diminuer les forces contraignantes ?

La question que les dirigeants posent souvent, quand ils apprennent ce qu'est l'Analyse des champs de forces, est : « Quelle est la meilleure approche – augmenter les *forces motrices* ou diminuer les *forces contraignantes* ? »

L'approche la plus simple et la plus facile est certainement d'augmenter les *forces motrices* parce que nous pouvons les contrôler. Traditionnellement, c'est cette approche qui est la plus utilisée, même si elle est moins efficace. Il s'agit de propulser les personnes sur une grande lancée, c'est-à-dire, pour utiliser à nouveau notre tableau, d'ajouter deux ou trois flèches de force ou d'énergie de plus pour que la performance de l'entreprise ou le comportement personnel atteignent le niveau désiré. Mais cela ne change pas la nature essentielle des *forces contraignantes*. Elles peuvent créer de nouvelles tensions à un niveau plus élevé et, dès qu'il apparaît le moindre relâchement, la performance retombe immédiatement au même niveau qu'avant.

Nous pouvons constater ce phénomène dans les entreprises quand on introduit continuellement de nouveaux *principes* de management et qu'ensuite ils disparaissent sous la pression d'une prise de conscience des coûts – jusqu'à ce que tout le monde soit tellement obnubilé par ceux-ci qu'on en oublie les ventes. Si bien que l'innovation suivante sera concentrée sur le marketing et les ventes ; tout le monde s'orientera vers le client et les services jusqu'à ce que, peu à peu les ventes repartent – et qu'à nouveau on ait perdu le contrôle des coûts. Lorsque la main-d'œuvre devient cynique, le management organise de plus en plus d'événements sociaux, de festivités et de loisirs. Alors l'entreprise vit dans une ambiance qui prend des allures de partie de campagne en oubliant et les ventes et les coûts.

Une entreprise qui traverse de tels cycles les uns après les autres, face à des crises différentes, est en situation périlleuse. Le niveau de confiance est très bas. Les processus de communication se dégradent au fur et à mesure que la *culture* se polarise entre « eux et nous ». Alors, l'innovation suivante ou la prochaine technique nouvelle, malgré leur bel emballage et la caution d'experts extérieurs réputés, auront peu ou pas d'effet du tout. Le cynisme est trop enraciné. Le niveau de confiance est trop bas et l'effort suivant sera considéré comme une nouvelle manipulation du management pour arriver à ses fins.

La question de savoir s'il faut augmenter les *forces motrices* ou diminuer les *forces contraignantes* est semblable à la question : « Si je conduis une voiture et que le frein à main est en partie serré, dois-je lâcher le frein ou accélérer ? » Accélérer peut augmenter la vitesse, mais cela peut aussi endommager le moteur. Lâcher le frein, par contre, vous permettra d'augmenter la vitesse plus efficacement.

Je propose donc que nous consacrions notre énergie première, disons les deux tiers, à réduire les *forces contraignantes* et l'autre tiers à augmenter les *forces motrices*. Cependant, chaque situation étant différente, il faut d'abord étudier la nature des *forces contraignantes* et travailler sur celle-ci. Un grand nombre peut se transformer en *forces motrices*.

En obtenant des autres qu'ils s'impliquent dans un problème, nous libérons certaines des *forces motrices* naturelles présentes en eux. Lorsque nos forces motrices externes sont synchronisées avec leurs *forces motrices* et motivations internes, nous pouvons créer une équipe synergique pour résoudre les problèmes.

Chapitre XXII

Utiliser des systèmes d'information pour les intéressés

Il nous est arrivé de travailler avec une grande compagnie bancaire qui perdait une grosse partie de ses cadres moyens. La haute direction ne comprenait absolument pas pourquoi.

La seule information qu'ils avaient en ressources humaines relevait de l'anecdote et provenait surtout des entretiens de départ, source incomplète et insuffisante d'informations par son aspect émotionnel et son échantillonnage non scientifique. Sur la base de ces entretiens, le management présuma que le problème se situait au niveau du système de compensation. Ils le modifièrent alors, pour découvrir que cela ne faisait aucune différence.

Nous avons utilisé notre système d'évaluation des ressources humaines en recherchant des informations fiables et nous avons trouvé que le vrai problème venait du fait que cette société recrutait des personnes dynamiques pour ensuite leur demander de s'occuper de chiffres à des postes de cadres moyens – où il n'y avait aucune satisfaction intrinsèque, aucun défi, aucun enthousiasme.

Une fois que nous leur avons donné l'information en retour, les dirigeants se sont adaptés à cette réalité et ont restructuré l'entreprise autour de talents dynamiques et de systèmes récompensant l'esprit d'initiative. À partir de là, la banque n'a plus perdu de cadres moyens, excepté ceux qui n'étaient pas vraiment adaptés à sa *culture*. Et ce changement a libéré une immense quantité d'énergie et de talents à travers toute l'entreprise parce que les personnes n'étaient plus bloquées par de vieilles règles, procédures et politiques.

ESTIMER LES PERSONNES

Tant que notre système d'information ne prend pas en compte les personnes aussi bien que les choses, nous faisons fonctionner nos entreprises dans le noir. Bien sûr, l'obscurité convient à certaines personnes, surtout celles qui sont adeptes du management « mou » en « champignonnières », dont la première règle est : « Laissez les gens dans l'obscurité, couvrez-les de terreau et lorsqu'ils sont mûrs coupez-leur la tête et mettez-les en boîte. »

L'éthique du leader axé sur les *principes* est bien exprimée dans la phrase suivante : « Ô Dieu de la Vérité, délivre-nous de la lâcheté qui craint les vérités nouvelles, de la paresse qui se contente de demi-vérités, de l'arrogance qui pense qu'elle détient la vérité. »

Une entreprise est un système écologique et son système d'information doit traiter l'environnement dans son ensemble pour aider véritablement les dirigeants à comprendre la réalité. Tant qu'un dirigeant n'a pas compris ce qui se passe, ses jugements et ses décisions seront erronés, déformés, incomplets ou imprécis. Les gens croient ce qu'ils veulent croire et l'on croit facilement à ce que l'on désire.

Puisqu'une entreprise est un système écologique, elle a besoin d'un système d'information sur tous les intéressés. La première source d'information de la plupart des entreprises est la comptabilité financière ; cependant, la comptabilité financière ne traite que de choses mesurables et non des problèmes de personnes et de défis. Les choses sont des programmes, les individus en sont les programmateurs. C'est un mauvais outil pour établir un diagnostic sur les problèmes du personnel, pour contrôler les intéressés et pour comprendre les causes chroniques, les sources des problèmes. Elle s'intéresse presque exclusivement aux problèmes aigus et aux effets superficiels : les rentrées, les coûts, etc. Les dirigeants qui comptent exclusivement sur les informations financières ont une image complètement déformée de la réalité.

Comprendre la réalité

Nous avons développé un outil de diagnostic sophistiqué pour aider les dirigeants à rassembler, à traiter les données et à comprendre ce qui se passe à l'intérieur et à l'extérieur de leurs entreprises. Nous l'appelons « l'estimation des ressources humaines » ou le « système d'information des intéressés ». Au fond, cela aide les dirigeants à suivre la situation de tous les partenaires en utilisant des enquêtes de personnel et d'évaluation, ainsi que leur propre diagnostic. Ils ont alors de bons moyens d'appréciation.

Il y a quelques années, la direction générale d'une très importante chaîne d'hôtels avait de gros problèmes : les bénéfices étaient en baisse, la productivité avait chuté et le moral était au plus bas. Un courant d'insatisfaction générale la parcourait, mais la direction n'arrivait pas à en déceler la cause exacte, elle n'avait aucune information concrète à partir de laquelle prendre une décision. Elle nous a appelés comme consultants dans l'espoir de trouver une solution rapide.

Une enquête d'évaluation de l'entreprise nous a montré que le véritable problème était que le personnel n'était pas formé ; il n'était pas sûr de ce que le management attendait de lui. L'enquête a identifié plusieurs domaines où les employés percevaient eux-mêmes un besoin d'amélioration : l'efficacité du système, le leadership, l'ambiance organisationnelle, l'efficacité humaine, l'environnement de travail et les relations entre les services. Les dirigeants ont trouvé ces données si précieuses qu'ils ont décidé de refaire l'enquête une fois par an.

Un autre exemple, celui du P-DG qui pensait être très orienté vers le personnel. Mais lorsque nous avons réalisé un audit, nous avons trouvé que les employés, dans toute l'entreprise, n'avaient aucun projet de carrière, aucune idée de ce que de bonnes performances pouvaient leur apporter. Le résultat était qu'une majorité des membres de l'encadrement et de la direction cherchaient activement du travail ailleurs ou, en tout cas, y pensaient. En apprenant leurs sentiments, le P-DG a pu remédier à la situation avant que cela ne finisse par la perte de cadres précieux. Pour lui, l'enquête a révélé « un point mort » dangereux.

Pour savoir où en sont les intéressés au sein de votre entreprise, vous avez besoin de suivre : 1) les personnes (leurs perceptions, leurs motivations, leurs valeurs, leurs habitudes, leurs savoir-faire et leurs talents) ; 2) l'organisation formelle (l'environnement physique, la technologie, la stratégie, la structure, les politiques et les procédures) ; 3) l'organisation informelle ou la culture (les valeurs et les normes émergeant de l'interaction entre les personnes et l'entreprise). Bien que la collecte de ces données prenne du temps, si elle est bien faite elle donnera une image précise de la situation de l'entreprise.

• **Le système des personnes**. Le système des personnes inclut l'autosystème. Les perceptions et les sentiments des individus ont un effet sur leur comportement. Lorsqu'on veut examiner leurs forces et leurs faiblesses, il faut collecter autant de données que possible. Les fiches du personnel vous donneront quelques indications sur vos employés, mais il faut compléter ces informations par des entretiens en tête à tête, des réunions de groupe, des réunions d'information et le recueil de suggestions, ainsi que l'utilisation de méthodes scientifiques pour avoir une image plus objective de ce qui se passe. Comparée à l'estimation traditionnelle des ressources physiques et financières, l'estimation des ressources humaines peut être considérée comme subjective et « floue ». Mais si nous acceptons que les sentiments sont des faits pour les personnes qui les éprouvent et que ces faits influencent leur comportement dans nos entreprises, nous devons admettre que les données humaines « floues » peuvent aussi être très « dures ». Les entreprises qui utilisent un système d'information efficace par rapport au personnel ont un avantage compétitif énorme.

• **L'organisation formelle**. Lorsque nous commençons à examiner les forces et les faiblesses de l'organisation formelle, nous retombons, en fait, sur les personnes elles-mêmes, parce que tout ce qui est sous-jacent se rapporte aux valeurs, motivations et perceptions des personnes. L'organisation formelle est abstraite. Elle peut paraître concrète parce qu'elle est mesurable et qu'on peut évaluer ses ventes et ses coûts. Cependant, les graphiques organisationnels, les descriptions de poste, les chaînes de commandes, la hiérarchie et les réseaux de communication ne sont en fait qu'une description abstraite des choses. Les facteurs externes sous-jacents sont les tendances économiques, sociales, politiques et culturelles de la société et ce sont les motivations, les valeurs et ce que perçoivent les personnes qui constituent ces tendances. Elles nous indiquent ce qui se passe, ce que les personnes pensent et ce qu'elles vont faire et penser dans les jours à venir. Il est important d'étudier les tendances dans chaque domaine et d'y adapter nos forces particulières et nos compétences précises.

Les facteurs internes représentent les traditions qui sous-tendent l'organisation et les valeurs des fondateurs, des actionnaires et des dirigeants d'une société. Lorsque nous examinons ces facteurs sous-jacents internes et externes, nous voyons comment sont conçus la stratégie ainsi que les structures organisationnelles, l'élaboration de nombreux systèmes politiques et les procédures qui représentent les muscles, les nerfs et les artères de l'entreprise.

• **L'organisation informelle ou la *culture***. Lorsque nous intégrons les employés et nous-mêmes dans l'organisation formelle – avec l'environnement physique, la technologie, la stratégie, la structure et les systèmes –, nous obtenons la *culture*, l'organisation informelle, avec ses valeurs, ses normes, ses coutumes, ses attentes et ses hypothèses.

Si les normes de l'organisation informelle sont en conflit avec les normes de l'organisation formelle, nous aurons des relations conflictuelles entre le management et les employés, entre « nous et eux ». Dans une *culture* conflictuelle, le management est toujours plus axé sur les contrôles du comportement que sur la libération du potentiel humain avec des objectifs gagnant/gagnant où les besoins et les intérêts des employés coïncident avec ceux de l'entreprise.

La *culture* est difficile à définir et encore plus difficile à mesurer, pourtant nous la sentons tous. Souvent, nous ne pouvons pas changer directement une *culture*, mais nous pouvons nous changer nous-mêmes, notre caractère et notre savoir-faire. Il y a différents moyens d'intervenir dans l'organisation formelle pour modifier notre manière de motiver les personnes, de définir leurs postes et de préciser leurs responsabilités.

Si nous sommes des gens avisés dans notre façon d'agir, nous pourrons aider la création, peu à peu, d'une forte *culture* gagnant/gagnant. Mais si nous manquons de sincérité et d'intégrité en n'agissant que pour plaire ou apaiser les autres, nous créerons une culture plus cynique, plus protectrice et plus défensive que celle que nous essayons d'améliorer. Une culture peut se comporter comme le corps, en créant des mécanismes de défense pour se protéger. S'il est difficile d'améliorer notre santé instantanément et directement, nous pouvons l'améliorer à la longue, de manière significative, en obéissant à un ensemble de lois naturelles. De même, si nous suivons des *principes* justes – l'équité, les relations humaines, les ressources humaines – et que nous intégrons ces *principes* dans la structure et les systèmes, nous pouvons avoir une énorme influence sur la *culture*.

Plus nous adoptons une approche progressive et scientifique pour collecter et analyser les données sur la situation interne de l'entreprise, plus nous hésitons à agir rapidement et à utiliser notre position pour faire bouger tout et tout le monde. Au lieu de cela, nous commençons par payer le prix en développant une maturité personnelle, une force de caractère et de savoir-faire nécessaires pour servir de catalyseur dans l'amélioration de la *culture*. Nous nous rendons compte que nous ne pouvons plus fournir et superviser des méthodes si nous voulons que les personnes soient responsables des résultats. Nous commençons par établir des accords gagnant/gagnant avec les autres, en les poussant à cultiver certains savoir-faire nécessaires et certains traits de caractère et en leur permettant de se superviser eux-mêmes, selon les termes de l'accord. Nous établissons des structures de soutien et de systèmes et nous demandons à nos employés de nous donner régulièrement du *feed-back*, des critiques sur eux-mêmes.

Tout cela demande du temps, de la patience et de l'autodiscipline et requiert aussi une forte interaction avec les autres pour créer des équipes et identifier des buts qui ont un sens pour toutes les personnes concernées. Les processus peuvent être difficiles et douloureux mais, à la longue, ils ne sont pas aussi pénibles et ne prennent pas autant de temps que le fait de fonctionner dans le noir, sans données précises sur votre ressource la plus importante – les personnes.

Quelle est l'efficacité de votre système ?

La principale raison d'estimer les ressources et d'établir des systèmes d'information est de pouvoir traiter plus efficacement les personnes – vos employés et toutes les autres personnes intéressées, c'est-à-dire les fournisseurs, les clients, les investisseurs, etc. Ceux qui prennent des décisions ont besoin d'avoir une idée et une vision d'ensemble ainsi que des informations accessibles. Un grand nombre de programmes d'estimation sont inopérants parce que les dirigeants n'impliquent pas leurs employés à leur fournir du *feed-back* dans la planification et la résolution des problèmes concernant ces informations. À chaque fois que vous recevez un bon *feed-back*, vous devez agir immédiatement. Souvent, vous aurez besoin d'un agent extérieur ou d'un consultant interne – d'un catalyseur en quelque sorte – pour fournir l'énergie, l'expertise et la discipline au processus de résolution du problème.

Le processus classique de résolution de problèmes comprend huit étapes :

1. Rassembler les données
2. Examiner les données
3. Sélectionner et hiérarchiser les objectifs
4. Rechercher et analyser les choix possibles
5. Prendre une décision
6. Planifier les étapes de mise en œuvre de cette décision
7. Mettre en œuvre le plan

8. Étudier les résultats par rapport aux objectifs.
Puis, on revient à l'étape 1.

En général, l'estimation des ressources humaines commence et se termine par la collecte des données. Quelquefois, nous pouvons en faire une petite analyse, généralement sans aucune formation et sans outils. Puis, nous tâtonnons dans nos tentatives de développement d'objectifs basés sur notre analyse, en vue de trouver des choix possibles, de prendre des décisions et de les mettre en œuvre.

Quand nous faisons une estimation ou une enquête, nous éveillons l'espoir que les données seront utilisées pour prendre des décisions. Quand on ne résout pas le problème, en dépit du retour d'informations, les personnes sont déçues parce qu'on ne répond pas à leurs attentes. De plus, si le management, la structure, les systèmes et le style organisationnel continuent à renforcer les données financières, la *culture* deviendra cynique vis-à-vis des enquêtes sur les opinions et les attitudes.

Les dirigeants, eux aussi, peuvent être déçus parce qu'ils ne voient que les effets négatifs. Ils retrouvent alors leur ancien style et la *sécurité* des données partielles et incomplètes qui traitent les effets plutôt que les causes ou le tableau général.

L'estimation financière supplantera à ce moment-là l'estimation des ressources humaines parce que la première semble rigoureuse, précise, scientifique, systématique, objective et définitive, alors que la seconde paraît floue, subjective, imprécise, malléable, nébuleuse, désordonnée (de quoi remplir une boîte de Pandore !). Dans les deux cas, les outils d'estimation peuvent être aussi rigoureux mais toute estimation et tout système d'information sont subjectifs parce qu'ils sont fondés sur certaines hypothèses.

Cependant quiconque comprend les bases de l'estimation financière sait qu'elles sont extrêmement subjectives et n'ont que l'apparence de l'objectivité. Mais, si nous comparons de telles données, prétendument objectives à des données humaines, « floues » et « subjectives », les chiffres gagneront toujours. C'est la raison pour laquelle nous utiliserons des données informatiques dans les concours de beauté ou pour des remises de prix : pour donner l'apparence d'une objectivité, alors qu'en fait les jugements sont parfaitement subjectifs.

L'objectivité veut simplement dire rajouter des critères. Lorsque je faisais partie du conseil d'administration d'une université importante, je disais : « Nous devons examiner les critères de leadership pour l'admission des étudiants. » La réponse était toujours : « Non, nous ne pouvons pas le faire. Comment allons-nous expliquer aux parents : "Votre fils n'a pas été admis parce qu'il n'a pas de potentiel de leadership" ? » Alors nous regardions les notes et les résultats d'examens parce que ces critères « objectifs » fournissaient des résultats plus prévisibles.

Dans les affaires de l'industrie, on a le même problème : comment estimer les personnes de façon à prévoir le succès ? Si quelqu'un est fort en management et faible en leadership, comment corriger le déséquilibre ? Nous avons des estimations qui analysent la sélection et l'embauche mais la plupart de ces outils ne font que signaler des dangers. Ils ne peuvent pas tester la motivation qui est l'élément clé de la performance.

J'ai lu récemment qu'on peut classer l'intelligence en sept catégories mesurables. Parmi celles-ci, une seule sert à déterminer le QI – l'indice verbal/mathématique/logique, mais il en reste six – kinésique, spatiale, interpersonnelle, intrapersonnelle, créative et esthétique – et elles peuvent être mesurées. La recherche montre que toute personne fait un score très élevé dans au moins une de ces sept catégories. Un des avantages de l'estimation (telle que la préconisent les *Sept Habitudes*) de la capacité personnelle ou la performance, consiste à réunir des données avant et après le test. Pour les personnes qui suivent nos stages, le lieu de contrôle se déplace de l'extérieur à l'intérieur. Une telle formation crée aussi un effet particulier, dans la mesure où, lorsque vous mesurez et vous enregistrez, les personnes ont le désir et la volonté de s'améliorer. Tout ce que l'on mesure a tendance à s'améliorer.

Un des désavantages à court terme de la formation et des estimations réside dans le fait que certaines personnes deviennent très proactives et finissent par former une *sous-culture* dynamique. Elles commencent à voir qu'il y a des options dans la vie. Mais l'avantage, c'est que ces personnes sont mieux adaptées à leur travail et à leurs besoins personnels et organisationnels. Certains disent : « Nous perdrons des personnes si nous commençons à poser des questions. » Mais si les personnes ne correspondent pas vraiment à leur poste, elles ne resteront pas de toute façon. Cependant si vous comparez des données « dures » et à court terme à des données « floues » et à long terme, les premières gagneront toujours. On ignore la santé et le bien-être de la poule quand on ne pense qu'à ramasser les œufs d'or.

Pour mettre en œuvre la pratique de l'estimation des ressources humaines, vous devez commencer par établir un système d'information sur les clients. Mais ne négligez pas pour autant les autres intéressés, y compris les actionnaires. Dans un monde de rachats d'entreprises financés par l'endettement et les OPA, vous aurez des problèmes si vous n'évaluez pas les acteurs. À moins d'avoir un suivi précis de tous ces derniers, votre entreprise ne survivra pas à la concurrence.

Ce message commence à faire son chemin. J'ai discuté un jour avec des ingénieurs qui utilisent la partie gauche de leur cerveau pour tout ce qui concerne la technique et la technologie. Je leur ai dit : « Vos problèmes les plus importants, ce sont les personnes. Et vous ne pouvez pas résoudre les problèmes des personnes avec une mentalité matérialiste. » Cela les a choqués de l'entendre formulé ainsi, mais ils étaient d'accord.

Si vous mettez l'accent sur la production à court terme, vos employés vous demanderont seulement des systèmes d'informations financières, qui ne sont vraiment utiles que pour répondre aux questions des actionnaires et des dirigeants telles que : « Où en sont les ventes ? Quels sont les bénéfices nets ? Quels sont les retours sur investissements ? Quels sont mes dividendes ? Comment payer mon train de vie ? Comment obtenir les ressources ou la croissance que je souhaite ? » Ils ignorent souvent que leurs bénéfices à long terme seraient plus élevés s'il y avait une harmonie écologique globale à l'intérieur de leur entreprise.

Les actionnaires mettent en avant les systèmes d'estimations financières et les dirigeants répondent aux actionnaires. Les employés sont utilisés comme moyen pour arriver à une fin et ne sont pas vraiment respectés – jusqu'à ce que nous entrions en compétition avec de nombreuses sociétés japonaises dont les patrons ont appris à mobiliser, à valoriser leur personnel et à donner de l'énergie à tous les niveaux. Maintenant nous écoutons nos employés parce qu'ils font la différence. Ce sont eux qui ont affaire au client.

Les buts de l'estimation des ressources humaines sont l'amélioration de la *qualité* continue, le développement des équipes et le progrès individuel. Bien sûr même les gens qui ont du *feed-back* peuvent aussi patauger ou rester figés ; c'est souvent parce qu'ils n'ont pas le bon *feed-back*. Ils restent alors dans une zone de confort, deviennent arrogants, paresseux et lâches. Ils ne veulent pas faire face à certaines réalités. Le miroir est trop précis, ils ne veulent pas se voir nus. Ils préfèrent se voir habillés, avec un certain statut, du pouvoir et tous les artifices de la respectabilité. Être exposé, c'est être vulnérable.

Il faut être un P-DG exceptionnel pour s'exposer volontairement à un examen externe et établir des systèmes d'information qui obligent à rendre des comptes aux intéressés.

L'un de ces dirigeants est Ken Melrose, P-DG de Toro. Il a mis un graphique devant son bureau parce qu'il veut que les autres voient comment il évolue par rapport à certains objectifs. En mesurant et en mettant sur un graphique sa propre performance, il se met dans une position où il doit rendre des comptes et se pousser lui-même à l'amélioration.

Si vous mesurez et que vous affichez le résultat, vous vous améliorez. Les médecins utilisent maintenant du *bio-feedback* pour estimer l'état des malades dans des situations critiques. J'ai entendu parler d'un médecin qui met un moniteur au plafond au-dessus des yeux des patients, avec un cadran muni d'une aiguille qui oscille entre les indications vie ou mort. Les patients le regardent étonnés, mais cela leur donne une bonne information sur ce qui se passe à l'intérieur de leur corps. Avec ce *feed-back*, ils peuvent apprendre à maîtriser des processus du corps qui semblent apparemment involontaires.

C'est ce qui se passe au fond, dans un grand nombre d'entreprises américaines. Elles reçoivent le *feed-back* du marché, qui dit : « Vous êtes menacés de mort » ou « Vous êtes menacés d'extinction et vous avez intérêt à faire quelque chose ».

Il vaut mieux être humilié par un mot que par les circonstances. Cependant peu de personnes acceptent un processus d'estimation si elles ne font pas partie d'un programme ou d'un groupe. Certaines, très motivées et avec une bonne *sécurité interne*, cherchent du *feed-back* sur leur efficacité de manière informelle.

L'ironie est que plus une personne se soucie de ce que les autres pensent d'elle moins elle peut se permettre d'écouter ce qu'ils disent parce que cela la rend trop vulnérable. Elle évite alors de rechercher les données. Comment peut-elle risquer de connaître ce que vous pensez d'elle ? Et si vous la rejetiez, que se passerait-il ?

Le contraire est vrai aussi. Moins une personne a besoin de se soucier de ce que pensent les autres, plus elle se soucie précisément de ce qu'ils pensent. Parce que nous n'obtenons pas notre *sécurité* des autres. Nous l'obtenons de l'intérieur, de l'intégrité avec laquelle nous gérons notre système de valeurs. Et si nous valorisons le fait d'être efficaces auprès des autres, nous adapterons nos styles, nos savoir-faire et nos idées. Nous obtiendrons notre *sécurité* de l'intérieur et notre efficacité de l'extérieur.

Les entreprises et les personnes qui cherchent et utilisent le *feed-back* sur leurs performances ont souvent une grande *sécurité interne*. Elles sont plus humbles, plus ouvertes, plus désireuses d'apprendre et de s'adapter. Certains diront qu'elles sont naïves, parce qu'elles sont « floues » et malléables, mais si elles obtiennent leur *sécurité* de sources immuables, elles peuvent se permettre d'être vulnérables et flexibles en surface.

Dans une des scènes du film *Roger et Moi*, nous voyons une femme frapper à mort un lapin tout en bavardant. C'est révélateur de ce qui se passe dans beaucoup d'entreprises et de professions. Dans l'éducation, la médecine, la comptabilité, les assurances, l'édition et le domaine juridique, de nombreuses personnes envisagent de changer parce qu'elles ont perdu confiance dans les anciennes façons de faire. Les industries les plus importantes de ce pays sont très vulnérables à cause du manque d'écoute. Les anciennes structures et les systèmes sont toujours en place, mais ces bons vieux murs risquent de s'écrouler le jour où quelqu'un viendra autour de la ville sonner de la trompette.

Pour investir dans le système d'information des intéressés, un dirigeant doit suivre le paradigme de l'amélioration continue sur quatre niveaux : personnel, interpersonnel, managérial et organisationnel, et se rappeler que les quatre sont nécessaires. En négliger un seul aurait un effet négatif et en cascade sur les autres et ferait s'écrouler le château de cartes.

Si nous ne sommes pas dignes de confiance, comment pouvons-nous faire confiance à un niveau interpersonnel ? Et si nous n'avons pas confiance au niveau interpersonnel, comment allons-nous responsabiliser les autres avec un sens de bonne gestion vis-à-vis des résultats ? Dans ce pays, les méthodes de contrôle du management sont le résultat d'un niveau de confiance très faible, qui provient de trop de duplicité, d'hypocrisie et d'incohérence. Les personnes qui s'enlisent dans ces problèmes n'arrivent plus à s'en sortir. Les stratégies populaires du langage, de la visualisation et de l'encouragement sont nécessaires, mais insuffisantes. Il faut un véritable engagement sur quatre niveaux.

Vous aurez aussi peut-être besoin d'utiliser différents types d'estimations de ressources humaines. En bas de l'échelle il y a le genre formel, scientifique et systématique ; en haut, il y a les entretiens en tête à tête, les enquêtes, l'écoute empathique et l'ouverture de comptes en banque émotionnels. Il faut utiliser à la fois les systèmes informels et les systèmes formels, y compris ceux de suggestion, d'expression, de portes ouvertes, de médiation et de profils scientifiques réguliers. Adoptez la politique de ne promouvoir que les personnes à qui leurs supérieurs hiérarchiques, leurs collègues et surtout leurs collaborateurs directs ont donné de bonnes notes.

Votre sentiment profond vous dit que le *feed-back* d'une enquête dans tel domaine n'est pas suffisamment précis. Essayez de ne pas jeter le bébé avec l'eau du bain. Ne niez pas les données parce que vous ne savez pas les apprécier. Il est tentant de dire : « Ces imbéciles, là-bas, ne savent pas ce qu'ils font » et ensuite de faire votre propre recherche anecdotique.

Dans une *culture* ouverte et confiante, vous pouvez obtenir de très bonnes données en un après-midi, en utilisant une enquête. Le problème est que ces enquêtes informelles n'ont pas la légitimité, le pouvoir et un niveau de sophistication comparables aux autres ; les personnes n'y feront donc pas très attention. Les données ne doivent donc pas seulement être précises, mais aussi valorisées.

Le *feed-back* précis, lui aussi, doit l'être (et de façon intense). Il est difficile pour quelqu'un qui ne suit pas le fonctionnement quotidien d'une entreprise, mais aussi pour toute personne complètement immergée dans le fonctionnement, de savoir ce qui se passe vraiment. Par conséquent, il existe un véritable besoin d'un *feed-back* de *qualité*. Sinon, vous disposez de données fausses, vous n'êtes plus conducteur et vous vous retrouvez isolés sans savoir exactement ce qui se passe. Les autres vous disent ce que vous attendez. Et cela vous plaît. Vous ne voulez pas entendre parler de tous ces problèmes. Il se peut même que vous développiez vos propres réseaux d'informations. Ils sont en général anecdotiques ; il est plus rassurant de recevoir l'information de quelques personnes choisies.

Dans certaines entreprises, on récompense les employés pour leur participation dans des estimations même s'ils rapportent de mauvaises nouvelles. Il est très sain d'établir des processus dans vos opérations et des *principes* justes dans votre *constitution*. À moins d'avoir un système d'information complet et un système de renforcement puissant, votre énoncé de mission ne sera que platitude. Car, finalement, c'est le style de management qui anime la structure et les systèmes.

Les systèmes d'information des intéressés donnent du corps à un énoncé de mission et le transforment en *constitution*, la loi suprême du pays – parce que vous récoltez régulièrement des données, que vous les examinez souvent, que vous pratiquez la résolution de problèmes, la planification et la récompense des personnes concernées.

Dans « le mythe de la Caverne », Platon parle de personnes qui se rapprochent et s'éloignent de la lumière et vivent de façon plus ou moins variable entre l'obscurité et la lumière, la vérité et l'erreur. Les personnes ne désirent pas connaître la vérité, ou lumière, à moins que le marché ne le leur impose, à moins qu'elles n'aient plus d'autre choix que de rechercher de l'information en retour et d'agir en conséquence. Elles préfèrent vivre et travailler dans l'obscurité, dans une zone de confort ou dans une niche protégée, qui leur autorise une marge d'erreur de 30 %. Mais dans le contexte de la concurrence mondiale, cela ne peut marcher. Elles peuvent vivre de façon temporaire dans leur secteur ou leur marché spécifiques, mais si elles veulent avoir un avantage compétitif à long terme, elles doivent s'améliorer.

Une fois que vous obtenez de l'information, vous avez tendance à l'utiliser. Lorsqu'un nombre suffisant de personnes vous apportent de l'information, cela libère les énergies. Plus les personnes prennent conscience des réalités, plus le monde social, national et politique se développe. Pour le leader axé sur les *principes* l'information devient alors source de pouvoir, le pouvoir d'une volonté collective pour accomplir la mission de l'entreprise.

Chapitre XXIII

Les employés et le travail accompli

Lorsqu'on intervient dans des entreprises où l'on fait beaucoup de réunions et de travail de commissions, je conseille aux dirigeants d'utiliser, avec leurs employés, le *principe* éprouvé et reconnu que j'appelle le « travail accompli ».

Le management efficace des ressources humaines commence par la délégation effective où l'on utilise au maximum le temps et les talents des personnes. Souvent, nous déléguons par nécessité : nous avons tout simplement plus de travail que nous ne pouvons en faire.

Considérez l'histoire classique de Moïse et de Jéthro. Moïse s'évertuait à essayer de tout faire pour les enfants d'Israël, à juger toutes les affaires, grandes ou petites. Son beau-père Jéthro, en voyant cela, lui dit : « Ce que tu fais n'est pas bien. Tu vas t'user, toi et ce peuple qui est avec toi. Cette tâche est trop lourde pour toi ; tu ne peux pas l'accomplir tout seul. »

Jéthro conseilla alors à Moïse de faire les deux choses suivantes : d'abord il devait apprendre aux autres les fondements sur lesquels s'appuyaient ses jugements, afin que les gens n'aillent pas lui demander son avis à chaque fois qu'ils avaient à décider quelque chose. Ils devaient pouvoir réfléchir aux *principes* et résoudre leurs problèmes par eux-mêmes. C'est une forme puissante de délégation – apprendre les *principes* et faire confiance aux autres pour les appliquer. Ensuite, Moïse devait choisir des disciples fidèles et leur confier les petites affaires à résoudre et ne garder pour lui que les choses de plus grande importance. Ces deux recommandations ont obligé Moïse à prendre le temps de mettre les choses en œuvre, et à en assumer les risques.

La délégation demande du temps au début, et beaucoup de personnes sous pression ne s'accordent pas le temps nécessaire pour expliquer, former et engager. Voilà les explications d'un dirigeant qui fait toujours des tâches que ses employés pourraient faire : « Je peux faire le boulot en moins de temps qu'il ne m'en faut pour l'expliquer. En plus, je le fais mieux. » Et pourtant il en arrive à une telle accumulation de travail qu'il a l'impression d'avoir encore moins de temps pour déléguer, expliquer et former.

Un grand nombre de dirigeants se laissent prendre par les mêmes arguments : « Chaque fois que je délègue, les choses ne se font pas, ou si elles se font elles sont mal faites et je dois les refaire moi-même. Alors pourquoi déléguer ? Ça prend tout simplement plus de temps. » Ces dirigeants sont continuellement sous pression, travaillant jusqu'à quatorze heures par jour, négligeant leur famille, leur santé, et minant en général la vitalité de l'entreprise. Nous devons absolument déléguer pour dégager du temps que nous consacrerons à des tâches prioritaires. Le temps que l'on passe à déléguer est du temps gagné à long terme.

Bien sûr, travailler en déléguant aux autres implique le risque qu'ils fassent les choses différemment et qu'ils le fassent quelquefois mal. Moïse, au lieu de rendre ses jugements directement, a dû choisir certaines personnes, les former soigneusement et leur faire confiance tout en sachant qu'elles ne feraient pas les choses forcément comme lui et qu'elles commettraient peut-être même des erreurs. Souvent les dirigeants qui ne délèguent pas autre chose que des travaux de routine, ont avant tout confiance en leur propre jugement et en leur manière de faire. Ils raisonnent ainsi : « Cela m'a amené là où j'en suis aujourd'hui. Pourquoi changer ? Pourquoi défier le succès ? »

Certaines personnes, en effet, ont la capacité extraordinaire de produire des résultats étonnants sans déléguer de responsabilités importantes. Pourtant, les entreprises ne grandissent pas beaucoup sans délégation et sans l'implication de leurs employés dans le *principe* du travail accompli. Ces entreprises sont limitées aux capacités du patron et reflètent à la fois ses forces et ses faiblesses.

Dans le processus de délégation, les managers efficaces établissent un accord de performance gagnant/gagnant avec chaque employé. Le *principe* du travail accompli est une ligne directrice importante.

Le principe : pas d'excuses

Le *principe* du travail accompli est une des meilleures idées sorties d'un mode d'organisation par ailleurs militaire et autoritaire. Son énoncé est que les personnes doivent résoudre la totalité d'un problème, analyser les questions en profondeur, identifier plusieurs alternatives et leurs conséquences, pour finalement recommander l'une d'entre elles.

Cette technique incite les individus à puiser dans leurs propres ressources, à rassembler des éléments et à présenter une recommandation spécifique et finale qui illustre leur meilleur diagnostic. Tout ce qu'un manager doit alors faire est d'approuver ou de désapprouver. S'il décide d'approuver, il lui reste à mettre en œuvre la décision ou le plan d'action recommandé. En plus d'un gain de temps pour le manager, le *principe* du travail accompli empêche les employés de se dérober au nom de la synergie ou du groupe, ou au nom de « Réunissons-nous et parlons-en ».

La prise de décision en groupe peut ne pas utiliser les meilleures ressources parce qu'en groupe les personnes adoptent parfois l'attitude de la moindre résistance et ne font que discuter d'idées auxquelles elles n'ont pas vraiment réfléchi.

Le dirigeant efficace demande aux autres de réfléchir aux problèmes et aux questions et de faire des propositions finales. Il n'intervient pas dans le processus pour donner des réponses rapides et faciles, même si on le lui demande. Il attend que le travail soit accompli ; sinon il empêchera ses collaborateurs de se développer – et, lui, ne disposera plus de son temps. De plus, les collaborateurs ne peuvent être tenus pour responsables des résultats si on les « sort d'affaire » au beau milieu d'un processus de données ou de prises de décisions.

En cela, le dirigeant doit montrer beaucoup de sagacité. Le *principe* du travail accompli n'est pas une panacée et n'est pas applicable dans toutes les situations. Il est possible d'avoir recours au *brain-*

storming en amont du processus, surtout dans la période d'incubation d'un projet. Il y a aussi de la place pour un consensus synergique.

Mais le *principe* d'obliger les personnes à faire leur travail avant de venir à la table de réunion tient la route dans la plupart des situations. Il les empêche de venir avec des idées à moitié étudiées, sans compréhension des questions et des implications. Cela rend impossible aussi la pratique courante de se réunir trop tôt avant même que les personnes puissent préparer des documents bien étudiés.

Et maintenant, je veux bien le lire !

On raconte que lorsque Henry Kissinger était secrétaire d'État, il demandait à son personnel de lui apporter leurs meilleures recommandations. Il les prenait, les gardait pendant quarante-huit heures, puis il rappelait ses collaborateurs et leur posait la question suivante : « C'est vraiment ce que vous pouvez faire de mieux ? » Son personnel répondait alors :

« Eh bien… non ! On peut encore y réfléchir ; on peut encore le documenter un peu plus ; on peut encore vous présenter d'autres solutions et identifier les conséquences en cas de refus des personnes de suivre nos recommandations.

— Alors, continuez à y travailler », rétorquait-il.

Les recommandations lui étaient retournées une deuxième fois. Et Kissinger reposait sa question : « C'est ce que vous pouvez faire de mieux ? »

En fait, la plupart des personnes connaissent les failles de leurs présentations. Donc, le *principe* du travail accompli leur donne la responsabilité d'identifier leurs propres failles et de les corriger ou au moins de les identifier et de proposer quelques mesures pour les traiter.

Le personnel de Kissinger identifiait constamment lui-même des failles mineures ; leur « patron » leur disait alors de repartir et de retravailler pour améliorer et renforcer leurs propositions. Le travail était rapporté une troisième fois. Et Kissinger redemandait : « C'est vraiment ce que vous pouvez faire de mieux ? C'est votre recommandation finale ? Rien ne peut être amélioré ? »

Ils répondaient : « Nous, ça nous paraît vraiment bien, mais peut-être qu'on pourrait serrer un peu le texte ou améliorer un peu la présentation. » Ils repartaient pour y travailler et le ramenaient encore une fois en disant : « C'est ce qu'on peut faire de mieux. Nous y avons réfléchi à fond, nous avons identifié clairement les alternatives, les conséquences et les recommandations. Nous avons aussi esquissé le plan d'action pour leur mise en œuvre. Nous sommes convaincus que vous pouvez le présenter en toute confiance. » Et Kissinger disait : « Bon ! Alors maintenant, je veux bien le lire ! »

Cette histoire montre que les employés cherchent souvent à gagner du temps et des efforts sans penser au temps et aux efforts de leur dirigeant. Pourtant, son temps vaut davantage que le leur – raison de plus pour que le dirigeant obtienne de ses employés le meilleur travail possible.

La mini-platine compact Sony

Sony a débuté lentement sa fabrication de platines compacts laser pour finalement l'emporter sur la concurrence en sortant le premier produit qui a réussi sur le marché. L'homme le plus directement responsable du succès de Sony dans ce domaine est Kozo Ohsone, un spécialiste de la consommation qui avait supervisé le développement du baladeur à cassette.

Ohsone est un jour entré dans son laboratoire et a fabriqué un bloc de bois d'environ 13 cm sur 13 cm (la taille d'un disque compact) et l'a posé devant ses ingénieurs. Pour éviter les interventions superflues de la haute direction, Ohsone ne parla à personne, en dehors des membres du laboratoire, de ce qu'il était en train de faire. Puis il s'adressa aux ingénieurs des produits pour contribuer au design, car les platines seraient tellement petites que les chercheurs devaient savoir, à chaque étape, si leurs minuscules circuits pourraient être fabriqués en masse par des robots.

Ohsone avertit ses collaborateurs qu'il n'accepterait pas la question : « Pourquoi cette taille ? » « C'est notre taille et c'est tout. » Ses ingénieurs du design et de production ont commencé par pester, puis se sont mis au travail sur le projet tel qu'il leur était demandé. Quand cette version miniaturisée de Sony inonda le marché, elle avait un vingtième de la taille des platines de l'époque, elle coûtait un tiers moins cher et était infiniment plus attractive pour les consommateurs.

Comment obtenir le travail accompli

Utilisez le processus suivant en cinq étapes pour obtenir le travail accompli.

• **En premier, soyez clairs sur les résultats désirés**, pour établir le contrat psychologique. C'est ce qu'ont si bien su faire Kissinger et Ohsone. Une fois ce point établi, l'employé pourra soit travailler indépendamment soit avec d'autres en vue de proposer, dans les temps, une recommandation finale fondée sur telle décision, en fonction de tels motifs et pour telle alternative (si le dirigeant opte pour le plan B ou le plan C). Mais le plan d'action doit être bien décrit. Chaque détail doit être totalement digéré et finalisé.

• **Deuxièmement, donnez un sens clair du degré d'initiative dont disposent les personnes** : doivent-elles attendre qu'on leur donne des instructions ou doivent-elles demander, faire des recommandations, agir et en parler immédiatement ou agir et en parler à des moments précis ?

• **Troisièmement, clarifiez les hypothèses**. Si dans le processus, les employés veulent aussitôt du *feed-back* de la part de leur patron pour s'assurer qu'ils ne partent pas dans une mauvaise direction, ils doivent comprendre les hypothèses du dirigeant avant de se mettre au travail. Si celles-ci ne sont pas claires dès le départ, ils pourraient prendre une direction complètement opposée et, lors de la remise de leurs recommandations finales, s'entendre dire par le dirigeant : « Vous n'avez pas compris les postulats et les hypothèses sur lesquels je me fondais. »

• **Quatrièmement, donnez aux employés chargés de faire un travail accompli autant de temps, de ressources et de disponibilités que possible**. Rien n'est plus frustrant pour les employés que de leur demander de faire un travail accompli sans leur donner les informations et les ressources nécessaires. Mais si vous devez faire face à une crise et que vous manquez de temps pour réagir, énoncez clairement ces conditions à vos employés.

• **Cinquièmement, planifiez un moment et un lieu pour la présentation et l'évaluation du travail accompli**. Donnez-leur l'occasion de faire une présentation efficace de leur travail.

Encore une fois, ce *principe* n'est pas la panacée. C'est simplement un moyen efficace de motiver les employés, de les faire réfléchir par eux-mêmes pour qu'ils présentent leur travail sous la forme la plus élaborée possible avant de donner leurs recommandations finales. Mon expérience m'a appris que la plupart des employés accueillent favorablement cette occasion de réfléchir sur leur travail et de montrer ce qu'ils sont capables de faire. Quand il est bien réalisé, le *principe* du travail accompli fait gagner du temps à tous et fournit un produit de bien meilleure *qualité*. Et c'est parce que le processus explore les profondeurs des talents individuels.

Applications du principe

Voici quelques-unes des nombreuses applications de ce *principe*.

• **Les discours et les présentations**. Dès le début, passez autant de temps que nécessaire pour que la personne qui doit réaliser le travail comprenne parfaitement les attentes et connaisse précisément les ressources dont elle dispose. Cela demandera peut-être un peu de temps au dirigeant pour faire démarrer le processus, particulièrement quand il s'agira d'un travail de préparation de discours ou de présentations, car il aura besoin de préciser certains points : « Voici les points fondamentaux dont je veux parler dans deux semaines. En attendant je serai en voyage, je souhaite voir vos recommandations à mon retour. »

• **Le développement des questions**. Un dirigeant pourrait dire à l'un de ses employés en qui il a confiance : « Pouvez-vous réfléchir à cette question et me donner une recommandation spécifique sur la façon de l'aborder et ce que l'on doit faire ? » En d'autres termes : « Vous vous occupez du développement de la question et vous y inscrivez votre propre rôle. »

J'ai fait cela une fois dans une entreprise. Je me suis assis et j'ai écouté les rapports des employés. Ils étaient excellents. Le patron lui-même en était étonné. Il m'a dit plus tard : « Je ne me suis jamais rendu compte de la profondeur de leurs pensées. »

• **Le management des réunions**. Le *principe* du travail accompli explore non seulement le génie et le talent des bons employés, mais il permet aussi des réunions plus efficaces. Lorsque les personnes ont analysé une question en profondeur, ont bien réfléchi aux implications et aux alternatives et qu'elles ont fait leurs recommandations de manière responsable, elles participent aux réunions de façon plus accomplie.

• **La résolution de problèmes synergiques**. Une fois les questions clés résolues et classées par ordre de priorité, vous pouvez alors établir un petit comité *ad hoc* et le faire travailler avec le *principe* du travail accompli.

Un exemple : il se peut que vous découvriez qu'un des problèmes les plus importants est la communication ou le développement ou la compensation des carrières. Demandez à trois ou quatre personnes de niveaux différents dans votre entreprise de former un comité de travail. Demandez-leur d'étudier en profondeur cette question et de vous faire une recommandation spécifique afin de la communiquer au groupe de direction : « Nous recommandons cela pour trois raisons. Voici les alternatives. En voici les conséquences. Et voici les problèmes que nous avons vus et leurs causes. » S'il y a suffisamment de synergie dans leur équipe, ils vous remettront une recommandation forte, qui représentera les différents points de vue ; j'ai rarement vu de hauts dirigeants rejeter une telle synthèse.

Le processus modèle aussi les extrémistes – les dissidents et les personnes négatives qui ont enfourché un autre cheval de bataille. Dès qu'on leur donne une tribune pour s'exprimer, toute énergie négative semble les quitter. Cela fait tomber l'épée de leur main et les tempère. Et cela donne souvent des solutions gagnant/gagnant.

Une précaution cependant : si ce *principe* n'est pas intégré avec les autres, ça pourrait engendrer la perception suivante : « Mais pour qui se prend le patron ? Nous faisons son travail et tout ce qu'il a à faire, c'est de mettre sa signature ou un tampon en bas. » Ou certains pourraient dire : « Il s'en fiche, il ne veut pas être impliqué dans le processus. » Mais lorsqu'on le fait bien, le principe du travail accompli développe les personnes et fait gagner du temps aux dirigeants. Il donne aussi beaucoup plus de responsabilités aux employés. En effet, il élargit leur sens de la responsabilité et leurs capacités à choisir des réponses judicieuses à des situations différentes.

Chapitre XXIV

Gérer à gauche, mais mener à droite

Dans les entreprises, les gens remplissent l'un des trois rôles essentiels : production, management, leadership. Chacun est indispensable au succès de l'entreprise.

Par exemple, s'il n'y a pas de producteurs, même les meilleures idées du monde et les résolutions les plus nobles ne pourront pas s'accomplir, car personne ne fera le travail. Lorsqu'il n'y a pas de managers, il y a conflit de rôles et ambiguïté : chacun essaie d'être un producteur, mais en travaillant indépendamment, sans systèmes établis et sans procédures. Et s'il n'y a pas de leaders, il manque une vision, une direction, les gens commencent à perdre de vue leur mission.

Bien que chaque rôle soit important pour l'entreprise, celui du leader est le plus important. Sans une bonne direction stratégique, les gens pourront quand même monter, échelon par échelon, « l'échelle de la réussite », pour finalement découvrir, une fois au sommet, qu'elle n'est pas posée contre le bon mur.

Considérons les exemples historiques suivants :

• L'industrie de l'automobile. Il y a quelques années, en dépit des avertissements de quelques experts, les fabricants américains d'automobiles continuèrent à construire de grandes voitures qui consommaient beaucoup de carburant. Leur manque de vision a amené le désastre qu'on connaît et ils ont eu du mal à s'en remettre.

• L'industrie de l'acier. Les grandes aciéries américaines ont longtemps fonctionné avec des infrastructures archaïques tout en essayant de concurrencer des sociétés étrangères et des petites entreprises capables de produire un acier de haute *qualité* à un prix beaucoup plus compétitif.

• Les semi-conducteurs. Jusqu'au milieu des années soixante-dix, les entreprises américaines avaient quasiment le monopole mondial des semi-conducteurs. Pendant les années de récession qui ont suivi, elles ont réduit leur production, de sorte qu'en 1979 les fournisseurs américains étaient incapables de satisfaire à la demande de puces de 16 Ko. Les Japonais avaient d'ores et déjà occupé le terrain et dès la fin de cette même année, ils avaient conquis presque la moitié du marché.

• Les banques. La plupart des grandes banques des États-Unis se sont retrouvées prisonnières des pays du Tiers-Monde. En effet, la sagesse conventionnelle avait considéré les grands prêts aux pays en voie de développement comme un excellent moyen de dresser des bilans favorables. Les banquiers n'ont pas su voir que l'effet combiné des troubles sociaux, d'un chômage élevé et d'une inflation galopante dans la plupart de ces pays rendrait le remboursement des prêts pratiquement impossible.

• Les transports. Dans le secteur des chemins de fer américain, les dirigeants ont perdu de vue leur fonction essentielle qui est de transporter les gens et les marchandises et se sont considérés plutôt comme des industriels du rail. Se consacrant surtout à la construction de meilleures lignes, ils se sont vus détournés d'une grande part de leur clientèle par les oléoducs, les lignes aériennes et les transports routiers.

• La comptabilité. Les managers continuent à ne prendre en compte que les ressources financières et physiques, tout en négligeant la plus importante de toutes : les ressources humaines.

On pourrait examiner chaque domaine de l'entreprise humaine et trouver d'innombrables exemples de gens qui se donnent beaucoup de peine pour grimper en haut d'une échelle posée contre le mauvais mur.

Peter Drucker nous enseigne que, quelques années après leur naissance, la plupart des entreprises perdent de vue leur mission et leur rôle essentiel, se focalisant sur les méthodes, l'efficacité, sur « comment faire les choses ? » plutôt que sur « ce qu'il faut faire ». Il semble que les gens aient tendance à ériger les pratiques qui ont réussi dans le passé en règles pour l'avenir, consacrant leur énergie à préserver et à faire respecter ces normes, même lorsqu'elles sont devenues obsolètes. Les procédures et les pratiques traditionnelles ont la vie dure !

Le rôle du leader est absolument crucial pour parvenir au succès. Le leadership concerne l'orientation, c'est-à-dire comment s'assurer que l'échelle est appuyée contre le bon mur. Le management concerne la vitesse. Mais augmenter de vitesse quand on va dans le mauvais sens est la définition même de la sottise. Le leadership est une affaire de vision des résultats – car il s'agit de ne pas perdre de vue la mission. Le management s'occupe de la mise en place de structures et de systèmes permettant d'obtenir les résultats voulus. Il se concentre sur l'efficacité, les analyses coûts/bénéfices, la logistique, les méthodes, les procédures, la stratégie.

Le leadership se concentre sur « la ligne du haut », le management sur le « bas de la ligne ». Le leadership puise sa force dans les valeurs et les *principes* justes. Le management met en place les ressources en fonction des objectifs choisis afin de produire le résultat final.

Bien sûr, le management et le leadership ne sont pas vraiment isolés. On pourrait même décrire le leadership comme le composant principal du management. Et le leadership lui-même peut être divisé en deux parties, l'une concernant la vision et la direction, les valeurs et les buts et l'autre, la capacité d'inspirer et de motiver des individus pour qu'ils travaillent ensemble, avec une vision et des buts communs. Il existe des dirigeants qui ont une vision mais à qui il manque le talent de savoir former des équipes. D'autres peuvent inspirer les gens, créer des équipes, mais manquer de vision.

Le leader qui crée une équipe tente de réduire les frictions, tout en reconnaissant que la force réside souvent dans les différences ; il n'est donc pas nécessaire qu'il produise des clones ni qu'il essaie de façonner les autres selon sa propre image. Si les gens ont les mêmes buts, il n'est pas nécessaire qu'ils aient les mêmes rôles. Lorsque les membres d'une équipe complémentaire se respectent les uns les autres, les différences sont considérées comme des forces et non comme des faiblesses.

Le rôle essentiel du leader est de promouvoir le respect mutuel et de bâtir une équipe complémentaire, où la force de chacun devient productive et non source de faiblesse. Le rôle essentiel d'un manager est de fonctionner comme un levier qui décuple le travail et le rôle du producteur. Le producteur retrousse ses manches et fait le nécessaire pour résoudre les problèmes et obtenir les résultats.

Il est très instructif d'étudier à quel degré les postes des uns et des autres correspondent à leurs styles et à leurs préférences vis-à-vis des trois rôles mentionnés. Certaines personnes peuvent occuper un poste qui requiert peu de production, mais beaucoup de management et un peu de leadership, alors que leur style personnel ou leur préférence est plutôt celui du producteur que du manager ou du leader. Évidemment, un manque d'affinités entre les affectations du poste et les préférences de celui qui l'occupe sera une source de frustration et de critiques de la part des autres. Et si le tenant d'un poste a une perception différente de celle de son dirigeant ou de ses collègues quant à l'importance relative de ces trois rôles par rapport à son poste, ses problèmes n'en seront que multipliés.

Les recherches sur le cerveau nous aident à comprendre pourquoi certains sont d'excellents producteurs, mais de médiocres managers, ou de formidables managers, mais de faibles leaders. Ces recherches nous apprennent essentiellement que le cerveau est divisé en deux hémisphères, le gauche et le droit, que chaque hémisphère est spécialisé dans des fonctions différentes et que chacun traite différents types d'informations et s'occupe de la résolution de différents types de problèmes.

Bien que les deux hémisphères soient impliqués dans les processus logiques et créatifs, le gauche travaille plus sur la logique, le droit plus sur les émotions. Le gauche s'occupe des mots, le droit des images ; le gauche de quantification et de détails spécifiques, le droit de globalité et des relations entre parties. Le gauche fait de l'analyse, c'est-à-dire qu'il sépare, le droit fait de la synthèse, c'est-à-dire qu'il rassemble. Le gauche a une pensée séquentielle, le droit une pensée simultanée et holistique. Le gauche est temporel, c'est-à-dire qu'il a une perception du temps et de notre position par rapport aux buts ; le droit n'est pas temporel, ce qui veut dire qu'il peut perdre totalement le contact avec le temps. Le gauche gouverne le côté droit de notre corps et le droit, le côté gauche.

Nous pouvons dire qu'à l'heure actuelle nous vivons dans un monde dominé par l'hémisphère gauche, où les mots, la quantification et la logique règnent et où la créativité, l'intuition et le sens artistique sont souvent subordonnés, voire réprimés. C'est particulièrement vrai chez l'homme, où le stéréotype du « macho » combiné aux programmes de l'école centrés sur l'hémisphère gauche peuvent souvent annihiler ou même détruire des capacités plus créatives, plus esthétiques, plus intuitives, considérées souvent comme spécifiquement féminines.

Les cultures orientales parlent des deux aspects de la nature humaine, le *yin* et le *yang*. Le *yin* est l'aspect féminin et le *yang* l'aspect masculin. Des milliers de volumes ont été écrits sur ce sujet, y compris des livres sur les entreprises. En effet, il en existe avec un système très efficace de management et de contrôle, mais qui manquent de cœur ; il y en a d'autres qui ont du cœur, mais qui manquent d'intelligence, de bons systèmes et de contrôles.

Les philosophes grecs de l'Antiquité parlaient des processus d'influence et persuasion en termes d'*ethos*, de *pathos* et de *logos*. L'*ethos* concerne essentiellement notre crédibilité, ce que j'ai appelé notre compte en banque émotionnel ; le *pathos* concerne les émotions et la motivation, ce que nous appelons ici l'hémisphère droit et le *logos* les processus de raisonnement logique, soit l'hémisphère gauche.

Lorsqu'on applique la théorie de la dominance cérébrale aux trois rôles essentiels des entreprises, on voit que le rôle du manager relève surtout de l'hémisphère gauche et celui du leader de l'hémisphère droit. Celui du producteur dépend de la nature de son travail : s'il s'agit d'un travail verbal, logique, analytique, cela concerne l'hémisphère gauche ; s'il s'agit d'un travail intuitif, émotionnel, ou créatif, il s'agit de l'hémisphère droit.

Ceux qui sont de bons managers mais de médiocres leaders peuvent être extrêmement bien organisés avec des systèmes et des procédures efficaces et des descriptifs détaillés des tâches à accomplir. Mais sans motivation interne, on réalise peu de choses, parce qu'il n'y a pas d'implication émotionnelle, de cœur ; tout est trop mécanique, trop formel, trop strict, trop protégé. Une organisation plus souple pourrait fonctionner beaucoup mieux, même si elle peut paraître désorganisée et confuse à un observateur externe. Des changements vraiment significatifs peuvent se produire tout simplement parce que les gens partagent une vision, un but ou une mission.

Par conséquent, ma suggestion est la suivante : « Gérer à gauche, mener à droite. »

Bien sûr, l'idéal serait de développer la capacité d'utiliser les deux hémisphères ; ainsi, l'on pourrait faire preuve de discernement et se servir de l'outil le plus approprié. Si l'on nous demandait, à propos d'une partie d'échecs : « Quel est le meilleur coup ? », il faudrait d'abord demander : « Comment est la situation ? » On pourrait alors décider quel est le meilleur coup possible. Si l'on nous demandait au golf : « Quel est le meilleur club à utiliser ? », il faudrait d'abord savoir comment est le terrain, où se trouvent la balle, le trou... La capacité d'analyser correctement la situation et de poser un diagnostic exige la bonne combinaison de compétences des hémisphères gauche et droit.

Si nous recherchons un équilibre de nos fonctions cérébrales, il nous faudra éventuellement faire travailler le côté faible de notre cerveau. Quelqu'un chez qui l'hémisphère gauche est prépondérant doit faire travailler les « muscles » de son hémisphère droit, en apprenant à communiquer par le toucher, la vue, et les autres sens, en écoutant davantage avec les yeux qu'avec les oreilles, en s'impliquant dans des activités artistiques, en s'intéressant davantage aux aspects créatifs de la solution de problèmes et ainsi de suite. Ceux pour qui l'hémisphère droit prédomine doivent entraîner les « muscles » de l'hémisphère gauche au moyen d'exercices de résolution analytique de problèmes, en insistant sur la communication par les mots et par la logique, mais aussi grâce à la lecture de livres théoriques et l'étude de matières scientifiques et techniques en informatique, droit, comptabilité ou sciences appliquées.

Les entreprises qui sont exclusivement centrées sur les orientations à court terme, les résultats immédiats et les chiffres tendent à négliger ce type de développement du leadership, produisant ainsi des cadres monohémisphériques, qui trouvent rarement le temps, par exemple, de communiquer une vision, une direction, de former une équipe, de développer les individus ou même de planifier des réunions, sauf pour répondre à une crise brutale.

Si des questions de leadership sont inscrites à l'ordre du jour, elles figurent le plus souvent en dernière position, sous la rubrique « Questions diverses ». Les dirigeants se posent rarement ce genre de questions de leadership parce qu'ils sont fatigués de s'évertuer à éteindre les incendies et de gérer les problèmes de production et de management qui figurent en haut de l'ordre du jour.

En conséquence, il n'est guère surprenant de voir un grand nombre d'individus et d'institutions en mauvaise posture s'orienter dans la mauvaise direction, s'embourber dans la jungle hostile et escalader le mauvais mur. Un leadership stratégique permet d'éviter de telles erreurs de navigation et de remettre l'entreprise sur la bonne route.

Un leader stratégique peut fournir une direction, une vision, une motivation par l'amour et bâtir une équipe de talents complémentaires basée sur le respect mutuel, pourvu qu'il soit plus orienté vers l'efficacité que la performance, plus concerné par la direction et les résultats que par les méthodes, les systèmes et les procédures. Pendant que les producteurs sont occupés à se frayer un chemin à travers la jungle à coups de machette, que les managers s'emploient à aiguiser les machettes et à préparer les emplois du temps et les programmes de formation des producteurs, un leader lucide et courageux doit quelquefois être capable de crier : « On s'est trompé de jungle ! », même s'il doit s'attendre à recevoir en réponse : « Mais pas du tout ! On progresse ! »

Chapitre XXV

Les principes de la *qualité totale*

Il faut observer certains *principes* et objectifs universels afin d'obtenir la *qualité totale* des services et des produits.

Lorsque l'une de nos valeurs principales est la *qualité totale*, nous nous intéressons non seulement à la *qualité* de nos produits et services, mais également à la *qualité* de nos vies et de nos rapports avec les autres.

Le paradigme de la *qualité totale* est l'amélioration continue. Les individus et les sociétés ne doivent pas se contenter de rester à leur niveau actuel, quel que soit le degré de réussite qu'ils pensent avoir atteint. En effet, peu de gens ou de sociétés pourraient se satisfaire d'un *statu quo* s'ils recevaient régulièrement de leurs actionnaires ou intéressés des évaluations fiables de leurs performances. La *qualité* commence par la compréhension des besoins et des attentes, mais en fin de compte elle signifie la satisfaction et même le dépassement de ceux-ci.

LES QUATRE DOMAINES DE LA *QUALITÉ TOTALE*

La *qualité totale* correspond au besoin d'amélioration continue dans quatre domaines :

1. Le développement personnel et professionnel
2. Les relations interpersonnelles
3. L'efficacité managériale
4. La productivité organisationnelle

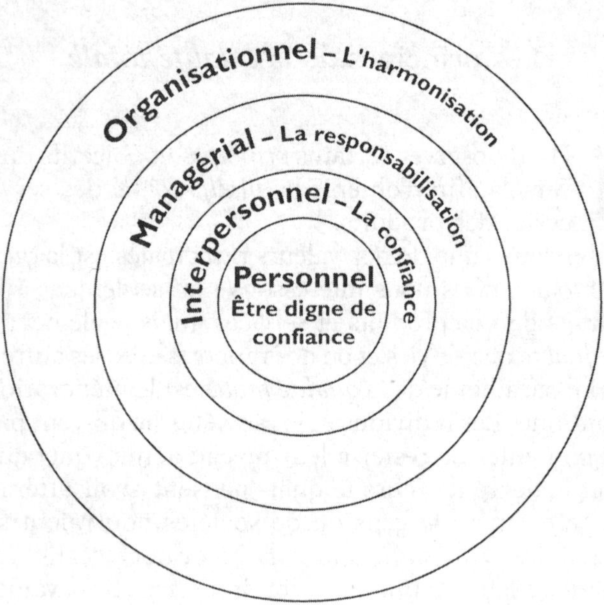

QUATRE NIVEAUX DE LEADERSHIP AXÉ SUR LES PRINCIPES ET LES PRINCIPES CLÉS

• **Le développement personnel et professionnel**. J'ai toujours aimé le slogan « Si cela se fait, ce sera grâce à moi. » En effet, nous sommes nous-mêmes la clé de la *qualité totale*. C'est ce que j'appelle l'approche de la *qualité* « de l'intérieur vers l'extérieur ». Cela veut dire qu'il faut commencer par soi-même, ses paradigmes, son caractère, ses motivations. Cette approche requiert souvent des changements personnels, et non de personnel.

W. Edwards Deming, l'Isaïe économique de notre temps, a dit qu'environ 90 % des problèmes des entreprises sont des problèmes généraux (de mauvais systèmes) et seulement 10 % des problèmes spécifiques de personnes. La plupart des managers interprètent mal ce constat en croyant que si l'on corrige la structure et les systèmes (les programmes) les problèmes de personnes (les programmateurs) disparaîtront. C'est l'inverse qui est vrai : si l'on corrige les 10 %, les autres problèmes disparaîtront. Pourquoi ? Parce que les individus sont les programmateurs qui utilisent les systèmes et les structures comme des expressions externes de leur caractère et de leurs compétences. Si l'on veut améliorer le programme, il faut d'abord agir sur le programmateur ; ce sont les individus qui produisent la stratégie, la structure, les systèmes et les styles de l'entreprise qui ne sont que les bras et les mains des esprits et des cœurs des individus.

Pour une entreprise, la clé de la *qualité totale* est d'abord une personne adepte de la *qualité totale* qui utilise une « boussole » objective et externe indiquant le *nord magnétique* et qui réfléchit les lois ou *principes* naturels, par opposition aux valeurs subjectives ou internes. Si nous considérons ceux qui définissent leur *sécurité interne* en termes de réussite compétitive et comparative, quel type de programme de compensation peut-on imaginer de leur part ? Un classement obligatoire et une concurrence interne ? Comment pourrait-on jamais obtenir la coopération nécessaire à la *qualité* si l'on ne récompense que la concurrence ?

Le responsable de la formation interne d'une grande société américaine m'a dit : « Le bénéfice le plus grand que nous avons tiré de votre programme a été l'augmentation de l'efficacité individuelle – en améliorant le travail d'équipe, la communication et l'autonomie de nos employés, nous avons augmenté les bénéfices de nos opérations à l'étranger de 90 % la première année ! » Un autre cadre supérieur a formulé que le leadership axé sur les principes « préparait le terreau » pour les graines de la *qualité totale*. Sa remarque suggère que les cadres individuels doivent préparer leur intellect et leur cœur à un niveau de réflexion plus élevé ainsi que leurs têtes et leurs mains à une nouvelle façon de travailler avant que de pouvoir résoudre leurs problèmes de *qualité*. La manière dont les gens conçoivent leur travail peut avoir plus d'impact que ce qu'ils font réellement.

Ceux qui ne font pas de la *qualité* leur priorité numéro un ne survivront pas aux temps économiquement difficiles que les États-Unis traversent. On dit des gagnants du Prix Malcom Baldridge qu'ils ont trouvé que la meilleure façon de prédire l'avenir est de le façonner soi-même, à l'aide d'une boussole permettant de se diriger dans un paysage accidenté et changeant. L'application des *principes* permanents de l'efficacité vous élèvera jusqu'à un nouveau degré de réflexion en vous forgeant un noyau immuable et équilibré. Aborder la *qualité* du côté humain permet d'harmoniser les systèmes et les processus, de libérer des créativités et des énergies latentes et de produire d'autres effets positifs ayant des conséquences immédiates sur le résultat final.

Le développement du caractère et des capacités est un processus continu d'amélioration, une spirale ascendante. Le côté personnel de la *qualité totale* implique une intégration totale de votre système de valeurs, et celui-ci vous engage, entre autres, à vous améliorer constamment, autant sur le plan personnel que professionnel.

Le *principe* de W. Edwards Deming, la constance des objectifs, entraîne l'obligation de posséder, dès le début, un but ou une mission – un énoncé de ce que nous faisons, une vision de ce que nous pouvons devenir. Le dénominateur commun du succès est un objectif fort, une source d'énergie pouvant vous guider, vous inspirer et vous permettre de vous améliorer. Si dès le début vous l'avez en tête, cet objectif dirigera tout. Il libérera vos capacités créatrices ; grâce à lui, vous pourrez accéder à votre inconscient pour en faire sortir sa mémoire et son contenu. Vous commencerez à travailler à partir de votre imagination et non de votre mémoire. Vous ne serez plus limités ou liés par le passé, mais vous en aurez un sens illimité de ce qu'il serait possible d'accomplir dans l'avenir. Votre état d'esprit relèvera autant de la prophétie que de l'histoire.

L'amélioration continue signifie essentiellement que vous n'êtes jamais satisfaits de quelque chose de plus ou moins acceptable. Vos clients, eux, ne le sont sûrement pas. Si vous recevez du *feed-back* de leur part, vous êtes motivés et poussés à vous améliorer – vous améliorer ou périr.

De nombreux dirigeants n'ont pas suffisamment de *sécurité interne* pour les autoriser à rechercher et à recevoir du *feed-back* de leurs intéressés – ils se sentent plutôt menacés. Néanmoins le *feed-back* est l'aliment indispensable des champions ; ils reçoivent constamment des appréciations sur leurs performances, ils écoutent et ils en tiennent compte. Ils s'en servent pour s'améliorer, jour après jour. Les programmes de perfectionnement personnel et organisationnel sont fondés sur un *feed-back* rigoureux et non sur des données sociales peu fiables. Ironiquement, plus on se soucie de ce que les autres pensent de nous, plus on se sent menacés par le *feed-back* parce que notre image et notre propre *sécurité* sont des reflets du miroir social. Ceux qui se comportent comme s'ils ne se souciaient pas de ce que pensent les autres, s'en soucient en fait beaucoup trop.

• **Les relations interpersonnelles**. La *qualité totale* au niveau interpersonnel signifie que l'on effectue des versements réguliers sur les comptes bancaires émotionnels des autres. Il s'agit d'augmenter continuellement votre capital de sympathie, de négocier avec bonne foi et non sous la contrainte. Si, suite au désir de répondre à une attente d'amélioration continue des produits ou des services, vous décevez cette attente, vous verrez augmenter la peur et les prévisions négatives.

Une *culture* d'entreprise est, comme le corps humain, un écosystème de rapports interdépendants qui doivent s'équilibrer synergiquement et se fonder sur la confiance mutuelle pour atteindre la *qualité*. Si nous abordons la *qualité* avec une approche autre que celle axée sur les *principes*, et ce sur les quatre niveaux, nos efforts seront nécessaires mais insuffisants.

Les comptes en banque émotionnels peuvent diminuer rapidement – particulièrement lorsqu'il y a violation des attentes de communication et d'amélioration continue. Si la communication n'existe pas, les gens commencent à se replier sur leurs souvenirs et leurs craintes et écrivent des scénarios négatifs, qui engendrent ensuite la construction de plans basés sur eux.

Dans les projets tels qu'un mariage ou une entreprise, les versements passés disparaîtront si l'on n'effectue pas continuellement de nouveaux apports sur le compte en banque émotionnel du partenaire. Avec de vieux amis, nous n'avons pas à effectuer souvent ce genre d'opération parce que nous avons peu d'attentes. Nous pouvons reprendre les choses là où nous les avons laissées et retrouver une sympathie instantanée. Qui plus est, avec des amis de longue date, il s'agit rarement de questions vitales et interdépendantes, mais plutôt de souvenirs agréables. Mais dans un mariage, dans une famille ou en affaires, nous nous confrontons à des questions de fond, jour après jour, qui nécessitent des versements continus sur le compte en banque émotionnel. Avec certaines personnes, si nous ne les embrassons pas douze fois par jour, nous serons bientôt en déficit car nos versements sont, avant tout, fragiles.

La *qualité* interpersonnelle exige qu'on donne ces douze embrassades par jour – physiques, émotionnelles ou verbales – aux personnes qui nous entourent, de sorte que les versements s'effectuent continuellement.

• **L'efficacité managériale**. La *qualité* managériale consiste essentiellement à favoriser un comportement gagnant/gagnant et des accords de partenariat – en s'assurant qu'ils s'accordent aux besoins de tous les intéressés. Ces accords gagnant/gagnant peuvent être renégociés à tout moment, sur une base de synergie plutôt que sur celle de marchandage ou de position, et ils sont ouverts à toute la dynamique et toutes les vicissitudes du marché. Il y a donc un sentiment d'ouverture dans les deux sens.

La pensée gagnant/gagnant crée un esprit d'équipe ; la pensée gagnant/perdant crée des rivalités. Les rivalités sont fréquentes dans les structures établies, lorsque les services développent leur propre vie et leurs propres mécanismes de survie. Les rivalités se développent naturellement lorsque les personnes ont des ressources limitées ; elles perçoivent leur univers professionnel comme un gâteau de taille fixe et elles développent progressivement une approche gagnant/perdant. Elles se rencontrent pour parler de « ceux-là » et essaient de trouver les différentes possibilités pour s'approprier une plus grande part des ressources internes dans le but de construire leur propre empire. Dans un tel cas de figure, nos concurrents les plus féroces se trouvent à l'intérieur de nos propres services ou de nos départements. A-t-on vraiment besoin d'une concurrence interne quand elle est déjà si forte à l'extérieur ?

Il nous faut absolument une unité interne si nous aspirons à une coopération gagnant/gagnant, à une loyauté envers la mission, à une constance dans les objectifs. La concurrence gagnant/perdant est alimentée par les ragots aux dépens des autres. Si vous avez un problème avec quelqu'un, allez le voir, discutez-en avec lui, faites le tour du problème et ensuite travaillez ensemble à la construction de l'équipe. La rivalité interne est dommageable à la *culture* de l'entreprise.

La plupart des dirigeants recherchent la *qualité* dans les techniques, les pratiques et les processus. Ils ne se rendent pas compte que la *qualité* exige une interprétation tout à fait différente du rôle du management. Toutes les innovations majeures proviennent de ruptures avec les anciens modes de penser. La pensée innovatrice survient quand, au lieu de continuer à regarder notre travail à travers nos lunettes habituelles, nous les enlevons pour en examiner les verres.

Quelle est la différence entre le management et le leadership ? Le management regarde à travers les lunettes et accomplit son travail, tandis que le leadership regarde à travers la lentille et se demande : « Est-ce bien le cadre de références approprié ? » Le management travaille dans les systèmes pour les faire fonctionner. Le leadership travaille sur les systèmes. Le leadership concerne l'orientation, la vision, les objectifs, les *principes*, la ligne directrice, la formation des personnels et de la culture, les comptes en banque émotionnels, le soutien des personnes. Le management concerne plutôt le contrôle, la logistique et l'efficacité. Le leadership regarde la ligne de départ, le management regarde la ligne d'arrivée. La main ne peut pas dire au pied « Je n'ai pas besoin de toi ». Le leadership et le management, c'est-à-dire « l'efficacité » et « la performance », sont tous deux nécessaires.

Peu de gens accordent autant d'attention aux remarques de W. Edwards Deming concernant le management des personnes, qu'à celles concernant la technologie. Mais comment peut-on développer le concept du leader comme entraîneur, comme source de soutien ? Comment faire pour éliminer la peur, enlever les barrières, construire les équipes multifonctionnelles et augmenter l'estime de soi ? L'aspect humain est au cœur des choses parce que les programmateurs sont des humains qui produisent tout le reste.

Les dirigeants doivent se rendre compte que le management se base sur des *principes* et que les employés ont des droits. On ne peut pas manipuler la vie des gens et jouer avec leurs besoins fondamentaux sans effectuer des retraits massifs de leurs comptes en banque émotionnels. S'il vous faut réduire les coûts afin de rester compétitifs, veillez à le faire selon les règles du jeu ; sinon, vous tomberez en déficit tout de suite, et une fois que la peur fait son entrée dans la *culture* de l'entreprise, tous les gens se mettent à redouter ce qui va leur arriver.

Le vice-président d'une grande société m'a dit une fois : « J'ai eu peur deux fois dans ma vie ; la première quand j'ai pris d'assaut les plages d'Iwo Jima après avoir vu les deux tiers de la première vague d'attaquants décimés devant mes yeux. – Et la deuxième fois ? – Un jour en arrivant au boulot le matin. – Comment ça ? – On ne sait jamais ce que le vieux va faire, m'a-t-il répondu. Je l'ai vu deux fois s'en prendre à des gens et leur tomber dessus. La première fois, cela a créé une telle peur chez moi que je ne l'ai jamais oubliée. Je n'arrive pas à m'en remettre. Et je ne sais pas quand ce sera mon tour. »

Même si vous ne transgressez un *principe* important qu'une seule fois, vous risquez de blesser quelqu'un profondément et cet événement aura un effet sur la *qualité* de vos rapports, car on ne saura jamais quand vous allez recommencer.

La tâche du management est la responsabilisation, ce qui revient essentiellement à ceci : « Si vous donnez un poisson à quelqu'un, vous lui donnez à manger pour un jour. Si vous lui apprenez à pêcher, vous lui donnez à manger pour toute sa vie. » Lorsque vous donnez aux gens des *principes*, vous leur conférez la capacité de se gouverner eux-mêmes. Ils acquièrent le sens des responsabilités. Vous leur inculquez des méthodes de travail, des fils conducteurs pour les guider, des ressources dont ils peuvent se servir, des critères de performance gagnant/gagnant, grâce auxquels ils peuvent se mesurer, et des récompenses comme objectifs. Lorsque vous responsabilisez pleinement les gens, votre paradigme personnel se modifie. Vous devenez un soutien. Vous ne contrôlez plus les autres, ils se contrôlent eux-mêmes et vous devenez une source d'aide pour eux.

Si vous voulez influencer et responsabiliser les autres, il faut d'abord reconnaître qu'ils ont des ressources, des capacités et un potentiel inutilisés. Vous devez comprendre leurs objectifs, leur point de vue, leur langage, leurs intérêts, leurs clients, leur patron. Soyez loyal. Ne faites rien qui puisse ébranler leurs liens émotionnels. Préservez votre crédibilité. En responsabilisant les autres, vous augmentez l'étendue de votre contrôle, vous réduisez vos coûts et vous pouvez éliminer toute bureaucratie superflue.

La responsabilisation requiert une *mentalité d'abondance,* qui postule qu'il y en a bien assez pour tout le monde et que plus on partage plus on reçoit. Les personnes qui se sentent menacées par le succès des autres les considèrent tous comme des concurrents. Elles ont une *mentalité de pénurie*. Elles trouvent émotionnellement très difficile de partager le pouvoir, les bénéfices et la reconnaissance.

• **La productivité organisationnelle**. Le leadership proactif a conscience que nous ne sommes pas le simple produit de nos systèmes, de notre environnement et s'ils peuvent nous influencer profondément nous pouvons aussi choisir nos réponses. La proactivité est l'essence du vrai leadership. Tout grand leader a un niveau élevé d'énergie et de visions proactives et cette conviction : « Je ne suis pas le produit de ma culture, de mon conditionnement et de mes conditions de vie ; je suis plutôt le produit de mon système de valeurs, de mes attitudes, de mon comportement, donc de choses que je contrôle par moi-même. »

Deming souligne constamment que la *qualité* commence au sommet, que le leadership d'une entreprise doit être intimement impliqué dans le processus pour vérifier que le paradigme de la *qualité* est ancré dans les esprits et les cœurs de chaque membre de l'entreprise. Il note que la crise de la *qualité* est plus fondamentale que celle de la technique et que la solution exige un nouveau paradigme, une nouvelle manière de voir nos rôles, une transformation du fonctionnement du management. La *qualité* n'est pas toujours de mieux faire les choses, mais souvent de les faire différemment.

Le cœur même de l'amélioration progressive de l'entreprise est la résolution de problèmes grâce aux informations provenant des intéressés. La plupart des entreprises cherchent des solutions à partir d'informations et d'analyses financières, mais les meilleurs groupes au Japon et en Amérique reçoivent constamment des informations de la part de tous les intéressés, c'est-à-dire tous ceux qui ont un intérêt dans le bien-être de l'entreprise, et ils les écoutent attentivement pour développer des solutions basées sur le diagnostic effectué. Voilà pourquoi ils sont réellement en amélioration continue. Si notre paradigme correspond à une amélioration épisodique ou saisonnière, ou n'est pas systématique, nous n'irons pas vers la *qualité totale*.

Dans la comptabilité financière, tout le monde est formé selon huit étapes : rassembler les données, fixer les objectifs, identifier, sélectionner et évaluer les alternatives, prendre une décision, la mettre en œuvre, comparer les résultats aux objectifs et enfin recommencer à rassembler les données. Dans la comptabilité des ressources humaines, nous nous arrêtons souvent après la première étape, la collecte des données. Peu de gens savent interpréter les données – sans parler de les sélectionner – à partir du diagnostic, pas plus qu'ils ne savent choisir les priorités parmi les objectifs et les problèmes, et planifier ensuite des actions selon les priorités.

Dans la plupart des entreprises, on ne met pas en place de systèmes d'information sur les intéressés. Bien sûr, la direction récolte de temps en temps des données au moyen d'une enquête quelconque, mais cela ne fait qu'éveiller des attentes et provoquer des déceptions si l'opération n'aboutit pas à des changements. Ainsi, la prochaine fois qu'on essaiera d'obtenir des données, on ne rencontrera qu'une attitude sceptique. La qualité, dans de telles entreprises, est aléatoire, souvent déterminée par la présence ou non de personnes ayant un engagement individuel et professionnel en faveur de l'amélioration de la *qualité*.

Les véritables améliorations se produisent lorsque la direction s'intéresse à la résolution de problèmes en utilisant des informations fournies par les intéressés. La plupart des entreprises n'ont même pas les outils nécessaires pour collecter les données. Elles n'abordent pas la résolution de problèmes par le biais des ressources humaines, mais plutôt par celui des relations humaines – être gentil, sympathique – le plus souvent avec un style paternaliste autoritaire. Comme cela ne requiert pas d'engagement profond, la *qualité totale* devient alors un des programmes de l'entreprise plutôt qu'une philosophie et une valeur attachée à chaque personne.

L'approche de la *qualité totale* de Procter & Gamble vise la compréhension de ses clients – comprendre ce qu'ils attendent, ce qu'ils demandent, ce qu'ils exigent. Cela vient en premier et tout le reste en découle. L'étape suivante est de leur donner plus qu'ils n'attendent, d'aller un peu plus loin, de leur rendre un service, une marchandise améliorée, ce qui confère au produit un avantage compétitif vérifié auprès des consommateurs.

Je recommande à toute entreprise de développer un système d'information sur les intéressés, une banque de données collectées par *feed-back* sur les désirs et les attentes des actionnaires, clients, employés, distributeurs et autres. Si le travail est effectué correctement, systématiquement, scientifiquement, anonymement, et sur un échantillonnage aléatoire de population, l'information possédera le même degré de précision et d'objectivité que la comptabilité financière. Il sera possible de voir d'un seul coup les progrès accomplis auprès de nos fournisseurs, clients, etc. Je pense que d'ici à cinq ans toute entreprise qui n'effectuera pas cette recherche systématique et scientifique sur ses ressources humaines en vue de procéder à la résolution des problèmes à partir de données récoltées, ne pourra pas survivre face à la concurrence.

Je pense également que toute entreprise doit développer des rapports synergiques avec ses clients et ses fournisseurs. Il y a une place pour la concurrence, mais certainement pas dans les domaines où l'on a besoin de coopérer. Si vous travaillez dans un contexte d'équipes interdépendantes, faites tout votre possible pour éliminer la compétition et pour produire de la synergie. Récompensez les personnes de leur coopération, leur travail en équipe, leur contribution aux nouvelles idées. La diversité des idées autant que celle des origines et des cultures est une force très puissante, surtout lorsque chacun respecte les différences de perception, de sentiments, d'opinion et d'origines.

Peu de personnes pratiquent la synergie faute de modèles dans leur propre vie. Elles pensent que la synergie est une forme de coopération passive ou de compromis. Elles n'ont pas eu d'expérience personnelle de synergie. Elles n'ont jamais rencontré un environnement synergique où tout le monde est transformé. Elles n'ont jamais entretenu de rapports synergiques avec leurs fournisseurs et leurs clients. Par conséquent, en dépit de leur bonne volonté et de leurs efforts, elles n'ont pas atteint la *qualité totale*.

UNE PHILOSOPHIE TOTALE

La *qualité totale* est une philosophie totale, un paradigme total d'amélioration continue dans les quatre dimensions. Elle est séquentielle, et si vous ne l'adoptez pas personnellement, vous ne l'obtiendrez pas organisationnellement. Vous ne pouvez pas vous attendre à ce qu'une entreprise s'améliore si les personnes qui la composent ne le font pas. Vous pouvez souhaiter améliorer les systèmes, mais comment ferez-vous pour obtenir un engagement au sein de la *culture* de l'entreprise dans ce but ? Il faut que les gens mûrissent afin de parvenir à communiquer et à résoudre les problèmes, ce qui permettra ainsi l'amélioration des systèmes.

La qualité totale est une approche axée sur les *principes* et provenant de ce que le monde a de mieux. Dans notre formation, nous soulignons le côté humain plus que les aspects techniques, parce que nous croyons que l'origine et l'essence de la *qualité totale* sont l'empathie vis-à-vis des clients, leur motivation et leurs pratiques d'achat.

Tout est fondé sur le *feed-back* renvoyé par les clients internes et externes et tous les intéressés. La clé de la *qualité totale* est l'écoute des intéressés, en essayant d'abord de les comprendre et ensuite de se faire comprendre.

Pourquoi ce *principe* d'amélioration continue n'est-il pas davantage mis en œuvre par les individus et par les entreprises ?

• Premièrement, parce que nous n'avons pas encore assez souffert. Nous avons eu un choc économique qui nous a perturbés. Si les tendances actuelles se poursuivent, dans dix ans nous ne contrôlerons plus notre avenir économique, nous en serons dépossédés. Au fur et à mesure que nous subissons des dégradations ou des détériorations, nous pouvons nous attendre à nous voir rachetés par une société plus évoluée. Les Japonais sont deux fois plus productifs que nous et plus avancés dans des domaines cruciaux de recherche, en raison de leur engagement envers la *qualité totale*.

• Deuxièmement, nous ne voulons pas modifier notre style de vie. Même si nous reconnaissons que la *qualité totale* implique un changement de style de vie, nous voulons arriver à celle-ci avec un programme ou un mode de contrôle au bout de la chaîne de production, alors qu'elle doit être à l'intérieur des personnes de la chaîne. Nous refusons de faire face à des questions difficiles : comment former les personnes ? Comment les recruter ? Comment créer la *culture* ?

• Troisièmement, même les meilleures sociétés américaines ont tendance à considérer la qualité comme un programme, un service. Elle n'est pas intégrée dans leur structure, leurs systèmes, leur style...

La *qualité totale* est enracinée dans des *principes* éternels :

– la foi, l'espoir, l'humilité

– le travail, l'assiduité, la recherche, les tests

– la constance, la fiabilité, la prévoyance

– le *feed-back* fondé sur les mesures et le discernement

– la vertu et la vérité dans les relations humaines.

Sans les racines, nous n'aurons pas les fruits. Sans les *principes* qui gouvernent la *qualité totale*, les méthodes et les techniques seules ne produisent que très rarement des produits, des services ou des relations de *qualité*.

La *qualité* donne à tout individu ou entreprise un avantage compétitif à long terme. Et si celle-ci est inscrite dans le caractère de l'individu et dans la *culture* de l'entreprise, elle ne pourra pas être reproduite par n'importe quel imitateur.

Chapitre XXVI

Le leadership de la *qualité totale*

Le processus visant la *qualité totale* comme modèle opératoire pour les entreprises, petites, moyennes et grandes – fabricants ou sociétés de services – augmente de façon exponentielle, parce que la *qualité* est considérée par beaucoup comme la clé de la survie et de la réussite de l'économie américaine.

Quelle que soit la variante adoptée, les *principes* et les processus de la *qualité totale* représentent beaucoup plus qu'une mode passagère ou que la dernière solution miracle à tous nos maux. La *qualité totale* exprime la modification la plus profonde et la plus compréhensive de la théorie et de la pratique du management. Néanmoins, la plupart des entreprises américaines échouent, ou du moins ne réussissent pas pleinement, dans leurs efforts d'amélioration de la *qualité*. Les signes d'une frustration et d'un cynisme croissant au niveau des dirigeants, managers et employés jalonnent la voie américaine vers la *qualité totale*.

Quel est le problème ? Pour beaucoup, c'est l'absence de fondements. Quelle est la solution ? Au fil des ans, nos clients ont trouvé que le leadership axé sur les *principes* (*LAP*) constitue le fondement d'une mise en œuvre réussie de la *qua-*

lité totale. Ils appellent quelquefois le *LAP* « l'ingrédient manquant », « le composant leadership et humain », « le ciment qui relie la qualité totale », ou encore le « catalyseur nécessaire au fonctionnement de la *qualité totale* ».

Pourquoi le leadership axé sur les *principes* et les *Sept Habitudes* a-t-il permis aux entreprises d'atteindre une *qualité totale* jusqu'alors inaccessible ? Il n'y a pas de magie, mais simplement la découverte de ce que W. Edwards Deming a dit depuis longtemps être nécessaire à la réalisation de la *qualité totale* : la mise en œuvre de *principes* et de pratiques fondamentaux. Et n'importe quelle entreprise peut y accéder.

LA *QUALITÉ TOTALE* : UN PARADIGME DU LEADERSHIP ET DES INDIVIDUS

Ironiquement, les éléments primordiaux de la *qualité totale*, tels qu'ils sont décrits par Deming lui-même, c'est-à-dire le leadership et les individus, se sont perdus, on ne sait trop comment, dans la forêt de la *qualité*. Les cadres supérieurs se sont focalisés sur les « feuilles » de la *qualité*, le contrôle statistique des processus, tout en délaissant ses racines, le leadership et les individus.

Combien de sociétés poursuivent un programme de *qualité totale* en combinant certains des composants suivants ?

L'automatisme	Les nouvelles machines
Le dur labeur	Les efforts
Rendre les gens responsables	Le management par objectif

Les primes d'encouragement	Les primes de rendement
Les normes de travail	L'inventaire juste à temps
Le zéro défaut	La réalisation des spécifications
Les cercles de *qualité*	Les processus statistiques

C'est tout faux, dit Deming. Totalement erroné ! Aucune des idées mentionnées ne représente la *qualité totale* ! Mais si l'approche « Zéro défaut », les cercles de *qualité,* le management par objectif, le SPC, l'inventaire, ne sont pas la qualité totale, qu'est-ce alors ?

Quoique certains des éléments ci-dessus puissent contribuer à la *qualité totale* (d'autres la détériorent), ils ne la garantissent absolument pas. Ici se trouve la clé de la compréhension de ce qu'est vraiment cette notion et des moyens de l'atteindre par le leadership axé sur les *principes*. Deming a compris qu'elle réside effectivement dans l'œil de celui qui regarde, elle est ce que l'agent de la *qualité* pense qu'elle est. Par conséquent, pour le travailleur à la chaîne, la *qualité* pourrait être la fierté du bon travail ; pour l'actionnaire, des bénéfices accrus ; pour le client, des chaussures à un prix raisonnable, confortables, seyantes et solides.

En fin de compte, le résultat de la *qualité,* c'est ce que le client désire et attend. Aucun des autres intéressés dans l'entreprise, que ce soit les actionnaires, les dirigeants, les employés ou les fournisseurs, ne peut survivre longtemps en négligeant les exigences de ce juge de la *qualité* qu'est le consommateur. Par conséquent toute initiative de *qualité* doit se concentrer sur lui. La *qualité* est ce que les clients jugent qu'elle doit être, en votant avec leurs dollars, leurs francs ou leurs yens.

Mais comment l'obtenir ? Le docteur Deming soutient que la *qualité*, comme résultat, est fonction de la *qualité* comme processus. Le leadership axé sur les *principes* fournit donc les *principes*, mais aussi les outils d'application requis pour activer les deux ingrédients essentiels dans ce processus de *qualité* : le leadership et les personnes.

LA TRANSFORMATION DU MANAGEMENT

Parce que la *qualité totale* est en premier lieu un paradigme (une façon de regarder le monde) concernant les personnes et le leadership, ce dernier, toujours axé sur les *principes*, est essentiel à son succès. La thèse principale de Deming, trop souvent ignorée, est la donnée primordiale pour faire cesser le déclin de l'industrie occidentale et pour permettre aux États-Unis de retrouver un avantage compétitif mondial. Il s'agit « de transformer fondamentalement le style occidental du management ». Et quelle est la transformation la plus importante ? « La tâche des dirigeants n'est pas la supervision, c'est le leadership, dit Deming. La transformation du style occidental de management exige que les dirigeants soient des leaders. »

Dans son livre *Out of the Crisis*, il note : « La plus grande partie de ce livre concerne le leadership. Presque chaque page définit un *principe* du bon leadership ou montre un exemple de bon et de mauvais leadership. » Ses Quatorze Points examinent le leadership sous une forme ou une autre et leur but même est de fournir les « bases d'une transformation de l'industrie américaine » ainsi que les critiques permettant d'évaluer son succès.

Le but de la *qualité totale* est de fournir sur le marché les biens et les services attendus, d'une *qualité* en progression constante et dont la valeur, aux yeux des consommateurs, augmente constamment, afin de procurer des emplois et des bénéfices à tous les intéressés de l'entreprise. Le but du leadership axé sur les *principes* est de responsabiliser les individus et les entreprises en leur donnant la capacité d'atteindre leurs principaux objectifs et de devenir plus efficaces dans tout ce qu'ils entreprennent. Il implique donc un contexte plus large, plus global que la *qualité totale*. Lorsqu'on l'applique à la théorie et à la méthodologie de cette dernière, le leadership axé sur les *principes* permet aux entreprises d'atteindre justement leurs objectifs de *qualité totale*. Et s'il est totalement intégré à celle-ci, à tous les niveaux de l'entreprise, alors le leadership axé sur les principes s'applique aussi aux individus, aux familles en fait à toute relation humaine, et permet aux leaders d'atteindre leurs objectifs d'amitié, d'harmonie, de coopération, de compréhension, d'engagement et de créativité, pour devenir, au bout du compte, plus efficaces dans toutes leurs relations interpersonnelles et managériales, ce qui n'est pas si différent de certains objectifs de la *qualité totale*.

Le leadership de la *qualité totale*

Quelle est la transformation fondamentale qui, selon Deming, est nécessaire pour stopper le déclin des industries occidentales ? Les dirigeants doivent changer fondamentalement, transformer leurs attitudes, leurs façons de penser, leurs paradigmes de base, pour que la *qualité totale* devienne une réalité. Deming parle de la façon dont les dirigeants américains définissent leur rôle, leurs rapports avec les employés et autres intéressés, surtout avec les clients et les fournisseurs.

Notre paradigme actuel du management et du leadership en Amérique du Nord considère les personnes comme des choses, des « marchandises ». Donnez-leur un salaire convenable et elles vous rendront un travail acceptable. Les philosophies en ressources et en relations humaines n'ont pas peu contribué à cette théorie : si nous traitons les personnes gentiment et leur demandons leur point de vue de temps en temps, elles répondront non seulement avec leurs bras, mais aussi avec leur cœur et leur esprit et cela améliorera leur production.

Les dirigeants américains n'ont accueilli que du bout des lèvres l'idée qu'il faille puiser à la source de notre bien le plus précieux – les personnes. « Le pire gaspillage en Amérique est le peu d'exploitation des capacités humaines », se lamente Deming. La première transformation fondamentale dans la façon de penser des dirigeants américains exige qu'ils développent des attitudes complètement nouvelles en ce qui concerne la dignité et la valeur intrinsèque des individus, leur « motivation intrinsèque » à fournir un travail au maximum de leurs capacités.

Les dirigeants doivent responsabiliser leurs employés dans le sens le plus profond, en supprimant les obstacles et les barrières qu'ils ont créés eux-mêmes et qui écrasent et détruisent l'engagement inhérent, la créativité et le service de *qualité* que les employés seraient en mesure de proposer dans un autre cadre. C'est le droit de tous de ressentir de la joie et de la fierté en faisant son travail. Et ce sont les pratiques des dirigeants qui les empêchent ! Pour atteindre la *qualité totale* les managers doivent devenir des leaders, inspirer chez leurs collaborateurs une plus grande capacité à contribuer aux progrès de l'entreprise, par leurs idées, leur créativité, une pensée innovatrice, une attention au détail et une analyse des processus et des produits. En d'autres mots, les dirigeants doivent devenir des leaders capables de responsabiliser leurs collaborateurs.

Les fondements de la transformation

Alors que la théorie de la *qualité totale* exposée par Deming explique le « quoi ? » de ce qu'il faut faire, et partiellement le « pourquoi il faut le faire ? », il y développe peu les détails pratiques du « comment on peut le faire ? ». Le leadership axé sur les *principes* propose le composant manquant de la *qualité totale*, le « comment faire ? », c'est-à-dire comment transformer les paradigmes des individus et des entreprises pour qu'un management réactif et orienté vers le contrôle devienne un leadership proactif, orienté vers la responsabilisation ?

Les *Quatorze Points* de Deming sont plus qu'une simple liste des choses à faire pour réaliser la *qualité totale*. Ces points sont intégrés, interdépendants et holistiques. On doit les concevoir et les appliquer en tant que système cohérent de paradigmes, de processus et de procédures – un cadre global de management et de leadership, attelés ensemble afin que les personnes qui constituent une entreprise puissent réaliser des produits et des services de la plus haute qualité et particulièrement efficaces.

Les *Sept Habitudes*, éléments clés du leadership axé sur les *principes*, reflètent des *principes* immuables et fondamentaux de l'interaction humaine performante. Ce ne sont pas des solutions faciles, rapides, clés en main pour les problèmes personnels et interpersonnels. Ce sont plutôt des *principes* essentiels qui, lorsqu'on les applique à d'innombrables pratiques spécifiques, deviennent des comportements permettant une transformation fondamentale des individus, des rapports et des entreprises.

Comme c'est le cas avec les *Quatorze Points* de Deming, les Sept Habitudes sont intégrées, interdépendantes, holistiques et séquentielles. Elles s'étayent mutuellement, fournissant ainsi une base pratique et cohérente pour des rapports interpersonnels réussis et une efficacité organisationnelle.

Le leadership axé sur les *principes* incorpore les *Sept Habitudes* et des *principes* fondateurs associés. Parce que le leadership axé sur les *principes* concerne les *principes* de base et les processus qui les gouvernent, une transformation profonde et véritable de la pensée et du caractère est possible. Un changement de *culture* profond et permanent (tel que l'engagement en faveur de la *qualité totale*) ne peut se produire dans une entreprise que si les personnes au sein de celle-ci se modifient elles-mêmes au plus profond. Non seulement les changements personnels doivent précéder ceux de l'entreprise, mais la *qualité* personnelle doit elle aussi précéder la *qualité* de l'entreprise.

Par exemple, lorsque la formation du personnel est exclusivement axée sur la méthodologie et la technique, les présuppositions sous-jacentes et les paradigmes des participants en sont rarement modifiés. Pour cette raison, les formations en techniques de communication visant à promouvoir l'esprit d'équipe peuvent n'avoir que peu de résultats durables tant que les managers continueront à penser que leurs subordonnés doivent être constamment contrôlés sous peine d'obtenir un travail insuffisant, ou qu'accorder trop de responsabilités et d'initiatives aux employés peut menacer la position du superviseur.

Supposons, par contre, que les superviseurs développent un nouveau paradigme selon lequel les employés sont capables de fournir une contribution de *qualité*, alors la responsabilisation augmente l'efficacité globale du dirigeant. À l'aide des méthodes de responsabilisation axée sur les *principes*, les dirigeants peuvent aider les employés à atteindre leur potentiel. Avec ces paradigmes sous-jacents appliqués au sein de systèmes et de structures rendant possible un niveau élevé de confiance, l'enseignement des techniques productives de communication peut avoir une efficacité pérenne.

L'appropriation des *Sept Habitudes* et les *principes* qui leur sont associés donnent lieu à une transformation des personnes et des entreprises. C'est précisément cette transformation qui constitue la clé et, pour beaucoup, la clé manquante d'une *qualité totale* réussie.

Chapitre XXVII

Les *Sept Habitudes* et les *Quatorze Points* de Deming

Une base essentielle de la *qualité totale* échappe à beaucoup de managers : on ne peut améliorer continuellement des systèmes et des processus interdépendants que si l'on perfectionne progressivement les relations interpersonnelles et interdépendantes.

Vivre les *principes* et processus associés aux *Sept Habitudes* permet de travailler collectivement avec plus d'efficacité, dans un état d'interdépendance, condition nécessaire à une bonne communication, à la coopération, la synergie, la créativité, l'amélioration des processus, l'innovation et la *qualité totale*.

L'efficacité interpersonnelle est essentielle pour l'application de *principes* de la *qualité totale* tels que la suppression des barrières entre les services, le développement du partenariat avec les fournisseurs, l'engagement de chacun dans l'amélioration de la *qualité*, la mise en œuvre du leadership, le progrès et l'innovation continus, l'anticipation des besoins du client, etc.

W. Edwards Deming dit que les données brutes n'ont aucun sens sans la théorie qui permet de les expliquer, de les interpréter et de s'en servir pour faire de la prévision. Le but de l'analyse statistique est d'aider les managers à développer une telle théorie, pour comprendre, prévoir et contrôler l'ennemi principal de la *qualité* : les fluctuations.

L'objectif essentiel du management est de stabiliser tous les systèmes et de prévoir les résultats des processus. Une fois stables et prévisibles, les processus peuvent être contrôlés et améliorés, et les fluctuations réduites. L'analyse statistique est l'outil de base permettant de comprendre, prédire et donc de réduire la fluctuation des systèmes et de leurs composants. De toutes les ressources qui forment les systèmes ou processus d'une entreprise, laquelle est la plus importante, mais aussi la plus variable, instable et imprévisible ? C'est l'être humain, bien sûr !

Les êtres humains sont uniques : il n'y en a pas deux semblables. Ils sont sujets au conditionnement culturel ; ce sont des êtres émotionnels ; leurs comportement et performance au travail sont fréquemment fonction de leur état d'esprit, du comportement des autres et des conditions de leur environnement. Les performances au travail diffèrent d'une personne à l'autre, d'un jour à l'autre, selon toutes ces influences puissantes.

De plus, ce sont les humains qui conçoivent, développent et contrôlent les autres éléments d'un système. Deming dit que plus de 90 % de tous les problèmes d'instabilité ou des défauts sont le résultat du système plutôt que de l'individu. Plus les gens sont instables ou enclins à des performances variables et imprévisibles, plus les systèmes qu'ils conçoivent deviennent instables et sujets à variation. Tout ce que les dirigeants peuvent faire pour stabiliser les performances des individus, c'est de les responsabiliser pour qu'ils deviennent plus constants, prévisibles et ça présente deux avantages : la *qualité* des produits en deviendra plus fiable, mais les systèmes et processus eux aussi seront plus stables et plus prévisibles. Il nous faut donc, dit-il, comprendre les gens, leurs interactions mutuelles, ainsi que leur environnement de travail et de formation, leurs motivations, intrinsèques et extrinsèques.

Un des bénéfices importants du leadership axé sur les *principes* appliqué à la *qualité totale* consiste dans le fait que celui-ci responsabilise les personnes, les motive davantage et les rend plus efficaces dans leurs performances personnelles et ainsi, plus aptes à assurer une amélioration continue. Il aide également à concevoir, à mettre en œuvre et à superviser des processus et des systèmes plus stables en harmonie avec les objectifs de la *qualité totale* et avec les choix stratégiques de l'entreprise. En pratiquant la proactivité, les *Sept Habitudes* et leurs processus apparentés, le comportement des personnes et leurs interactions les unes avec les autres deviennent fonction non pas de leur état émotionnel ou du comportement des autres, mais de leur engagement à des *principes* stables et invariables.

Analysons chacune des *Sept Habitudes* brièvement par rapport aux *Quatorze Points* de Deming et aux autres principes de la qualité totale.

* ***Habitude 1 : Soyez proactif – le principe de la conscience de soi, de la vision personnelle et de la responsabilité.***

Une personne proactive n'est ni agressive ni péremptoire. Elle sait à la fois prendre des initiatives et réagir aux stimulations extérieures selon ses propres *principes* (plutôt qu'en fonction des émotions ou du comportement des autres). La proactivité rejette l'idée selon laquelle les personnes et les entreprises sont contrôlées par des forces génétiques, historiques ou environnementales. Les personnes et les entreprises proactives sont lucides ; elles assument la responsabilité de leurs actions, ne blâment ni n'accusent les autres lorsqu'il y a des problèmes, travaillent avec constance dans leur cercle d'influence, changent et se développent d'abord afin d'avoir une plus grande influence sur les autres. Elles potentialisent leur capacité à rejeter les scénarios du passé et déterminent leur propre destin, elles deviennent exactement ce qu'elles veulent être. Elles engagent à aider les autres à faire de même.

Deming met en lumière ce problème du management actuel : « La plus grande partie du management d'aujourd'hui est fondée sur un comportement réactif. On met sa main sur un réchaud brûlant et on l'enlève. Un chat en ferait autant. » la proactivité constitue la base de la mise en œuvre des *Quatorze Points* de Deming, puisque c'est l'habitude de prendre des décisions et d'agir selon des *principes* et des valeurs. Un engagement constant en faveur des objectifs (1) ; l'adoption de la nouvelle philosophie à tous les niveaux de l'entreprise (2) ; la prise de décisions pour modifier les procédures de contrôle (3) ; développer de nouveaux rapports avec les fournisseurs (4) et une amélioration continue (5) et tous les autres points requièrent un leadership et des suiveurs proactifs.

Imaginez les occasions et les conséquences d'un travail permettant de supprimer les barrières entre les services (9), de chasser la peur (8), de mettre tout le monde au travail dans le but de réaliser la transformation (14), si tous les employés et les managers acceptaient la responsabilité de leurs propres actions, ne blâmaient ni n'accusaient les autres et se comportaient selon les *principes* de la *qualité totale* et du leadership axé sur les *principes*. Les initiatives, la créativité, les recommandations visant l'amélioration et les nombreuses actions qui s'ensuivraient, tous ces avantages et bien d'autres encore ne tarderaient pas à apparaître rapidement.

**** Habitude 2 : Sachez dès le départ où vous voulez aller – le principe du leadership et de la mission.***

Le leadership s'intéresse davantage aux personnes qu'aux choses ; au long terme plutôt qu'au court terme ; au développement des relations plutôt qu'aux équipements ; aux valeurs et aux *principes* plutôt qu'aux activités ; à la mission, à l'objectif et à la direction plutôt qu'aux méthodes, aux techniques et à la rapidité. L'élaboration d'un énoncé de mission personnel et organisationnel, à l'aide de processus spécifiquement conçus pour une efficacité maximale, est un outil crucial de la mise en œuvre de ce *principe*.

Deming a récemment reformulé son premier point : « Créer un but permanent visant l'amélioration des produits et des services » en « Créer et distribuer à tout le personnel une déclaration d'intention des objectifs et des buts de l'entreprise. La direction doit constamment démontrer son engagement envers cette déclaration ».

En aidant des centaines d'entreprises et des milliers de personnes à élaborer des énoncés de mission, nous nous sommes rendu compte de leur puissance formidable à promouvoir les engagements, la motivation et la clarté de vision et d'objectifs – mais seulement si certains *principes* et processus sont respectés lors de leur mise en œuvre et de leur développement. Dans le cas contraire l'énoncé de mission peut se réduire à un objet de ridicule, une antithèse de la *constitution* d'une entreprise représentant la base de sa direction stratégique et de son action quotidienne.

Beaucoup ont constaté que la découverte de leur mission personnelle a eu un effet profond sur leur existence ? Ce n'est pas le document en lui-même, mais plutôt le processus menant à son développement qui a tant de force. Adopter la nouvelle philosophie (2), adopter et mettre en œuvre le leadership (7), éliminer la peur (8), éliminer les slogans et les exhortations (10), éliminer les objectifs et les quotas (9), mettre tout le monde au travail afin de réaliser la transformation (14), requièrent tous les *principes* du leadership et un engagement envers une mission commune.

Lorsque les entreprises et leurs employés participent au processus de l'identification et de la communication de leurs *principes*, valeurs, besoins, mission et vision, dans la mesure où il y a identité entre la société et ses employés, l'opportunité d'engagement, de créativité, d'innovation, de responsabilisation et de *qualité* est activée.

**** Habitude 3 : Donnez la priorité aux priorités – le principe de la gestion du temps et des priorités en fonction de nos rôles et de nos buts.***

Si les individus et les entreprises assument l'engagement proactif de se comporter en accord avec leurs valeurs, leurs *principes* (*Habitude 1*), puis procèdent à leur identification (*Habitude 2*), alors, avec *l'Habitude 3*, ils commencent à mettre en œuvre ou à vivre ces valeurs et principes. La plupart des individus et des entreprises n'abordent la gestion du temps qu'en fonction des priorités de leurs agendas. Mais il est beaucoup plus efficace de programmer nos priorités après les avoir identifiées en fonction des rôles et des objectifs clés et déterminées par rapport à nos missions personnelles et organisationnelles. L'*Habitude 3* applique le principe de la mise en œuvre de nos plans d'action pour la réalisation de nos objectifs.

Au fur et à mesure que nous apprenons à reconnaître et à programmer nos priorités, à donner la priorité aux priorités, nous devenons plus efficaces dans nos missions, tant personnelles que professionnelles. L'entreprise développe une capacité accrue de *qualité totale* et les produits et services reçoivent plus d'attention et plus d'efforts bien ciblés et efficaces.

Selon Deming, dans la création d'une constance dans les objectifs (1), nous luttons à la fois avec les problèmes d'aujourd'hui et avec ceux de demain, les priorités à court et à long terme. « Il est trop facile, dit-il de rester emmêlés dans les problèmes d'aujourd'hui. » Adopter la nouvelle philosophie (2) et mettre tout le monde au travail pour effectuer la transformation exige des changements, une planification de l'action dont l'*Habitude 3* favorise la mise en œuvre. Améliorer constamment les systèmes de production et de service (5) exige encore une fois non seulement des principes de management et de planification, qui dépendent de la pratique, mais aussi de donner la priorité à la priorité. C'est l'application de cette habitude qui rend effective la liaison, d'une part entre les *principes* de Deming de contrôle statistique de la *qualité* et d'analyse de la variation, et d'autre part, les autres *principes* de la *qualité totale* et du leadership axé sur les *principes*.

**** Habitude 4 : Pensez gagnant/gagnant – le principe de la recherche des avantages mutuels.***

Ce *principe* est sous-jacent à plusieurs des *Quatorze Points* de Deming et à une grande partie sur la théorie globale de la *qualité totale*. Il parle dans « les forces de destruction » de scénarios du passé, d'expérience gagnant/perdant qu'on acquiert à l'école, dans le sport, la famille, la politique, les affaires et la formation, car c'est la compétition plutôt que la coopération qui règne à tous les niveaux de notre *culture*.

Dans toute relation d'interdépendance, la pensée gagnant/gagnant est essentielle à l'efficacité à long terme. Elle requiert une *mentalité d'abondance* qui consiste à dire qu'« il y en a assez pour tout le monde » et cultive donc le désir sincère de voir l'autre gagner aussi, d'orienter toute relation vers la recherche d'avantages mutuels pour toutes les parties concernées. Deming pense que le paradigme gagnant/perdant est largement responsable des problèmes de management américains. Il préconise les rapports gagnant/gagnant entre tous les intéressés, y compris les concurrents.

La mise en œuvre de ce *principe* s'effectue normalement à l'aide d'un contrat de performance gagnant/gagnant entre individus ou dans les entreprises, dont tous les employés doivent adopter un contrat de performance gagnant/gagnant sur la base de la communication et de la confiance mutuelle.

Le développement de la *qualité* afin d'éliminer les contrôles (3), la progression vers un fournisseur unique (4), l'amélioration constante des systèmes (5), l'institution des formations sur site (6), l'élimination de la peur (8), la destruction des barrières entre les services (9) ; l'élimination des objectifs, des quotas, du management par objectifs (11) et la suppression des barrières qui privent l'employé de sa fierté dans son travail (12) requièrent tous les *principes*, les processus et les outils d'application de l'*Habitude 4* « Pensez gagnant/gagnant ». Les contrats de performance gagnant/gagnant entre les différents intéressés, tels que fournisseurs, superviseurs et chefs de service, constituent des moyens tangibles et puissants pour la mise en œuvre des *principes* de Deming.

**** Habitude 5 : Cherchez d'abord à comprendre, ensuite à être compris – le principe de la communication empathique.***

C'est peut-être le *principe* le plus fort sous-jacent à chaque action humaine : chercher sincèrement à comprendre l'autre avant d'essayer d'être compris à son tour. À la racine de tout problème relationnel se trouve un manque de compréhension mutuelle. Les vrais désaccords sont grossis et multipliés par notre incapacité à voir le monde à travers, non seulement les yeux de l'autre, mais à travers son esprit et son cœur. Nous comprenons mal et, par conséquent, nous nous méfions des motivations et des points de vue des autres ; nous sommes si égocentriquement engagés lorsque nous énonçons nos propres idées, défendons nos positions, critiquons les opinions contraires, jugeons, évaluons, questionnons, que nous écoutons en fait, avec l'intention non de comprendre, mais de répondre.

Par la communication empathique, nous gagnons non seulement une compréhension lucide des besoins, idées et paradigmes des autres, mais aussi la certitude d'être compris. La vraie communication empathique partage les mots, les idées et l'information, mais aussi les sentiments, les émotions et les sensibilités. Nous sommes éduqués et programmés de telle façon que nous sommes persuadés qu'investir le temps et l'énergie émotionnelle nécessaires pour comprendre une personne, sans porter de jugement, sans défendre ni attaquer, implique que nous soyons d'accord avec elle. C'est une idée fausse, mais une telle habitude est difficile à éliminer. Le nouveau paradigme selon lequel il faut d'abord comprendre est essentiel pour tirer le meilleur parti de la *qualité totale*.

L'*Habitude 5* met en œuvre un processus intégré appelé le « système d'information des intéressés » (*SII*). Au moyen du SII, la direction rassemble et interprète des données autres que celles disponibles dans les systèmes traditionnels d'information à base financière. Les chiffres « inconnus et impossibles à connaître », qui, selon Deming, sont les plus importants à comprendre pour la gestion d'une entreprise, peuvent devenir plus tangibles et plus faciles à gérer à l'aide du SII.

Chacun des *Quatorze Points* de Deming repose sur la possibilité de comprendre clairement et précisément les interactions des personnes entre elles et aussi avec les systèmes où elles vivent et travaillent.

Une communication efficace – entre la direction, les cadres et les employés, entre l'entreprise et ses fournisseurs, entre les clients et l'entreprise – est essentielle à la *qualité totale*.

Comment l'entreprise peut-elle atteindre une constance dans ses objectifs, permettant l'amélioration des produits et des services (1), si la communication entre les différents niveaux de collaborateurs n'est ni régulière ni cohérente ? Comment l'entreprise peut-elle créer des produits et des services innovants (1) si elle ne cherche pas d'abord à comprendre le marché ? Comment peut-on motiver les collaborateurs à adopter la nouvelle philosophie (2) ou mettre tout le monde au travail en vue d'accomplir cette transformation (14) si, par manque de clarté de communication, on ne comprend pas la nouvelle philosophie ou on se méfie de la transformation visée ?

Comment pouvons-nous supprimer les barrières empêchant la fierté du travail (12), éliminer les objectifs et les quotas – y compris le MPO (11) – ou éliminer les slogans et les exhortations (10) – cela requiert une communication claire, selon Deming – sans parler des barrières érigées entre les services pendant des années (9) ? C'est seulement au moyen d'un dialogue basé sur l'empathie dans les deux sens, sincère, véritable et précis que les intéressés pourront comprendre exactement ce qui se passe et pourquoi, quels sont pour eux les avantages, les responsabilités et les éventualités qui en découlent. Adopter et appliquer le leadership (7), réaliser une amélioration continue (5), mettre en œuvre la formation (6, 13), tout cela exige un maximum de compréhension lucide et une efficacité de communication à tous les niveaux.

Le leadership et les personnes, les deux pierres angulaires, le paradigme de base de la *qualité totale*, nécessitent une communication empathique à tous les niveaux. Mais des capacités en communication ne suffisent pas ! La condition *sine qua non* de l'*Habitude 5* est la communication empathique, entre les individus et dans et entre les entreprises, qui n'atteindra pas son efficacité maximale tant que le management ne sera pas axé sur les *principes* grâce à la proactivité fondée sur les valeurs, et non pas sur des stimuli externes (*Habitude 1*) ; ni avant qu'une mission et un objectif communs ne soient identifiés et des engagements mutuels effectués de façon interpersonnelle et avec l'entreprise (*Habitude 2*) ; avant que la direction ne commence non seulement à faire ce qu'elle dit, mais aussi à vivre selon ses valeurs, devenant suffisamment fiable pour mériter la confiance de ses employés (*Habitude 3*) ; ni avant que l'esprit de l'avantage mutuel, la pensée gagnant/gagnant ne soit mis en œuvre systématiquement (*Habitude 4*) ; quand toutes ces conditions seront réunies, alors seulement les buts de la qualité totale qui en découlent seront réalisés.

** Habitude 6 : Profitez de la synergie – le principe de la coopération créative.*

Le tout est plus grand que la totalité des parties, et la méthode pour y arriver passe par la synergie, par les styles de management responsabilisant et par les structures et systèmes de soutien – en appliquant partout le leadership axé sur les *principes*. Dans un environnement de confiance et de communication ouverte, les personnes travaillant en interdépendance sont capables de générer créativité, amélioration et innovation en dépassant la totalité de leurs actions individuelles.

Au fur et à mesure que les dirigeants et les employés acquièrent une attitude gagnant/gagnant, pratiquent la communication empathique, démontrent leur fiabilité et établissent des rapports de confiance, la synergie devient le fruit de leurs efforts et avec celle-ci vient la réalisation ultime de la *qualité totale* : une amélioration continue et une innovation constante.

Chaque élément concerné par les *Quatorze Points* de Deming, ainsi que la guérison des « maladies mortelles », « la conquête des obstacles » et « la résistance aux forces destructrices », sont résolus plus facilement et de façon plus satisfaisante par une synergie interdépendante que par une action indépendante. Avec la résolution de problèmes synergiques, les questions épineuses d'aujourd'hui et de demain sont abordées avec constance (1). La synergie permet d'atteindre la *qualité* par une nouvelle analyse du marché et de nouveaux processus de conception et de production, plutôt que par le contrôle (3). L'établissement de nouveaux rapports de partenariat avec les fournisseurs, incluant les contrats de performance gagnant/gagnant, exige une synergie efficace (4).

Comment une entreprise peut-elle continuer indéfiniment à optimaliser son système de production et de service (5), sinon par un leadership créatif et synergique ? La suppression des *forces contraignantes* et le développement de programmes de formation les plus aptes à développer l'utilisation des capacités des personnes sont le résultat d'une synergie efficace (6). Pour éliminer la peur (8), il faut créer la confiance, et celle-ci est alimentée par les interactions synergiques. Lorsque les enquêtes de performance deviennent des expériences synergiques de formation, de conseil et de résolution de problèmes plutôt que des inquisitions culpabilisantes, la foi et la confiance remplacent la peur et le doute, ouvrant ainsi de nouvelles occasions pour une nouvelle recrudescence de créativité et de synergie (8, 12). La défense du territoire et les barrières doivent être remplacées par une coopération entre les fonctions et les services ; la synergie doit devenir le catalyseur qui permet une coordination et une efficacité appropriées (9).

* *Habitude 7 : Aiguisez vos facultés – le principe de l'amélioration continue.*

Les individus et les entreprises ont quatre besoins ou caractéristiques majeurs :

1. physique ou économique ;
2. intellectuel ou psychologique ;
3. social ou émotionnel ;
4. spirituel ou holistique.

La clé d'une amélioration continue dans tous les domaines est l'engagement permanent et la performance régulière des individus et des entreprises pour augmenter leurs capacités dans ces quatre domaines. Le leadership axé sur les *principes* se concentre sur la façon dont les individus et les entreprises peuvent développer leurs potentialités et satisfaire leurs besoins dans ces domaines. L'apprentissage permanent, le développement de nouvelles capacités et l'amélioration des anciennes sont les véhicules à l'aide desquels le succès permanent dans l'application des *principes* et l'utilisation des outils sont rendus possibles. L'application de l'*Habitude* 7 est le *principe* permettant une efficacité maximale dans l'exercice de toutes les autres *Habitudes*.

L'*Habitude* 7 appliquée au niveau organisationnel donne ce que Peter Senge du MIT appelle « l'organisation qui apprend ». *Kaizen* est le parapluie d'amélioration continue sous lequel la *qualité totale* des systèmes et processus, et enfin des produits et services, est mise en œuvre. Par la pratique de ce processus et principe de l'*Habitude* 7, l'entreprise elle-même s'améliore et augmente sa capacité dans tous les domaines.

Le *Point 5* de Deming, « Améliorer constamment le système de production et de service », est l'application directe et évidente d'« Aiguiser vos facultés ». L'*Habitude* 7 comprend tous les éléments permettant la mise en œuvre de ce processus d'amélioration. Une uniformité accrue dans la production des employés est le résultat non seulement de la formation (6) et de l'application de l'*Habitude* 7, mais aussi de l'application de tous les éléments du leadership axé sur les *principes* qui concernent la stabilité et la constance dans les performances. La recommandation de Deming d'instituer un programme rigoureux de formation et de perfectionnement individuel (13) est activée par l'application des processus et *principes* appris à l'aide de l'*Habitude* 7.

Les avantages pratiques de l'adoption du leadership axé sur les *principes* tout en cultivant la *qualité totale* sont considérables et démontrables. C'est le défi que doit relever le leadership : solliciter de chaque employé son engagement le plus profond, une fidélité permanente, sa meilleure créativité, une productivité excellente et uniforme et une contribution maximale à la réalisation de la mission de l'entreprise, une amélioration continue des processus, des produits, et des services. C'est ce qui est exigé par la *qualité totale* et fourni par le leadership axé sur les principes, qui se révèle donc indispensable à son obtention.

RÉSUMÉ DES *QUATORZE POINTS* DE DEMING

• Créer une *permanence des objectifs* en vue de l'amélioration des produits et des services, afin de rester compétitifs, continuer à exister, et proposer des emplois.

• Créer et distribuer à tous les employés une « déclaration d'intention » indiquant les buts et les objectifs de la société ou de l'organisme. La direction doit constamment démontrer son engagement envers ce document.

• Adopter la nouvelle philosophie de la part de la direction et de tous les intéressés. Les dirigeants occidentaux doivent se réveiller devant le défi d'une ère économique nouvelle, prendre leurs responsabilités et assumer le leadership dans le changement.

• Cesser de s'appuyer sur le contrôle comme moyen d'atteindre la *qualité*. Éliminer la nécessité d'un contrôle de masse en intégrant la *qualité* dans le produit dès le départ.

• Comprendre l'objectif du contrôle, pour l'amélioration des processus et la réduction des coûts.

• En finir avec la pratique du contrat sur la base exclusive du prix. À sa place, essayer de minimiser les coûts globalement. Chercher à avoir un seul fournisseur pour chaque pièce ou service, avec un rapport à long terme fondé sur la fidélité et la confiance.

• Améliorer continuellement et indéfiniment le système de production et de service, afin d'améliorer la *qualité* et la productivité et de réduire ainsi régulièrement les coûts.

• Mettre en place une formation pour développer les capacités des nouveaux salariés et aider la direction à comprendre tous les processus de l'entreprise.

• La supervision des cadres et des employés devrait aider les individus, en rapport avec les machines, à mieux accomplir leur travail.

• Chasser la peur afin d'améliorer l'efficacité de tous. Créer la confiance. Créer un climat propice à l'innovation.

• Supprimer les barrières entre les services.

• *Optimiser*, en vue des objectifs et des buts de l'entreprise, les efforts des équipes, des groupes et des secteurs.

• Éliminer les slogans, les exhortations et les cibles de production pour les employés.

• Éliminer le management par objectifs. Apprenez à leur substituer les potentialités des processus et la façon de les améliorer.

• Abolir les barrières qui privent les employés payés à l'heure ainsi que la direction, de leur droit à la fierté du travail bien fait. Éliminer le système d'évaluation annuelle ou les primes d'encouragement.

• Mettre en place un programme vigoureux de formation et de perfectionnement individuel pour tout le monde.

• Mettre en place un plan d'action, et se mettre tous au travail afin d'accomplir la transformation.

Chapitre XXVIII

Transformer un marécage en oasis

Imaginez un marais, insalubre, instable, plein de vase et de mauvaises herbes, avec même des sables mouvants. On peut y voir des insectes grouillant à la surface, des crocodiles, des araignées, des serpents et d'autres créatures vivant dans cet environnement. Aucune source d'eau pure ne s'y déverse ni n'en sort. L'eau est stagnante. On voit des champignons, de la mousse et l'odeur est très nauséabonde. L'eau est putrescente, envahie de plantes en décomposition, de parasites et de bacilles responsables d'infection.

Imaginez maintenant une transformation graduelle de ce marais en une oasis magnifique. Le marais est asséché, vidé de ses eaux stagnantes. En amenant des sources fraîches, on introduit petit à petit de l'eau pure. Le terrain devient plus stable, les mauvaises odeurs disparaissent, la végétation change avec l'apparition de plantes et de fleurs dégageant des parfums nouveaux et agréables, qui embaument l'air. Des lacs, des arbres, toute une magnifique végétation, apparaissent.

Enfin le marais devient une véritable oasis où l'on peut se reposer à l'ombre des arbres, au bord d'un lac à l'eau si transparente, si pure, qu'on peut même la boire. C'est devenu un endroit où l'on peut se détendre, travailler ou s'entretenir avec les autres. Si on voulait utiliser le langage de la *qualité*, on dirait que c'est un lieu agréable, beau, attirant, enchanteur, splendide, magnifique et paisible.

Transformer vos situations

Mais comment pouvez-vous transformer un marais, c'est-à-dire une mauvaise situation dans laquelle vous vous trouvez, en une belle oasis ? Quelles transformations devez-vous accomplir ? En fait, c'est l'accumulation de plusieurs petites transformations qui permet ce résultat.

D'abord, votre entreprise doit être comme une ferme et non comme une école. Elle doit être axée sur les lois naturelles et des *principes* durables puisque ce sont ceux-ci qui en seront les opérateurs.

Vous ne pouvez transformer un marais insalubre en culture prônant la *qualité totale* autrement qu'en créant des habitudes personnelles de caractère et des rapports interpersonnels fondés sur les *principes*. Sinon, vous n'aurez pas les fondations qui rendent possibles la qualité et les autres initiatives réformatrices.

Représentez-vous le gain énorme que vous feriez si vous pouviez transformer une *culture* de marais fondée sur des relations conflictuelles, le légalisme, le protectionnisme, la politique, en une culture d'oasis basée sur des lois ou *principes* naturels. Vous économiseriez beaucoup d'argent en élargissant les zones de contrôle et en profitant des énergies et des talents des individus. Mais comment y parvenir ?

Avant tout, il faut bâtir un sentiment de *sécurité* intérieure pour que l'entreprise puisse s'adapter avec souplesse aux réalités du marché. Moins les individus possèdent de *sécurité* interne, moins ils sont capables de s'adapter à la réalité externe. Ils ont besoin de stabilité, sans crainte perpétuelle que le terrain ne tremble sous leurs pieds, ils ont besoin de prévoyance. Ils peuvent essayer de la trouver dans la structure et les systèmes, mais cela ne mène qu'à la bureaucratie, qui fossilise les entreprises en les rendant incapables de s'adapter rapidement aux changements du monde.

Les personnes n'accepteront le changement avec conviction et enthousiasme que si leur *sécurité* se trouve à l'intérieur d'elles-mêmes. Mais si elle est externe, elles percevront le changement comme une menace. On a tous besoin d'un sentiment de stabilité, de sûreté. Nous ne pouvons pas vivre constamment en terrain mouvant. Ce serait comme subir tous les jours un tremblement de terre. Par conséquent, nous créons quelque chose de stable, de prévisible, souvent en instituant des structures et des systèmes, des règles et des règlements. Mais les règles ne font qu'étouffer la capacité d'adaptation de l'entreprise en obstruant la source d'eau fraîche d'idées nouvelles. Et les conditions du marais sont réunies : l'eau reste stagnante, l'air devient nauséabond et tout le monde s'en rend compte. Mais si la concurrence est dans la même situation, on survit. Quand un nouveau concurrent arrive, une entreprise qui a une *culture* de confiance, d'esprit d'équipe, de travail ainsi qu'un engagement en faveur de la *qualité* et de l'innovation, nous pouvons toujours étudier leurs méthodes en essayant de les implanter au sein de notre propre *culture*. Mais si les fondations ne sont pas là, on restera embourbés dans le marais.

Que se passe-t-il quand les personnes s'introduisent dans un environnement politisé et qu'elles ont le sentiment que les compensations sont inéquitables ? Elles réclament réparation de ce qu'elles perçoivent comme une injustice. Elles peuvent créer un syndicat, réclamer une législation sociale, opposer une résistance collective. De telles mesures puisent dans le besoin social d'appartenir et de se faire accepter ainsi que dans celui, plus psychologique, d'utiliser son énergie créative, d'avoir une cause, un objectif. Mais l'entreprise peut souvent devenir un lieu où la politique prend les commandes et où les gens essaient constamment de lire dans le marc de café.

Ce type de *culture* engendre la dépendance et il est impossible de responsabiliser des individus dépendants. C'est pourquoi la plupart des initiatives de responsabilisation ne marchent pas. Les personnes peuvent se comporter comme si elles étaient indépendantes et responsabilisées mais ainsi armées, elles ne tirent souvent que des balles incontrôlées et quand elles se mettent un jour à tirer dans tous les sens, les dirigeants leur retirent leurs armes, se mettent sur le mode contrôle et utilisent le pouvoir coercitif ou persuasif : « Si vous faites ceci, nous ferons cela. » Mais les méthodes du passé ne marchent pas face aux nouveaux défis. Aujourd'hui, rien n'échoue aussi vite que les succès du passé.

Si vous êtes axés sur les *principes*, vous aurez tendance à avoir des relations axées elles aussi sur les *principes*, même avec ceux qui ont un paradigme politique. Il est presque impossible de fréquenter une personne possédant une telle ligne de conduite sans sentir la puissance qui se dégage de son intégrité. En face d'elle, les individus orientés politiquement s'adaptent ou s'en vont ; ils ne peuvent pas supporter tant d'intégrité, surtout si cette personne axée sur les *principes* la met tranquillement en pratique. Et, au fur et à mesure que les « politiques » s'ajustent (ou partent), on observe une transformation dans la culture, du marais à l'oasis.

De tels leaders créent une vision en commun et un ensemble de *principes* et travaillent à la diminution des *forces contraignantes*. Les managers eux se concentrent surtout sur l'augmentation des *forces motrices*. Si l'on fait croître ces dernières – les muscles de l'entreprise (ses capacités financières et humaines) –, on peut, temporairement, produire une amélioration. Mais cette amélioration crée des tensions et les tensions engendrent de nouveaux problèmes qui exigent de nouvelles forces motrices. Les performances ont tendance à rétrograder. Elles peuvent même revenir au point de départ ou se dégrader, particulièrement si l'entreprise s'épuise et se laisse aller au cynisme. Le management par force donne lieu à un management par crise. Parce qu'il y a trop de balles qui sifflent dans l'air, trop de problèmes urgents à résoudre si bien que toutes les énergies sont utilisées à faire face aux urgences et aux demandes quotidiennes. Mais l'espoir renaît toujours et de nouveaux espoirs vont de pair avec de nouvelles initiatives.

L'oasis de la *qualité totale* représente l'état désiré. Les initiatives se basent sur le *principe* de l'amélioration continue, non seulement des produits et des processus, mais aussi de l'innovation continue, qui est l'anticipation des désirs et des besoins du client. C'est aller au-delà de la satisfaction. Cela instaure une loyauté profonde.

Les idées de W. Edwards Deming ont trouvé un terrain fertile au Japon après la Deuxième Guerre mondiale. Il a montré aux Japonais comment transformer leur *culture*. Ce pays avait été dévasté et laissé presque sans ressources, à part ses habitants. Ceux-ci ont pu apprendre rapidement, dans des circonstances humiliantes, que la seule façon de survivre et d'avancer était de travailler ensemble et durement. Dans leurs écoles et leurs entreprises, ils ont énormément investi dans les ressources humaines. L'interdépendance, la partie haute de l'échelle de la maturité des *Sept Habitudes*, est devenue la norme sociale prédominante.

Les transactions économiques peuvent se produire dans des cultures de dépendance, mais il ne peut y avoir ni transformation ni changement du fonctionnement des entreprises. La plupart de ces dernières ne prennent pas cette idée au sérieux tant qu'elles ne se sentent pas gravement menacées. Cependant, aujourd'hui, un certain nombre d'entreprises souffrent, dans tous les secteurs industriels principaux, et pratiquement chaque entreprise importante est en train de subir une *métamorphose*.

Le leadership de la transformation

L'une des gammes les plus populaires de jouets de ces dernières années est celle des transformateurs. Ces unités de couleurs vives sont en réalité deux jouets en un seul. Ils se transforment tels des caméléons, d'un objet à l'autre, le robot en avion par exemple, par de simples manipulations.

Dans le monde des entreprises, les transformateurs sont aussi très à la mode. Au moins dans les revues de management, où on les rencontre presque à chaque page, et ceci pour une bonne raison : « On a tous besoin de réinventer ce qu'on fait, dit John Naisbitt, l'auteur de *Megatrends*, c'est une question de survie. »

Le monde est sans doute en train de subir des changements révolutionnaires. Tout observateur attentif remarquera la *métamorphose* qui se produit dans pratiquement chaque industrie et chaque profession. Dans *The Aquarian Conspiracy*, Marilyn Ferguson la décrit comme une grande secousse, un déplacement irrévocable, un esprit neuf, une nouvelle direction « de la conscience dans un nombre critique d'individus, un réseau assez puissant pour effectuer un changement radical dans notre culture ».

Il s'agit d'un changement si rapide, si profond, si complet, qu'il submerge presque toujours l'observateur attentif. On dit qu'il y aura plus de changements dans les quelques années à venir que ceux survenus en nombre de siècles identiques. Mais il existe néanmoins ceux qui en sont toujours inconscients. Comme les poissons pour lesquels l'eau est peut-être la dernière chose qu'ils découvrent, ils ne voient pas la chose la plus évidente. Ils ne sont pas sensibles à la différence entre le passé et le présent, entre aujourd'hui et demain.

À mon avis, ces changements révolutionnaires modifieront à tout jamais le mode opératoire de la plupart des sociétés. Les individus et les produits qui ne sont pas en contact avec ces changements deviendront rapidement obsolètes.

Pendant que les individus cyniques acceptent l'obsolescence comme une conséquence inévitable du changement, les cadres proactifs innovent et augmentent leur part de marché. L'astuce est d'abord d'identifier les tendances et ensuite d'évoluer avec celles-ci.

Par exemple, la revue *PC Magazine* rapporte que le micro-ordinateur, encore plus que le gros ordinateur et le mini-ordinateur qui l'ont précédé, va « transformer l'informatique, ceux qui se servent des ordinateurs, et même la nature de notre société et de notre vie ».

Les tendances de la « méga-informatique » suggèrent qu'avant la fin de ce siècle « il y aura un ordinateur sur presque chaque bureau, et au moins autant d'ordinateurs que de télévisions à la maison. L'ordinateur personnel augmentera la productivité de 20 %, les cadres l'utiliseront avec plus d'enthousiasme et la saisie vocale jouera un rôle important, transformant chaque téléphone en terminal d'ordinateur, tant pour la saisie que pour la réception de données ».

Le dirigeant efficace notera les tendances et accomplira les transformations nécessaires. Il existe plusieurs observateurs sociaux qui décrivent les « méga-tendances » et nous donnent la mesure de ces changements dynamiques et radicaux. Pour simplifier, je ne considérerai que trois catégories : l'économie, la technologie et le socioculturel, en comparant les structures traditionnelles et émergentes dans différentes catégories.

Traditionnel	En développement
Économie	
Règles de l'ère industrielle	Règles de l'ère informatique
Économie stable	Économie incertaine
Fournisseurs/marchés stables	Fournisseurs/marchés fluides
Production à la chaîne	Prestation personnalisée de services
Concurrence domestique	Concurrence internationale
Puissance des muscles	Puissance des cerveaux
Technique	
Technologie mécanique	Technologie électronique
Innovation technologique	Innovation technologique rapide
Prévisible (dix ans)	Imprévisible (dix-huit mois)
Socioculturel	
Acceptation des rôles autoritaires et hiérarchiques	Attente croissante de l'implication des employés
Population stable de travailleurs	Femmes, minorités, jeunes mâles
Natalité croissante	Natalité décroissante
Valeurs matérielles, externes	Valeurs internes, qualité de vie
Dérive des entreprises par rapport aux valeurs socio-économiques dominantes	Réaffirmation des valeurs socio-économiques dominantes

La portée et la grandeur de ces tendances émergentes obligent les chefs d'entreprise à adopter un style transformationnel.

Les implications pour les dirigeants et les cadres

La nécessité d'un changement majeur dans la pensée et la pratique chez les dirigeants et les cadres est essentielle à cette transformation. Beaucoup d'entreprises et leurs chefs ne changent pas en fonction de ces tendances. Par exemple, notre société apprécie la démocratie, mais de nombreux établissements pratiquent le féodalisme. Alors que notre société est devenue pluraliste, beaucoup d'entreprises recherchent l'homogénéité. Le besoin peut-être le plus fondamental est celui de comprendre pleinement la nature humaine. La théorie de la motivation a déplacé son fonctionnement du ventre (les aspects physiques et économiques) au cœur (les bonnes relations humaines, bon comportement), à la tête, (identifier, développer, utiliser les talents) et à l'esprit (le sentiment d'un but ou d'un sens transcendant).

Un concept élargi de la nature humaine provoque un autre changement dans le rôle du manager qui, de héros, devient développeur ; de commandant, consultant ; de donneur d'ordres, mentor ; de preneur de décisions, définisseur de valeurs et exemples. Le nouveau manager s'éloigne du dialogue conflictuel pour aller vers un dialogue empathique, chemine de l'appropriation du pouvoir vers le partage du pouvoir, abandonne des relations conflictuelles (gagnant/perdant) pour des relations de collaboration fondées sur des intérêts partagés (gagnant/gagnant).

On peut concevoir ce changement de paradigme en termes d'échelle avec, d'un côté, le contrôle externe et, de l'autre, le contrôle interne où l'engagement va de rapports humains superficiels vers une pleine utilisation des ressources humaines.

Le nouveau leader apprend à « lire » chaque situation et à s'adapter en conséquence. Un excellent modèle de ce nouveau style de leadership est le « Situational leadership II » de Ken Blanchard. Comme il le décrit, ce modèle suggère que le leader doit adapter son style en fonction des aptitudes et de la maturité de ses employés. Un tel leader doit posséder de bonnes capacités de diagnostic et un grand répertoire de styles de management, avec le courage et la flexibilité requis pour utiliser le style le plus approprié.

LE CHANGEMENT PERSONNEL PRÉCÈDE LE CHANGEMENT ORGANISATIONNEL

Il est presque proverbial de dire que le changement personnel doit précéder ou du moins accompagner le changement managérial et organisationnel ; dans le cas contraire, la duplicité et le dédoublement de la pensée engendrent le cynisme et l'instabilité. L'impératif de la vie est de croître ou de mourir, de s'agrandir ou de stagner.

Lorsqu'on tente de changer un style de management ou d'organisation sans d'abord modifier ses propres habitudes, c'est comme si on essayait de perfectionner son jeu au tennis avant d'avoir développé les muscles qui rendent possibles les nouveaux coups. Certaines données ont forcément la priorité. On ne peut pas courir avant de pouvoir marcher, ou marcher avant d'aller à quatre pattes. Et on ne peut pas non plus changer notre style de management avant de changer d'abord nos habitudes personnelles.

Le psychologue William James a dit que si nous voulons changer celles-ci, nous devons d'abord nous engager nous-mêmes et payer le prix du changement ; deuxièmement, nous devons saisir la première occasion pour utiliser nos nouvelles pratiques ou capacités ; et troisièmement, nous ne devons jamais nous permettre aucune exception jusqu'à ce que nos nouvelles habitudes soient fermement implantées à l'intérieur de nous-mêmes.

Il va sans dire que le changement, qu'il soit personnel ou organisationnel, comporte un degré de risque. En raison de ce risque même et de la peur d'un échec, beaucoup de personnes résistent au changement. Celles qui s'adaptent bien aux environnements changeants ont, en général, un fond de valeurs internes immuables et leur comportement s'harmonise avec celles-ci. Cette intégrité soutient leur amour-propre, leur fournit des fondations solides, qui leur permettent de faire face aux différentes circonstances.

Certaines, particulièrement bien établies, telles que U.S. Steel ou General Motors, ne peuvent pas se transformer de la même manière, car toute entreprise doit, comme le dit John Naisbitt, se « réinventer », se transformer. Celles dont la seule force motrice est le moment (au sens que lui donne la physique) et la mémoire pourront autrement se voir rejetées dans l'abîme.

Le leadership transformationnel est différent du leadership transactionnel. Le premier signifie que nous changeons les réalités de notre monde particulier pour qu'elles soient en conformité avec nos valeurs et nos idéaux ; le deuxième vise une interaction efficace avec les réalités changeantes. Le leadership transformationnel se concentre sur la ligne du haut ; il est axé sur les *principes* ; le deuxième se concentre sur la ligne du bilan, celle des résultats ; il est axé sur les événements. Ces deux formes de leadership sont encore différentes sur d'autres points, comme le montre la liste suivante :

Le leadership transformationnel

- Se base sur notre besoin de signification.
- Se préoccupe des objectifs et des valeurs, de la moralité et de l'éthique.
- Transcende les problèmes de tous les jours.
- S'oriente vers la réalisation des objectifs à long terme sans compromettre les valeurs et les *principes* humains.
- Distingue les causes et les symptômes et travaille à la prévention.
- Prône le profit comme base de la croissance.
- Est proactif, catalyseur et patient.
- Se concentre davantage sur les missions et les stratégies.
- Utilise pleinement les ressources humaines.
- Identifie et développe les nouveaux talents.
- Reconnaît et récompense les contributions significatives.

• Conçoit les postes de travail pour qu'ils aient un sens et proposent des défis.
• Libère les potentialités humaines.
• Développe l'amour.
• S'oriente dans des directions nouvelles.
• Aligne les structures et systèmes internes de façon à renforcer les valeurs et les objectifs de base.

Le leadership transactionnel

• Se base sur notre besoin de travailler et de gagner notre vie.
• Se préoccupe des questions de pouvoir et de position, de politique et de privilèges.
• S'embourbe dans les affaires courantes.
• Voit à court terme, est axé sur des faits concrets.
• Ne distingue pas les causes des symptômes, s'occupe davantage du traitement que de la prévention.
• Se concentre sur les questions tactiques.
• S'appuie sur les relations humaines pour faciliter les interactions.
• Respecte et satisfait les attentes des rôles en s'efforçant de travailler avec efficacité à l'intérieur des systèmes actuels.
• Consolide les structures et les systèmes qui renforcent la ligne du résultat, optimisent l'efficacité et garantissent les bénéfices à court terme.

Il est évident que les deux types de leadership sont nécessaires. Mais le leadership transformationnel doit précéder, puisque c'est lui qui fournit le cadre de référence, les contours stratégiques dans lesquels les transactions ont lieu. Sans une vision claire du type de transformation requis, les dirigeants et les gestionnaires auront tendance à fonctionner en termes d'agendas sociaux et politiques.

Le but du leadership transformationnel est littéralement de « transformer » les individus et les entreprises, d'en changer, et l'esprit, et le cœur, d'élargir leur vision, leur compréhension, de clarifier les objectifs, d'harmoniser les comportements avec les croyances, *principes* ou valeurs, et, enfin, d'effectuer des changements qui sont permanents, qui se perpétuent et qui créent un mouvement en avant.

Je suis personnellement convaincu qu'un seul individu peut être un catalyseur de changement, un « transformateur », dans n'importe quelle situation, dans n'importe quelle entreprise. Un tel individu est comme une pincée de levure qui peut faire lever un pain entier. Être un leader transformateur exige une vision, de l'initiative, de la patience, du respect, de la persistance, du courage et de la foi.

Chapitre XXIX

Les constructions d'entreprises

Un énoncé de mission d'une entreprise peut être un document sans prix pour les individus comme pour l'entreprise. Comme Thomas Jefferson l'a dit à propos de la Constitution des États-Unis : « Notre *sécurité* particulière vient de la possession d'une *constitution* écrite. »

Les énoncés de mission, qu'ils soient personnels ou à l'échelle de l'entreprise, responsabilisent les individus, qui prennent le contrôle de leurs propres vies, augmentant ainsi leur *sécurité interne*.

En écrivant un énoncé de mission, vous rédigez un schéma directeur, hissez un drapeau, cimentez une *constitution*. Le projet mérite une large participation. D'après mon expérience, chaque société qui a impliqué consciencieusement ses employés dans la formulation d'un énoncé de mission a produit une bonne *constitution*. Le *principe* est essentiel dans notre société : le gouvernement avec le consentement des gouvernés. Les personnes ont le sens de ce qui est juste et si elles se sentent impliquées elles produiront un document juste.

Un exemple, la société Pillsbury, une entreprise diversifiée et en croissance rapide, dont la taille pendant la dernière décennie a pratiquement triplé ; les directeurs se sont réveillés un jour avec « le sentiment troublant que notre intérêt pour les objectifs financiers a prédominé, au détriment de l'adaptation de nos employés à la croissance spectaculaire de la société. Nous avons décidé qu'il devait y avoir une confirmation, une déclaration publique de ce que Pillsbury se devait de représenter. Il fallait qu'elle soit simple, courte et qu'elle autorise les gens à rêver, à prendre des risques, à penser créativement, et à donner le signe du changement dans notre *culture* qui, de conservatrice, lourde et bureaucratique devait s'orienter vers les gens, devenir innovatrice et favorable aux initiatives individuelles ».

Pillsbury a mis un an, a impliqué les deux cents principaux managers et a requis une participation à tous les niveaux, dans le but de créer une *constitution* d'une page, un énoncé de mission et de valeurs.

Quelles différences ce document a-t-il produites ? Selon Virginia Ward, la vice-présidente des ressources humaines : « Nous nous sentons, à tous les niveaux de la société, propriétaires de notre mission et de nos valeurs. Nous sommes plus efficaces dans notre management des individus en raison des *principes* inhérents de notre mission et de nos valeurs. Il y a un esprit d'optimisme et d'enthousiasme pour l'avenir. »

Telle est la puissance d'une *constitution* d'entreprise. Nous en avons une merveilleuse en Amérique. John Adams a dit que la Constitution des États-Unis a été écrite pour un peuple moral. La plupart des énoncés de mission des entreprises supposent aussi qu'il y ait une moralité essentielle, une intégrité et un sens de responsabilité sociale chez les personnes.

Un énoncé de mission concentre vos énergies et vous dote d'un sentiment d'orientation, d'existence, de but. Elle vous aide à garder le *nord magnétique*, concentre vos ressources et votre énergie personnelle. Vous ne dépensez pas votre argent, votre temps et vos efforts pour des choses qui ne renvoient à rien et n'ont aucun rapport avec votre raison d'être.

Utilisez votre énoncé de mission pour diriger et unifier votre vie. Vous pouvez gagner une plus grande *sécurité interne* en assumant davantage votre propre direction. Si vous construisez votre propre sécurité sur les faiblesses des autres, vous permettez à leurs faiblesses de vous contrôler. Si vous bâtissez sur les faiblesses de vos concurrents, vous leur donnez en fait du pouvoir. Si, au contraire, vous fonctionnez sur la base de votre propre énoncé de mission et de valeurs, votre vie est moins le jouet de forces externes. En fait, vous commencerez à modeler les événements de votre vie.

L'énoncé de mission devient un cadre pour penser, pour gouverner.

Révisez-le périodiquement et demandez-vous : « Faisons-nous tout ce que nous pouvons pour vivre de cette manière ? Empêchons-nous les problèmes ? » Le management de la facilité mène au management par gestion des crises, qui se succèdent les unes après les autres comme les vagues de l'océan. Les problèmes surgissent si fréquemment que la vie prend l'allure d'un vaste problème. Le cynisme et la fatigue s'installent.

Nous avons travaillé, une fois, avec une entreprise qui voulait instaurer une sensibilisation aux dépenses. Elle a donc lancé une campagne dans ce sens, mais les gens en ont oublié de prospecter pour trouver de nouveaux clients. On a donc lancé une campagne de prospection. Tout le monde est parti chercher de nouveaux clients en oubliant les relations internes. La campagne frénétique suivante ciblait les relations humaines, et ainsi de suite. Une campagne chassait l'autre. Le cynisme s'est généralisé, de sorte que les collaborateurs ont cessé de s'intéresser aux campagnes. Du coup, leur énergie s'est concentrée sur la politique, la polarisation et la protection de leurs intérêts.

Cela peut aussi se produire en famille. Trop de familles sont gérées sur la base de solutions de facilités, de gratifications instantanées, au lieu de *principes* solides et d'un riche compte en banque émotionnel. Alors que le stress et la pression montent, les gens se mettent à crier et ont des réactions exagérées ou deviennent cyniques, critiques ou taciturnes. Les enfants le voient et pensent que c'est comme cela qu'on résout les problèmes, soit en se battant, soit par la fuite. Le cycle peut se transmettre à travers les générations. En préparant une *constitution* familiale, vous pouvez vous attaquer aux racines du problème.

Si vous voulez effectuer un changement à long terme, identifiez les valeurs et les objectifs essentiels et alignez les systèmes sur ces valeurs et objectifs. Travaillez sur les fondations, rendez-les solides. Le noyau de toute famille est ce qui est permanent, ce qui va rester pour toujours. Cela peut être exprimé dans un énoncé de mission familiale. Posez-vous la question : « Qu'est-ce qui est le plus important pour nous ? Qu'est notre famille réellement ? Que représentons-nous ? Quelle est notre mission essentielle, notre raison d'être ? »

Si vous identifiez votre objectif principal et définissez une vision et des valeurs partagées, vous pouvez faire face à n'importe quelle situation. La mission stimule les personnes en leur permettant d'aborder leurs problèmes et d'en discuter d'une matière mature et raisonnée. S'il y a un rêve, une mission, une vision, ils se répandront partout dans l'entreprise et donneront forme aux actions.

Les *principes* sont des lois intemporelles, universelles qui donnent du pouvoir aux personnes. Les gens qui raisonnent en termes de *principes* pensent à toutes sortes d'applications et possèdent le pouvoir de résoudre les problèmes dans un grand nombre de cas avec des conditions variées. En revanche, les personnes qui pensent en termes de pratiques tendent à être limitées dans leur efficacité à des conditions spécifiques dans lesquelles la pratique fonctionne.

Les *principes* ont un nombre infini d'applications, aussi variées que les circonstances. Ils tendent à être des vérités universelles, évidentes. Lorsque nous commençons à reconnaître un principe efficace, celui-ci nous devient familier, semble faire partie du « sens commun ». Le danger est que nous risquons de l'abandonner trop tôt au lieu de chercher comment ce *principe* pourrait nous servir dans une situation spécifique.

Cela peut se constater facilement quand il s'agit des *principes* mis en jeu dans le développement des constitutions personnelles et organisationnelles. Certains *principes* sont sous-jacents et s'appliquent aussi bien à la vie d'un individu qu'à celle d'une entreprise. Les processus émergent des *principes* et leur donnent vie.

Un énoncé de mission nous aide à réussir parce qu'il permet de répondre à des questions cruciales telles que : « Quels sont mes buts ? » et « Qu'est-ce que je veux être ? » Devenir la personne que vous voulez être et faire ce que vous souhaitez faire sont les définitions mêmes du succès.

On retrouve la même chose au sein de l'entreprise. Si elle n'a pas d'identité, de mission primordiale, elle accomplira beaucoup moins d'actions. Réaliser sur la base d'objectifs spécifiques ne suffit pas. Pour libérer la productivité d'une entreprise, l'objectif doit être orienté non seulement vers ce qu'on veut faire, mais aussi vers ce que l'on veut être. La *constitution* d'une entreprise traite donc du « pourquoi ? ».

Le cas suivant l'illustre bien. Notre société a travaillé avec la Walt Disney Company. Au départ, bien sûr, Walt Disney lui-même était le catalyseur de toute l'entreprise. Depuis sa mort, il y a plus de vingt ans, la société Disney a travaillé pour réaliser son rêve ambitieux, le centre d'Epcot. Après la construction de celui-ci, l'équipe de conception et de production s'est réduite, de deux mille deux cents ingénieurs, artistes et techniciens à environ cinq cents. Le moral lui aussi a baissé.

Pour créer une nouvelle croissance, un groupe de travail a préparé un énoncé de mission pour la société, mais peu d'employés y ont souscrit parce qu'ils ne se sentaient pas impliqués personnellement. On a ensuite entamé un processus, qui a duré plusieurs mois, de formulations d'un énoncé de mission impliquant tous les niveaux de la société. Et aujourd'hui ils sont motivés par une nouvelle mission. L'esprit de la nouvelle approche chez Disney est celui-ci : « Nous visons non pas à imiter les maîtres, mais plutôt à chercher ce qu'ils ont cherché. » Il est clair que cela était nécessaire pour pouvoir aller de l'avant.

Un énoncé de mission d'entreprise donne un sens à la société et trouver un sens est une préoccupation fondamentale de l'employé moderne. Travailler parce qu'on a besoin de manger ou rester dans une entreprise parce qu'on y est bien traité ne suffit pas. Et cela ne suffit pas non plus d'avoir l'occasion d'apporter sa part de talent et de libérer une partie de son potentiel. Il faut savoir pourquoi. La signification est un ingrédient essentiel pour le succès d'une entreprise.

Cela se vérifie aussi au niveau des nations. La Déclaration d'Indépendance et la Constitution des États-Unis définissent ce que nous faisons, ce que nous voulons, et pourquoi. Les *principes* sous-jacents du constitutionnalisme, de l'individualisme et du volontariat restent les pierres angulaires de notre société. Une grande partie de ce que nous estimons est manifeste dans la Déclaration d'Indépendance et la Constitution.

COMMENT ÉCRIRE VOTRE PROPRE *CONSTITUTION* ?

Il y a des actions spécifiques que les individus et les sociétés doivent faire en développant une *constitution* : d'abord, élargir leur perspective ; deuxièmement, clarifier leurs valeurs ; troisièmement, la tester par rapport à soi-même et quatrièmement, se tester par rapport à elle. Reprenons ces éléments en les appliquant à vous-mêmes :

• **Élargissez votre perspective** : nous nous impliquons si fortement, individuellement et collectivement, dans les préoccupations de la vie quotidienne qu'il est normal et nécessaire de prendre du recul pour élargir notre perspective et nous rappeler ce qui est vraiment important.

De telles expériences de perspective peuvent être planifiées ou non. Les expériences imprévues sont par exemple la mort d'une personne aimée, une maladie grave, un revers financier ou l'adversité. En de tels moments, nous prenons du recul pour examiner nos vies et nous poser les questions difficiles. Que considérons-nous comme vraiment important ? Pourquoi faisons-nous ce que nous faisons ? Si nous n'étions pas obligés de faire ce que nous faisons pour gagner de l'argent, que ferions-nous ? Au moyen de ce processus d'autoévaluation, nous pouvons élargir notre perspective.

Les personnes proactives peuvent élargir leur perspective à l'aide d'expériences planifiées telles que récolter des points de vue des autres personnes impliquées dans l'entreprise ou la situation. Elles commencent à réfléchir : « Qu'est-ce qui est le plus important pour l'entreprise ? Quelle contribution pouvons-nous apporter ? Quel est le sens de ce que nous faisons ? À quoi travaillons-nous ? Que voulons-nous être ? Que voulons-nous faire ? » Les différents points de vue permettent d'élargir la perspective. Pendant que les uns et les autres cherchent ce qu'il y a de mieux en eux et dans l'entreprise, une vraie synergie se produit. Elle incarne le processus de valorisation des différences et de création de la solution optimale.

Le « management errant », pratique courante chez Hewlett-Packard, est une autre façon efficace d'élargir la vision de l'entreprise. Les employés hésitent souvent à fournir des renseignements parce qu'ils ne pensent pas faire partie du corps qui gouverne l'entreprise ; ils se demandent si leurs valeurs, ou leurs points de vue seront vraiment utiles ou appréciés et ils n'osent pas faire part de leurs réflexions. Pour surmonter ces hésitations il faut préparer des questions et organiser des groupes informels pour discuter et étudier l'avis de chacun.

Les conclusions peuvent être compilées, considérées et réexaminées. Lorsque les gens voient que leurs contributions sont prises en compte, ils ont tendance à vouloir contribuer davantage.

Ce processus d'élargissement des perspectives, de récolte des points de vue des autres, où l'on essaie de déterminer ce qu'il y a de mieux et de plus efficace dans l'entreprise, peut prendre du temps, voire même quelques mois dans une grande société.

• **Clarifiez les valeurs**. Après l'élargissement des perspectives et l'examen de nouveaux points de vue, il faut charger quelques personnes de la préparation d'un brouillon d'énoncé de mission pour l'entreprise, qui prenne en compte ce qui a été rassemblé, vu et partagé jusqu'alors.

Ce brouillon doit ensuite être soumis aux collaborateurs avec le commentaire « Cela ne nous satisfait pas non plus ! », car c'est la formulation exacte qui compte, les mots justes qui permettent de clarifier et préciser finement l'énoncé de mission. Si celui-ci n'est pas bien défini ni parfaitement élaboré il ne sera ni précieux ni utile pour la prise de décisions. Les meilleurs énoncés de mission sont le résultat de la concertation des uns et des autres, dans un esprit de respect mutuel, pour que s'expriment tous les différents points de vue et que ce travail concerté crée finalement ce qu'aucun individu n'aurait pu réaliser tout seul.

• **Testez la déclaration par rapport à soi-même**. Prenez une version plus travaillée de l'énoncé de mission ou *constitution* et testez-la en vous demandant : « Est-ce en harmonie avec mes valeurs ? Est-ce qu'il m'inspire et me motive ? Est-ce qu'il exprime le cœur et l'âme de la société ? Est-ce qu'il représente ce qu'il y a de mieux dans l'entreprise ? »

Il faut concevoir la *constitution* comme deux cercles qui s'entrelacent. L'un représente le système de valeurs de l'entreprise, l'autre, le système de valeurs des individus. Plus les deux cercles se superposent, plus l'entreprise sera efficace. L'énoncé de mission doit être testé pour voir le degré de correspondance.

• **Testez-vous par rapport à l'énoncé**. Après avoir soumis l'énoncé de mission à ce processus, la plupart des gens éprouvent le besoin de voir ce qu'il donne pendant quelque temps et comment réagit l'entreprise par rapport à l'énoncé. Puisque ces valeurs partagées sont l'âme même de la société, toutes les stratégies, programmes, politiques, structures et systèmes doivent s'harmoniser avec l'énoncé.

Progressivement, ce processus de rédaction et d'élaboration de l'énoncé de mission devient un élément clé dans l'amélioration de l'entreprise. On le fera périodiquement pour élargir les perspectives, modifier les priorités ou la direction et amender, ou donner un nouveau sens, à des formules obsolètes.

En possédant une *constitution*, on possède une continuité. C'est un des avantages principaux du management et du leadership fondés sur un énoncé de mission développé grâce à un processus participatif. Celui-ci fournit une continuité à long terme et aide les dirigeants à maintenir un avantage compétitif parce qu'ils ont une direction et des objectifs. Et lorsque les valeurs individuelles s'harmonisent avec celles de l'entreprise, les personnes travaillent toutes ensemble à des objectifs partagés et sincèrement adoptés. Elles apportent davantage en tant qu'équipe qu'elles n'auraient pu le faire individuellement. La productivité augmente, non pas légèrement mais de façon spectaculaire.

Un processus continu

Au fur et à mesure que vous changez et évoluez, vos perspectives et vos valeurs peuvent subir une *métamorphose*. Il est important de maintenir votre énoncé de mission à jour et en cohérence avec vos valeurs. Voici quelques questions qui peuvent vous y aider :

- Mon énoncé de mission est-il fondé sur des *principes* éprouvés auxquels je crois toujours ?
- Est-ce qu'il représente ce qu'il y a de mieux chez moi ?
- Est-ce que je ressens une direction, un objectif, un défi, une motivation, quand je relis cet énoncé ?
- Suis-je conscient des stratégies et des connaissances qui m'aideront à accomplir ce que j'ai écrit ?
- Que me faut-il faire maintenant pour être où je veux être demain ?

Souvenez-vous que vous ne pourrez jamais construire une vie qui soit plus noble que son objectif le plus noble. Votre *constitution* peut vous aider à être le meilleur et à mieux faire, chaque jour de votre vie.

Chapitre XXX

L'énoncé universel de mission

Vous pouvez, si vous le voulez, fonder votre mission personnelle et professionnelle sur un énoncé universel de mission en douze mots. L'énoncé universel de mission est une expression du leadership *méta* (ni *macro* ni *micro*).

Méta. Le leadership *méta* concerne surtout la vision et la bonne gestion, ce qui vous est confié en tant que leader et manager.

Macro. Le leadership *macro* concerne les objectifs stratégiques et la façon dont vous organisez les structures et les systèmes et mettez en place les processus permettant de réaliser ces objectifs.

Micro. Le leadership *micro* concerne les rapports et la création des comptes en banque émotionnels afin d'avoir une autorité légitime sur les autres qui choisiront alors de rallier et de suivre votre vision ou votre mission.

Les cadres supérieurs efficaces donnent la plupart de leur temps et de leur énergie aux niveaux *méta* et *macro* du leadership. Ils se concentrent sur le maintien et le renforcement des relations avec les personnes avec lesquelles ils travaillent le plus.

L'énoncé universel de mission a pour but d'exprimer la vision et le sens des responsabilités des dirigeants d'entreprise. Il vise à englober, en une seule phase brève, les valeurs essentielles de l'entreprise ; il crée un contexte qui donne une signification, une direction et une cohérence à tout le reste.

L'énoncé universel de mission doit traiter tous les aspects de la responsabilité d'un individu, le long terme et le court terme. Il doit pouvoir s'appliquer à toute l'entreprise comme un dénominateur commun que les chefs ne doivent pas perdre de vue en développant leur propre énoncé de mission que voici : « Améliorer le bien-être économique et la qualité de vie de tous les intéressés. »

Trois parties

Je commenterai maintenant les trois expressions clés de l'énoncé.

1. Bien-être économique

Pourquoi mentionnons-nous la dimension économique d'abord ? Parce que les entreprises existent en premier lieu pour servir les objectifs économiques. L'emploi permet aux individus de vivre. Il ne prend pas la place de la famille, de l'église ou des organismes non économiques. Le travail permet, d'une part, de produire des biens que les individus peuvent utiliser et consommer dans leur vie quotidienne et aussi, d'autre part, assez d'argent, en principe, pour payer nos impôts, notre éducation, et tout le reste.

Nous perdons quelquefois de vue ce simple constat. C'est ce que suggère Abraham Zaleznik, mon ancien professeur à la Harvard Business School, dans son article « Real Work », du *Harvard Business Review* (janvier-février 1989). Tom Peters et Bob Waterman disent la même chose dans leur livre *In Search of Excellence* : les sociétés existent pour attirer et garder des clients. Des idées simples.

2. Qualité de vie

Les individus et les entreprises pensent quelquefois qu'ils ne peuvent pas se permettre d'aborder des problèmes de qualité de vie, sauf s'ils sont relativement riches. Historiquement, il en a toujours été ainsi et il doit bien y avoir 90 % d'humains qui n'ont pas pu se consacrer à la qualité de vie, trop occupés par leur simple survie. Même aujourd'hui, aux États-Unis, environ seulement 50 % de la population a ou prend le temps d'aborder sérieusement le problème de la qualité de vie. C'est une des raisons pour lesquelles nous avons tant de mouvements légaux et sociaux, pour laisser plus de temps aux loisirs, à l'éducation continue, la condition physique, le bien-être, les voyages, le tourisme. Dans une large mesure, les industries de la qualité de vie se sont beaucoup développées en Amérique, surtout depuis la fin de la Deuxième Guerre mondiale.

Les dirigeants doivent se sentir concernés par la qualité de vie de leurs employés, mais leur responsabilité première est d'améliorer la qualité de vie au *travail* ; il existe d'autres institutions, l'école, la famille, l'Église, pour s'occuper de la vie privée.

Je vois cinq dimensions dans la qualité de vie.

• **L'acceptation et l'amour**. On a tous besoin d'appartenir, d'être accepté, de se joindre aux autres dans des entreprises communes, de s'engager dans des rapports gagnant/gagnant et de donner et recevoir de l'affection.

• **Les défis et le développement**. On a aussi besoin de rencontrer des défis, de l'opposition, de se développer, d'être bien utilisés, d'être informés et d'être créatifs. Une grande majorité d'employés possèdent beaucoup plus de capacités, d'intelligence, de ressources, d'initiative que celles requises pour leur travail. Quel gaspillage ! Quelle perte de qualité de vie ! Les dirigeants doivent identifier, développer, utiliser et reconnaître le talent ; sinon, les gens iront ailleurs, physiquement ou mentalement, pour trouver leur satisfaction et leur épanouissement.

• **Un but et un sens**. On ressent aussi le besoin d'un but et d'un « sens » – le sentiment qu'ils peuvent apporter quelque chose. Les personnes peuvent gagner assez d'argent et se sentir bien, avoir de bonnes relations avec les autres, mais si leur travail n'est pas intrinsèquement satisfaisant ou si leurs résultats ne contribuent pas positivement à la société elles ne se sentiront pas motivées, dans le sens le plus fort et le plus profond.

La dimension économique est extérieure. On ne travaille pas que pour l'argent. L'argent est un moyen, non une fin. On travaille aussi pour des satisfactions intrinsèques. La nature de notre emploi, nos rapports dans le travail et le sentiment de contribuer à quelque chose de significatif sont suffisants en eux-mêmes.

• **L'équité et l'opportunité**. Les *principes* de base dans le domaine de la motivation humaine soulignent l'importance de l'équité pour ce qui est des récompenses économiques et de l'opportunité en ce qui concerne les récompenses intrinsèques. Frederick Herzberg, un professeur de l'université de l'Utah, expert dans le domaine de la motivation, parle des « insatisfaisants » et des « satisfaisants » ou motivants. Un « insatisfaisant » serait un sentiment d'injustice concernant les récompenses économiques. Lorsque les gens ne sont pas contents, quand leurs besoins supérieurs ne sont pas satisfaits, ils se battent contre l'entreprise d'une manière ou d'une autre, afin de donner à leur vie une cohérence et un sens. Voilà pourquoi le bien-être économique et la qualité de vie sont si étroitement liés.

• **L'équilibre de vie**. Or, si les individus sont traités avec équité et justice quant à leurs récompenses financières, mais ressentent une absence de défi et de signification dans leur entreprise, que font-ils ? Ils font pression pour avoir plus d'argent, plus d'avantages, plus de temps libre parce qu'avec de l'argent et du temps ils auront d'autres occasions de satisfaire leurs intérêts et de trouver des satisfactions intrinsèques hors du cadre de travail. Par conséquent, le vrai défi pour le leadership est de comprendre que ce ne sont pas que des besoins humains, mais que ce sont aussi des capacités humaines et que si ces besoins ne sont pas satisfaits, les capacités négligées opéreront contre l'entreprise.

Si des employés ont un énoncé de mission qui ne parle que du versant économique en négligeant le social, le psychologique, le spirituel et la mission, cela pourrait bien avoir comme conséquence de les encourager à chercher un deuxième travail au noir ou à utiliser leurs talents et leur énergie pour gagner plus d'argent et de temps afin de pouvoir se réaliser plus pleinement en dehors du travail.

3. *Tous les intéressés*

Cet énoncé universel de mission parle de tous les intéressés. Qui sont les intéressés ? la meilleure façon de trouver la réponse est de se demander : « Qui va souffrir si l'entreprise périclite ? »

Cela dépend de la situation. Si les actionnaires ont investi toutes leurs économies dans l'entreprise et sont dans une situation de risque maximal, ce sont probablement eux qui vont le plus souffrir si l'entreprise échoue. Les autres pourront aller chercher du travail ailleurs, tandis que les actionnaires se trouveront peut-être ruinés. Si, en revanche, ils sont riches et ont des placements diversifiés, ils ne seront peut-être pas très affectés si l'entreprise chute, tandis que les employés pourraient souffrir beaucoup, par exemple s'ils habitent une région de sous-emploi ou s'ils ont des qualifications très spécialisées. Les fournisseurs pourraient aussi beaucoup en pâtir et un effet en cascade pourrait léser toute une région.

Gérer une entreprise requiert beaucoup de jugement, de discernement, et un sens des responsabilités envers tous les intéressés, y compris les clients, les fournisseurs, les distributeurs, les revendeurs, la communauté et le public en général. En effet, si les dirigeants deviennent des exploiteurs, ils contribuent à instaurer un climat cynique, attisent les feux des médias et nuisent aux autres entreprises du secteur. Leur attitude peut même être à l'origine de lois spécifiques contre les mauvaises pratiques du « grand capital ».

Les dirigeants d'entreprises doivent cultiver un sens élevé de leurs responsabilités envers les problèmes sociaux, en s'engageant personnellement et en y exhortant leurs collaborateurs. Par exemple, John Pepper, le président de Procter & Gamble, m'a demandé une fois d'aller parler à la commission scolaire de la ville de Cincinnati, concernant certaines questions qui l'intéressaient. D'autres entreprises suggèrent à leurs employés de participer à du bénévolat, des programmes sociaux et éducatifs, parce qu'elles reconnaissent que ces programmes touchent directement certains de leurs intéressés et indirectement le climat économique en général.

Les actionnaires sont loin d'être les seuls intéressés. La plupart des énoncés de mission s'adressent davantage aux actionnaires, et sont plus spécifiquement encore tournés vers les bénéfices trimestriels. Une des raisons à cela est que de nombreuses sociétés appartiennent à des petits porteurs qui comptent sur ces revenus, et leur perte pourrait être très inconfortable. C'est le phénomène de la poule aux œufs d'or ; si nous privilégions le court terme en tuant la poule, nous n'aurons plus les œufs, ce qui nuira non seulement aux actionnaires, mais aussi à tous les autres intéressés.

On se rappelle l'histoire de l'entrepreneur qui conduit ses employés sur une colline surplombant une vallée de toute beauté et leur dit : « J'apprécie votre travail depuis toutes ces années et je voulais simplement vous dire que, si vous continuez avec votre dévouement et votre labeur, un jour, tout ce que vous voyez là sera… à moi. » Certains énoncés de mission n'en sont pas très loin. Une grande entreprise a même formulé sa mission ainsi : « Améliorer les actifs de ses actionnaires. » J'ai demandé au P-DG : « Si vous affichez cette déclaration au mur, croyez-vous vraiment qu'elle inspirera le dévouement de vos employés et la loyauté de vos clients ? Est-ce qu'elle leur communique un intérêt pour eux ? »

Il y a une forme de conscience dans les entreprises, sociale autant que personnelle, qui définit l'équité et la justice. Quand l'investissement des employés est plus grand que leur récompense, les conséquences sont, bien sûr, négatives. Ou bien, si les récompenses dépassent l'investissement, il y a aussi injustice dans l'environnement social et, tôt ou tard, ça aura un effet négatif sur le reste.

C'est pourquoi le leadership *méta* n'est pas une approche « transactionnelle ». La théorie des ressources humaines définit les personnes comme des biens, des ressources ; elles le sont, mais elles sont bien davantage, elles sont intrinsèquement précieuses en (et par) elles-mêmes, et pas uniquement comme des objets de valeur. Si vous ne voyez pas la valeur intrinsèque des hommes, vous restez dans une approche utilitariste. Vous les « traitez » correctement en tant que biens importants, mais vous violez leur nature spirituelle et leur sens de valeur intrinsèque. En fin de compte, l'approche en termes de ressources humaines est « transactionnelle », elle n'est ni « transformationnelle » ni synergique.

L'approche du leadership axée sur les *principes* est « transformationnelle » parce qu'elle donne aux autres la conviction qu'ils sont (de même que leurs destins respectifs dans l'entreprise) une fonction non pas de personnalités arbitraires, mais de *principes* éternels et justes, surtout si ces derniers sont inscrits dans l'énoncé de mission et dominent le style de management, les pratiques, les procédures, la structure des stratégies et des systèmes. Les employés comprennent alors que le lieu « est guidé par des *principes* » et que tout le monde, y compris le sommet de la hiérarchie, est responsable à l'égard de ces *principes* ainsi que les uns vis-à-vis des autres.

En fait, j'aimerais voir un nouvel organigramme : au centre on trouverait les bons *principes* et autour les différentes responsabilités. Le P-DG et tous les autres seraient responsables de ces *principes*.

Ce que je veux faire entendre c'est que l'énoncé universel de mission, qu'il soit écrit ou non, opère déjà. C'est comme une loi naturelle : on ne peut pas la violer impunément – sans avoir un effet négatif sur la communauté économique.

CINQ AVANTAGES IMPORTANTS

Je vois cinq vertus de base de cet énoncé universel de mission.

• **Un équilibre écologique**. L'énoncé universel de mission vous aidera à penser écologiquement à tous les intéressés. Vous saurez qu'en respectant constamment les *principes* de transformation, tous pourront jouir des avantages synergiques.

• **Une perspective à court et à long terme**. L'énoncé universel de mission suggère que si vous adoptez une approche à court terme, vous pourriez compromettre les résultats, tuer la poule aux œufs d'or.

• **Un défi professionnel**. Les douze mots de l'énoncé universel de mission contiennent assez de défis aux leaders pour durer toute leur carrière.

• **Un contexte de management**. Avec les paramètres de l'énoncé universel de mission vous pouvez fixer une politique, une stratégie, des procédures, des structures et des systèmes.

• **Un sens personnel de responsabilité**. L'énoncé universel de mission engendre un sens des responsabilités envers les individus et envers les autres ressources.

Encore une fois, je considère cet énoncé comme un énoncé de mission générique pour les leaders et pas nécessairement pour les entreprises, quoique les dirigeants pourraient vouloir incorporer ces concepts dans leur énoncé de mission organisationnel. Ils peuvent aussi décider d'appliquer ceux-ci dans leur énoncé de mission personnel et familial. L'énoncé universel n'élimine d'aucune manière la nécessité d'un énoncé personnel, familial ou organisationnel. Chaque structure doit avoir le sien qui lui soit propre, mais celui qui suit pourrait très bien être une extension de l'énoncé universel de mission : « améliorer le bien-être économique et la qualité de vie de tous les intéressés ».

Chapitre XXXI

L'environnement éducatif axé sur les *principes*

La condition actuelle de l'éducation peut être envisagée comme un terrain semé d'embûches. Quant à son orientation future de l'éducation, elle reste en général inconnue. La définition et l'estimation de la réussite de ce système restent inexactes et incertaines. Une telle absence de perspectives produit des controverses explosives.

Ces controverses détournent les éducateurs de leur tâche principale. Ils veulent sincèrement préparer la prochaine génération mais les attentes sont multiples et contradictoires. C'est comme si la société voulait que l'éducation résolve toute seule ses maux essentiels, ses problèmes profonds. Le système éducatif est censé traiter et contrebalancer les échecs provenant de la famille, de l'Église, du gouvernement et des autres institutions.

Toutes ces attentes contradictoires existent parce que le niveau de confiance est bas, et qu'en conséquence les processus de communication se détériorent. Nous voyons aujourd'hui beaucoup de communications conflictuelles, de querelles interpersonnelles et de rivalités interdépartementales. Les individus développent une mentalité d'assiégés. Ils se tournent souvent vers une approche légaliste, essayant de légiférer leurs désirs. Ils constituent des groupes de pression organisés afin d'obtenir ce qu'ils veulent. Un groupe entre souvent en conflit avec un autre. L'effet global est une spirale ascendante de méfiance. Les gens commencent à se sentir de plus en plus frustrés. Ils développent un sentiment de futilité et de désespoir. Beaucoup d'éducateurs se sentent concernés et font de leur mieux mais, parce qu'ils sont vulnérables et exposés, tôt ou tard ils abandonnent.

Les susnommés développent alors une sorte de mentalité de survie. Ils se demandent : « Comment pouvons-nous faire tout simplement pour survivre jusqu'à ce soir ? Ils font semblant. Il leur arrive de se réfugier dans leurs salles de classe. Les seuls versements sur leurs comptes en banque émotionnels proviennent de ce qui se passe entre ces murs. Ils se sentent peu appréciés et sous-estimés. Beaucoup d'administrateurs ont le même sentiment. L'un des désirs les plus profonds de l'homme est de se sentir apprécié, considéré, reconnu. Mais c'est si rare aujourd'hui. Par conséquent le cycle négatif s'alimente de lui-même, s'intensifie et se développe. »

L'absence de vision partagée bloque le changement

Une autre attitude souvent présente, c'est celle que nous appelons la *mentalité de pénurie*. Puisqu'il y a si peu de ressources et tant de demandes il naît un sentiment de pénurie. On pense : « Si je ne prends pas ce qui me revient, quelqu'un d'autre le prendra » ou « Si quelqu'un s'empare d'une ressource, ou même d'une grande part de reconnaissance, il en restera moins pour moi. » Par conséquent, on commence à penser en termes conflictuels, à penser gagnant/perdant, à devenir perfectionniste, à être sur la défensive. Cette atmosphère de confiance minimale, de communication défensive et d'attentes conflictuelles est devenue un problème majeur dans notre société et mène à plusieurs facteurs négatifs.

La société utilise différentes approches dans ses tentatives pour résoudre les problèmes d'éducation. On crée divers programmes, mais ceux-ci ne contribuent souvent qu'à la confusion ambiante et qu'à la construction de cloisonnements. Pourquoi ? Parce qu'il n'y a pas de vision partagée. Sans un même ensemble de critères, un cadre, et une vue globale, les gens deviennent des adversaires, se battent, il y a une rivalité et une polarisation qui détruisent la *culture*.

Sans une vision partagée, les différents groupes se battent pour faire passer leurs propres lois. Le public demande qu'on lui rende des comptes. Les enseignants demandent plus de liberté par rapport aux contraintes qui pèsent sur eux, les parents exigent plus d'évaluation, plus de normes explicites, définissables, quantifiables, pouvant alimenter les jugements. Le processus global est un énorme cycle qui se nourrit de ses propres énergies et provoque une démoralisation croissante parmi les enseignants et les administrateurs. Il donne lieu à une attitude critique exacerbée et à un esprit d'accusation.

De quel type de vision partagée les enseignants et éducateurs ont-ils besoin ? Les enseignants peuvent apprendre à participer au processus de responsabilisation des élèves. Grâce au concept du *facilitateur*, ils peuvent mieux satisfaire les besoins individuels des élèves, les aider à assumer plus de responsabilité dans leur propre processus d'apprentissage. Les enseignants ne sont plus limités par leurs propres connaissances et le paradigme se transforme.

Cette nouvelle vision partagée libère les enseignants, leur permet de concentrer leurs énergies créatives et allège le poids d'une demande constante de performances. Ainsi les enseignants retrouvent le goût d'apprendre plutôt que de faire les maîtres, car quand on se sent maître dans un domaine, on a tendance à croire qu'on a plus besoin d'apprendre. Et quand l'apprentissage s'arrête, les gens commencent à vouloir protéger le *statu quo*, adoptant des comportements incompatibles avec des relations positives. Quand on limite celles-ci, l'environnement éducatif en est affecté.

Ce sont, en fin de compte, les enfants qui souffrent dans une atmosphère émotionnellement toxique. Ils deviennent les victimes d'une réalité faite de confiance minimale, de rapports conflictuels, de pression forte, et d'attentes opposées. En fait, ils ne sont pas que des victimes de cet environnement, ils en sont fortement imprégnés. Ils commencent par l'examiner, enregistrant les approches et méthodes de résolution de problèmes qu'il véhicule. Ils apprennent à penser en termes gagnant/perdant et perdant/gagnant. Leur réponse alors est d'abandonner, de se battre ou de s'enfuir.

En effet, l'image que les enfants acquièrent de la profession éducative les décourage souvent à devenir eux-mêmes enseignants. Si, dans une société, la profession d'enseignant perd sa réputation et sa capacité d'influence, les jeunes ne pourront pas être responsabilisés dans leur propre apprentissage et dans leurs propres vies parce qu'ils auront trop vu de blâmes, de critiques, de concessions, d'abdications en faveur des faiblesses des individus et des institutions.

Il est important pour les enseignants et leurs responsables de savoir dès le départ où ils peuvent aller. De commencer par un énoncé personnel de mission ou une affirmation de vision qui traite essentiellement de deux choses : 1) Quel est le sens de votre vie ? et 2) Comment allez-vous y parvenir ? En d'autres termes, des objectifs et des *principes*. Il s'agit d'un processus très difficile, quelquefois très pénible. Mais il n'y a pas d'intervention plus puissante que le développement d'un énoncé de mission pour améliorer la vie de quelqu'un, renforcer un mariage, une famille ou une structure quelconque, et ce à tous les niveaux.

Les lois naturelles du changement

L'intégrité personnelle permet de développer la force de caractère. Il faut « vivre selon vos *principes* », en particulier si l'une des valeurs que vous voulez affirmer consiste à devenir de plus en plus compétent, à vous engager régulièrement dans votre développement tant personnel que professionnel. Avec le caractère et la compétence, la base de la confiance et de la fiabilité est posée, ce qui à son tour engendre plus de confiance. Et s'il y a confiance, vous possédez, comme administrateur ou enseignant, une attitude de responsabilisation. Vous avez aussi une sphère plus grande d'influence qui peut avoir un impact sur la conception et la structure du système.

Vous vous trouverez peut-être au début dans un environnement hostile. Il vous faudra chercher votre *sécurité* surtout dans votre propre intégrité et votre système personnel de valeurs, plutôt que de la chercher à l'extérieur. Cela exigera un grand courage ainsi que de l'empathie et de la patience. Il s'agit d'un processus et non d'une solution facile. En dépit de tous les écrits sur la réussite qui démontrent le contraire, il n'y a pas de solution facile permettant d'obtenir ce qu'on veut en appliquant une formule simple.

Plus nous bâtissons nos vies sur la base de lois ou *principes* naturels pour devenir nous-mêmes axés sur les *principes* et vivre ensuite selon ces *principes* dans nos relations avec les autres, plus notre confiance mutuelle augmente et s'approfondit. Cette sorte de confiance permet à notre sphère d'influence de s'agrandir progressivement. Il faut commencer par créer des îlots d'excellence, même dans un océan de médiocrité. On peut en voir des exemples en se promenant à travers le pays et en observant différents environnements scolaires. Il y a partout des individus proactifs, dirigés par leur propre système de valeurs de l'intérieur, qui possèdent la discipline et l'engagement leur permettant de vivre selon ce système.

Le facteur « trim-tab »

Buckminster Fuller parlait souvent du facteur « trim-tab ». Sur le gouvernail d'un très grand bateau il y a un autre petit gouvernail appelé le trim-tab. En déplaçant le trim-tab très légèrement, on déplace lentement le gouvernail, ce qui change lentement la direction d'un énorme bateau.

Dans votre énoncé de mission personnel, considérez-vous comme un facteur trim-tab, un catalyseur du changement. En produisant des modifications dans votre partie de l'écosystème, sachez que, par un processus de patience et de diligence, vous commencerez à produire des modifications dans d'autres parties de l'écosystème, vous deviendrez ce que nous appelons une « figure de transmission », quelqu'un qui empêche la transmission de mauvaises tendances d'une génération à l'autre. Par exemple, vous voyez peut-être des tendances chez vos enfants que vous n'appréciez pas, mais ces tendances sont déjà en vous et vous pouvez peut-être même les observer chez vos parents ou vos grands-parents.

Les « figures de transition », ceux qui sont les « facteurs trim-tab » au sein d'une famille, peuvent arrêter la transmission de tendances indésirables s'ils développent leurs capacités de renouvellement interne, s'ils sont proactifs, empathiques et synergiques. Ils peuvent devenir une source énorme d'influence en étendant leur petite sphère.

On avancera peut-être qu'un tel processus prend une éternité, mais il est étonnant de constater avec quelle rapidité de telles « figures de transition », véritables catalyseurs de changement, « facteurs trim-tab », peuvent se mettre à influencer une *culture* entière. Le changement peut se produire en quelques mois, en un an ou deux, ou bien en quelques semaines. Essayez chez vous pendant trente jours. Vous commencerez à voir tout l'écosystème se modifier grâce à cette source positive d'énergie. La même chose peut arriver dans une salle de classe.

Les responsabilités partagées

Nous appelons cette démarche le développement de l'environnement éducatif axé sur les *principes*. Historiquement, la pression dans l'éducation a toujours été dirigée sur la relation enseignants-élèves. Ceux qui s'intéressent au système éducatif attribuent toutes les responsabilités et les blâmes aux élèves et aux enseignants. Dans un environnement éducatif axé sur les *principes*, nous déplaçons et harmonisons cette énergie en la concentrant sur l'environnement éducatif qui responsabilise et fait confiance aux élèves.

Les négociations collectives dans l'éducation ont tellement rongé la confiance qu'elle n'existe plus ni entre enseignants et administrateurs, ni entre parents et communauté, ni en ce qui concerne les performances du système éducatif. Ce sont les élèves qui en souffrent. La plupart des personnes ne voient dans l'environnement éducatif que l'enseignant et l'élève. Par conséquent, la société n'évalue que le degré de succès d'un enseignant particulier avec un élève particulier.

Les *principes* et la vision partagés

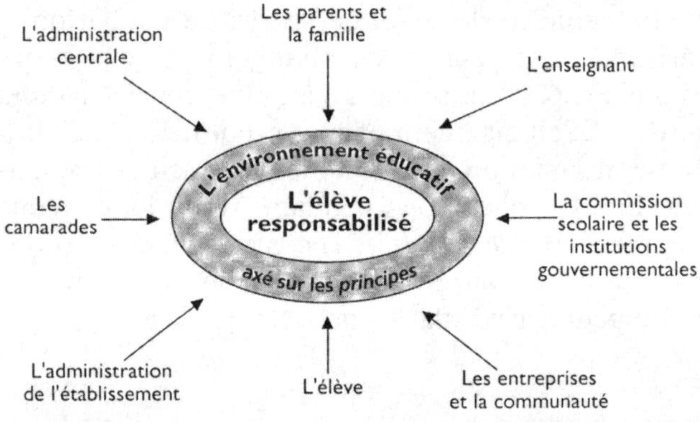

Avec un environnement axé sur les *principes*, nous identifions tous les intéressés. Chacun partage la responsabilité de la réalisation du meilleur environnement éducatif permettant aux enfants de se développer et de se responsabiliser. Par exemple, la grande famille de l'éducation comprend l'administration centrale, la commission scolaire, l'administration de l'école et l'enseignant. Chacun de ces partenaires a un ensemble de responsabilités propres qui contribuent à l'environnement scolaire. Chacun a certaines choses à faire et chacun doit fournir certaines ressources en veillant à ce qu'elles soient de haut niveau. Les parents dans la communauté familiale et les chefs d'entreprise dans la communauté publique ont aussi un intérêt légitime dans l'environnement éducatif.

Dans notre travail avec les parents et les éducateurs, nous parlons du paradigme de la préparation. Le mot « préparation » est à la mode dans l'éducation. La plupart des autorités recherchent des programmes de préparation : ils permettent de décider si un enfant est apte à entrer à la maternelle ou à l'école primaire. Ce genre de programme de préparation est souvent mis en œuvre entre les deux premières années de l'école primaire. Si un élève n'est pas tout à fait prêt à entrer en deuxième année, on ne le met pas dans un programme de rattrapage, on le place dans une classe préparatoire et on le prépare pour sa deuxième année. En ce qui concerne le paradigme des parents, la préparation devrait consister à donner à un élève un environnement familial qui l'encourage à travailler de façon efficace dans son environnement éducatif, chaque jour. On peut visualiser ceci comme la création d'une bulle mobile autour de l'enfant. Où qu'il aille, il sera entouré par un environnement éducatif enrichi. Cette bulle mobile correspond à l'idéal de l'approche d'apprentissage axée sur les *principes*.

Les enfants apprennent de leur famille et des autres enfants. Ils tirent aussi, bien sûr, de nombreux enseignements des matières scolaires proprement dites, ainsi que de beaucoup d'autres sources, positives et négatives, dans leur environnement scolaire. Les élèves ont des responsabilités envers l'environnement éducatif. Satisfaire à ces responsabilités est la meilleure des expériences possibles. Voilà pourquoi il est si important que les élèves aient leurs propres victoires privées, qu'ils soient proactifs, qu'ils agissent pour augmenter leur estime de soi, leur confiance en eux-mêmes, leur conscience d'eux-mêmes et qu'ils valorisent leur potentiel dans l'environnement éducatif.

Nous incluons les autres enfants dans l'écosystème éducatif. Au fur et à mesure que les enfants se responsabilisent, ils vivent des victoires personnelles. Ils peuvent, en assumant leurs responsabilités, oser être différents, oser se conseiller les uns les autres, s'engager pour leurs camarades. Quand les enfants ont confiance en eux-mêmes et qu'ils possèdent un peu d'estime de soi, ils se rendent justice par leurs choix individuels et les conséquences qui en découlent. Renforcés par leurs victoires personnelles, ils peuvent aller voir un copain et lui demander : « Es-tu sûr de prendre la bonne décision ? » Dans un groupe, ils peuvent demander : « Est-ce qu'on veut vraiment faire ça ce soir ? Est-ce vraiment la meilleure chose qu'on puisse faire ? »

Nous devons construire l'environnement éducatif de telle sorte qu'un élève puisse se responsabiliser et évoluer. L'écosystème est tel que lorsque les élèves apprennent les *Sept Habitudes* et reviennent ensuite dans un environnement contaminé, ils peuvent jouer le rôle de catalyseur et avoir un effet sur tout l'écosystème. Et même si tout l'établissement n'est pas engagé, la victoire personnelle commence à renforcer l'estime de soi de l'élève, augmente sa propre conscience et il se sent alors responsable de ses études. La suite naturelle d'une telle situation a un effet sur l'enseignant, puisque les élèves s'intéressent plus à leurs études. Si les élèves sont plus engagés envers l'enseignant, celui-ci deviendra aussi plus responsable. Un cycle vertueux se substitue à un cycle vicieux. Ainsi, travailler indépendamment en représentant un seul élément peut modifier l'écosystème dans sa totalité.

Nous disons à l'école : « Si vous vous concentrez sur l'environnement éducatif axé sur les *principes*, les parents deviennent aussi importants que les enseignants. Et la façon dont les élèves perçoivent leurs groupes, leurs sentiments envers leurs camarades, leur influence sur les autres, la manière dont ils réagissent à l'environnement, est toujours très importante. Nous nous fondons sur chaque élément, en fonction de sa contribution au scénario. Bien que tous n'aient pas le même poids, chaque élément contribue au bien-être de l'élève et de l'environnement. » Nous pouvons devenir les leaders d'une réforme du système éducatif national. Les environnements éducatifs axés sur les *principes* sont la clé d'une réforme efficace.

C'est la force de l'approche venant de l'intérieur. Les éducateurs sont assaillis par des forces externes telles que les programmes scolaires. De nombreux États des États-Unis ont une forme ou une autre d'éducation morale dans leurs programmes, c'est-à-dire une approche externe. L'approche éducative axée sur les *principes* est une approche interne à la formation du caractère. Si nous créons l'environnement qui incarne les caractéristiques que nous désirons trouver chez les élèves, nous n'aurons jamais besoin d'enseigner l'intégrité, l'honnêteté ou la fiabilité. Lorsque ces traits se présenteront à travers un système qui les incarne, les élèves les développeront automatiquement. Les élèves seront renforcés en passant par un système axé sur les *principes*.

Les éducateurs comprendront qu'il ne s'agit pas d'un énième programme à enseigner. C'est plutôt quelque chose qui changera la *culture* s'ils s'y appliquent pendant une période de trois à cinq ans. Dès lors, beaucoup de choses se passeront. Un éducateur à Chicago nous a dit : « Vous savez, avec les *Sept Habitudes*, non seulement nous améliorerons les traits de caractère des enfants, mais, si nous créons un environnement permettant de pratiquer les *principes*, nous verrons aussi une montée spectaculaire des notes. »

Nous avons mené un atelier à Chicago et nous parlions de proactivité, de cercle d'influence et de contrôle de soi. Une jeune fille noire s'est levée et elle a dit : « Pendant ma première année à la fac, j'avais des notes très médiocres. Avant de choisir mes cours pour la deuxième année, je me rappelle avoir décidé de faire le choix de valoriser mon éducation au lieu de continuer à la jeter à la poubelle. Depuis cette décision, à chaque examen, j'ai été sur la liste d'honneur et je viens d'avoir mon diplôme avec une mention très bien. » Au lycée, son rêve était de devenir avocate. Elle dit qu'elle se souvient du moment où elle a pris la décision d'être proactive. C'est le changement de paradigme qui a modifié son comportement.

Les éducateurs trouveront que se concentrer sur l'environnement éducatif axé sur les *principes* rend les *forces contraignantes* plus facilement identifiables. Cette focalisation les aidera à réaliser leurs objectifs et à concevoir leur propre programme de renouveau pour éliminer ces *forces contraignantes*. Ils décident ce qu'est pour eux un environnement éducatif axé sur les *principes*, puis ils construisent leur énoncé de mission et tout le reste s'organise autour de cette décision.

Concrètement, l'éducation axée sur les *principes* donne à tout le monde la même boussole au sein d'une institution. Ils savent tous où se trouve le *nord magnétique*. Ce sont les lois ou *principes* naturels, essentiels, évidents, immuables. À la différence du grand débat autour de la définition des valeurs, ce sont des données, des bases, que tout le monde reconnaît.

Nous travaillons avec des dizaines d'organismes et nous trouvons toujours facile d'identifier les lois et les *principes* naturels sous-jacents. Dès que les personnes se rendent compte de l'intérêt de la boussole, elles peuvent naviguer sur des mers inconnues. Beaucoup de problèmes explosifs ont été désamorcés simplement parce que tous les intéressés ont participé à la fabrication de la boussole. L'esprit conflictuel n'existe plus. L'esprit de synergie est revenu. Nous rencontrons encore beaucoup de choses que nous n'avons pas anticipées, mais le *nord magnétique* est clairement défini et compris. Le fait d'avoir en nous la capacité de savoir où nous allons et quels *principes* nous font agir nous permet de faire face à toutes sortes d'obstacles imprévus et d'embûches cachées. Encore une fois, cela exige beaucoup de courage mêlé de considération. C'est l'essence du leader évolué. Cela demande également beaucoup de patience, car il s'agit d'un processus. Ce n'est pas une solution facile, mais c'est extrêmement fort et efficace.

La mise en œuvre

En travaillant avec des entités scolaires, un peu partout, nous avons développé un processus bien défini de mise en œuvre. De ce processus dépendent les cinq prérequis suivants :

• Les *principes* des *Sept Habitudes* et le processus séquentiel de dépendance – indépendance – interdépendance doivent être bien compris.

• Les intéressés doivent comprendre l'importance de la victoire personnelle et des concepts suivants « La clé des quatre-vingt-dix-neuf est le un » et « Si vous pensez que le problème est ailleurs, cela fait partie du problème ».

• La mise en œuvre d'un environnement éducatif axé sur les *principes* est un long processus exigeant des formations, des groupes de soutien et des programmes de renouveau. Il ne s'agit pas d'une solution facile.

• L'harmonisation et les conditions garantissant le succès sont aussi importantes que la compréhension du contenu.

• Les intéressés impliqués dans le processus doivent faire ce qu'ils disent.

Le modèle le plus favorable à la réussite commence par la formation au plus haut niveau de l'entreprise. Voici comment des environnements éducatifs axés sur les *principes* ont été appliqués dans diverses écoles aux États-Unis.

• Dans le groupe scolaire de North Montgomery, Indiana, la formation a commencé avec la commission et le directeur du système scolaire, suivis par l'équipe administrative et les enseignants.

• Dans l'Ohio, un effort est en cours de développement, mené conjointement par les directions scolaires locales, le département d'éducation de l'État et une grande société, en vue de participer à un programme de formation sur les *Sept Habitudes*.

• Dans plusieurs régions de l'Utah, un programme de formation est en cours dans certaines écoles et sera étendu verticalement et horizontalement dans la région. Dans l'Utah, l'environnement éducatif axé sur les *principes* concerne l'éducation morale.

• À Joliet, dans l'Illinois, l'autorité scolaire a commencé une formation réunissant enseignants, élèves parents et administrateurs, qui sera suivie d'une seconde pour les directeurs du bureau central et les administrateurs des écoles et des divisions.

Ces exemples ont en commun un lien unique formé entre le Covey Leadership Center, les localités et l'État pour mettre en œuvre la réforme. Dans tous les cas mentionnés, les cadres du Covey Leadership Center ont fourni les ateliers initiaux, un plan de mise en œuvre et des formateurs certifiés dans la région. C'est l'objectif du Centre de donner à chaque groupe la capacité de mettre en place sa propre formation. Grâce au processus de responsabilisation, la région peut mieux développer ses propres systèmes internes de groupes d'appui à la formation et de programmes de renouveau pour promouvoir le succès de l'approche des *Sept Habitudes*.

La mise en œuvre de ce programme dépend de l'engagement personnel des membres individuels qui comprennent que l'approche :

– Va de l'intérieur vers l'extérieur ;
– Est axée sur les *principes* ;
– Se fonde sur la responsabilisation personnelle.

Nous ne connaissons pas de défi plus stimulant que celui d'aider les éducateurs à exercer un effet positif et bénéfique, en influençant et en créant un environnement éducatif axé sur les principes pour nos enfants et les générations à venir.

Conclusion

Pêcher dans le courant

Depuis plusieurs années, je souscris à cet adage philosophique qui dit que : « Donner un poisson à quelqu'un, c'est le nourrir pour un jour, mais lui apprendre à pêcher, c'est le nourrir toute sa vie. »

C'est un vieux dicton, mais il reste plus actuel que jamais. C'est pourquoi nous continuons à pratiquer ce *principe* dans nos formations. Notre objectif est toujours d'apprendre aux cadres comment « aller à la pêche » tout seuls.

Le courant représente l'environnement, les réalités constamment en mouvement du marché, où vous et votre entreprise travaillez. Il peut même y avoir plusieurs courants – l'entreprise et ses ramifications, le secteur industriel, le marché, le gouvernement, la communauté. Ils sont nombreux à agir sur l'évolution de votre entreprise et dans la mesure où la stratégie, les systèmes et les valeurs partagées s'harmonisent avec ce mouvement, votre entreprise augmente ses chances de réussite.

Règle un, règle deux

Si on se fie à la surface, un courant peut paraître facile à déceler et on apprend vite à le reconnaître.

Mais, comme pour la pêche, en maîtriser les finesses et astuces peut demander toute une vie.

En apprenant aux cadres comment aller à la pêche je fais souvent appel à un *principe* simple. Je l'appelle « règle un, règle deux ». L'idée fondamentale est que les valeurs partagées ou les *principes* fondamentaux doivent être prioritaires : c'est la première règle. La deuxième règle dit que tout le reste, la stratégie, la structure, les systèmes, les savoir-faire et le style, en dérive, c'est-à-dire qu'ils vont aller dans le sens du courant et non à contre-courant des valeurs essentielles et des réalités de celui-ci.

Dans le modèle *PS* de la page ci-contre, on voit que les valeurs partagées sont centrales et qu'elles sont conçues dans le contexte du courant. Pour comprendre les affluents, il faut étudier la source. En effet, les cadres qui ont un sens clair des valeurs partagées (les missions, rôles et objectifs) peuvent consacrer plus d'énergie à l'étude du courant parce qu'ils possèdent quelque chose qui ne change jamais : leur système de valeurs, leurs *principes*. Ils peuvent se permettre d'étudier le courant parce que leur *sécurité* ne provient pas des S durs, elle vient de leur système de valeurs.

Mais si les entreprises n'ont pas de système de valeurs fondé sur les bons *principes*, elles sont construites sur du sable : sur leur stratégie, leur structure et leurs systèmes. Ceux-ci leur donnent un sentiment rassurant, mais c'est une *sécurité* illusoire. Elles peuvent bien avoir une belle collection de mouches artificielles et de trophées de pêche au mur, c'est sans intérêt si elles se sont éloignées du courant. Elles emprunteront la force du passé et ce faisant elles créeront des faiblesses.

LE PARADIGME *PS*

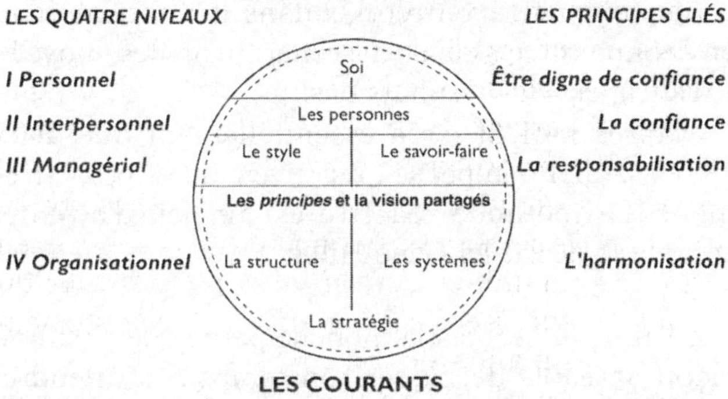

Après que j'ai présenté le modèle *PS* et l'idée des règles 1 et 2 aux cadres d'une grande société d'assurances, ils m'ont dit : « Si nous voulons changer notre fonctionnement, nous devons créer une source fondamentale de *sécurité* sur la base de valeurs partagées. »

Nous les avons aidés à le faire en les incitant à formuler leur énoncé de mission. Une fois que ces collaborateurs auront assimilé l'énoncé de mission dans leur façon de penser et dans leurs cœurs, ils ne retourneront jamais aux anciennes pratiques. Mais cela peut s'avérer dérangeant et impopulaire chez certains cadres. L'un d'eux m'a dit qu'il avait d'abord lutté contre l'idée, mais qu'il avait fini par se rendre compte qu'il fallait gérer par les *principes*. C'est la seule façon de « pêcher dans le courant » à long terme.

La pêche et le management

Je suis depuis longtemps surpris par la ressemblance qui existe entre la pêche et le management.

En effet, on peut vraiment dire que les cadres supérieurs vont à la pêche dans le courant. C'est-à-dire qu'ils voient leur entreprise dans le contexte d'un environnement global et recherchent des moyens « d'attraper » les résultats désirés.

D'après moi, il n'y a essentiellement que deux façons d'aller à la pêche : réactivement et proactivement. La méthode réactive est un jeu d'attente, comme le décrit ici Gene Hill :

« J'aime la pêche à la mouche parce que c'est une façon agréable de passer son temps… à attendre. C'est une activité respectable, à la différence de celle de paresser, allongé dans un hamac ou sur un canapé. Vous avez au moins l'air de quelqu'un de sérieux, d'actif, avec votre gilet plein d'accessoires de pêche, vos verres polarisés, vos cannes et vos perches, votre petit panier en toile et le léger bourdonnement de la ligne dans la glissière de la canne.

Voilà, on peut me prendre pour un homme sérieux en me voyant perché comme un héron quelque part au-dessus d'une rivière. Mais on se trompe. Ce qu'on voit n'est qu'un badaud déguisé, un homme en train de se demander où est passé le temps ; pas la dernière heure pendant laquelle il échangeait des regards complices avec un canard ou ruminait une petite méditation philosophique à propos d'un serpent couleur de vase, mais les cinq ou dix dernières années de sa vie. Il réfléchit au travail qu'il a laissé inaccompli, aux amours qu'il n'a pas connues et il se dit qu'hier encore il n'était qu'un jeune garçon. »

C'est vrai, certains cadres sont comme ce pêcheur, des badauds déguisés. Mais d'autres, en revanche, sont des cadres proactifs à qui la description suivante correspond mieux :

Les pêcheurs qui réussissent régulièrement ne se sentent pas obligés de donner une réponse automatique à chaque situation ; ils sont souples, scrutant constamment l'eau afin de découvrir pour chaque situation le meilleur endroit où lancer la ligne. Ils apprennent, en fait, à penser comme un poisson. Ils abordent souvent l'eau lentement, avec un profil bas, lançant même en position accroupie.

Voilà un conseil de bon sens pour tout pêcheur : gardez un profil bas et mettez-vous à genoux pour lancer votre canne. En voici encore un, sorti tout droit du manuel :

De nombreux pêcheurs contemporains sont des imitateurs, avec un penchant pour la minutie et les mesures, avec un œil centré sur les détails de surface. Mais ils se débrouilleraient mieux s'ils ne pesaient jamais, ni ne mesuraient, ni n'enregistraient leurs pêches. Les vrais experts sont en général trop occupés à pêcher ou à observer pour compter et mesurer.

Les cadres efficaces observent constamment le courant. Ils regardent attentivement les tendances et les « mégatendances » culturelles, car elles sont comme des courants. Ils écoutent les experts en prévision, ceux qui surveillent la rivière et font des rapports périodiquement sur son état présent. Ils construisent leur propre évaluation des tendances fondamentales et des risques en cours.

Cette activité de lecture des tendances de l'environnement, comme la prévision météorologique, a un objectif précis : mieux s'en sortir aujourd'hui et se préparer pour demain. Si vous vous faites surprendre par un orage, vous aurez l'air plutôt bête. Il est bon, quand il commence à pleuvoir à verse, d'avoir un parapluie et un imperméable. De même, en période de récession, il est préférable d'avoir les bonnes protections qui vous éviteront de vous faire inonder. Consultons à nouveau le manuel :

« Vous devez accorder les différentes lignes, les plombs et l'attirail au type de pêche que vous pratiquez, en prenant en compte des facteurs tels que le débit du courant, la profondeur de l'eau, le taux de réussite. Si vous pêchez dans des eaux différentes, vous aurez plusieurs lignes. Réfléchissez bien aux plombs, le point le plus important de l'attirail. »

Dès qu'on voit que la tendance tourne, l'important est de s'adapter, d'harmoniser ses opérations internes à l'environnement externe. Les tendances les plus importantes à surveiller sont les circonstances opportunes (ou occasions) et les menaces. Si le courant commence à se détourner de votre gamme de produits, c'est une menace. Si le courant se tourne vers un nouveau type de produit, une nouvelle technologie, ou un nouveau marché, il s'agit d'une occasion. Mais la seconde peut se métamorphoser en la première si on ne s'y adapte pas.

Un des problèmes majeurs que je rencontre dans les entreprises réside dans le fait qu'elles n'adaptent pas leur structure et leurs systèmes au courant. En fait, elles regardent souvent le courant à travers leurs structures et leurs systèmes existants. Par conséquent, elles ne savent pas où se trouvent les poissons. Elles ne voient pas les menaces et les occasions parce qu'elles regardent à travers les mauvaises lentilles.

Même si elles sentent un changement, elles peuvent se retrouver coincées avec des équipements inappropriés, des coûts de fonctionnement excessifs, une bureaucratie encombrante. Quelles qu'en soient les raisons, le résultat sera le même : une impossibilité de bouger. La myopie ou un taux d'endettement trop lourd les empêchent d'être souples et de trouver la liberté de changer pour s'adapter à la nouvelle direction du courant. Encore une fois le manuel nous dit :

« Pour une réussite à long terme, le pêcheur doit avoir une certaine compréhension de l'histoire, de la biologie, de la géographie, de l'écologie des rivières, et, bien sûr, des stratégies et techniques de pêche. En outre, beaucoup pourraient tirer avantage d'un petit cours intensif d'entomologie, étant donné que pêcher la truite à la mouche requiert l'imitation de cette source naturelle d'alimentation. Les truites sont malignes, prudentes, difficiles à tromper et têtues dans leur refus de mouches qui ressemblent plus à des chapeaux de Pâques qu'à des moucherons. »

Pour prendre un exemple, il est peu probable que la société General Motors ait ignoré les tendances lorsque les voitures japonaises, peu coûteuses et de très bonne qualité, commencèrent à prendre des parts plus grandes du marché américain. Le problème majeur était que tous les systèmes de GM, et en particulier les systèmes de récompenses des dirigeants, étaient adaptés à la vente de grosses voitures. Ils ont donc continué à fabriquer de grosses voitures pour alimenter ce système. Ils ne se sont pas adaptés au courant et leurs systèmes existants étaient mal adaptés aux nouvelles règles du jeu, ils jouaient au golf avec des raquettes de tennis.

Rétrospectivement, les cadres supérieurs de GM racontent comment ils ont dû apprendre les dures leçons de la rivière, comment ils ont dû passer plusieurs années à reformer leurs équipes, pour pouvoir retrouver leur compétitivité et reprendre une part plus importante du marché mondial. Ils ajoutent que ceux qui veulent vraiment devenir compétitifs à long terme devront subir ces mêmes efforts douloureux pour obtenir les récompenses. Et c'est vrai. Chaque industrie, de l'acier jusqu'aux hôpitaux, doit apprendre à pêcher dans sa rivière.

Comment ? D'abord, ils ne doivent pas considérer les S durs comme des vaches sacrées. Ce sont tous des concepts sur le papier qui peuvent être changés. Ce sont des programmes. Souvent, on ne veut pas les changer parce que cela implique d'abandonner une région confortable et naviguer dans des eaux inexplorées. Mais ne pas les changer pourrait être le plus grand risque de tous.

Rien n'est fragile comme le succès

Je me souviens d'un autre axiome : « Rien n'est fragile comme le succès. » Nous pouvons résumer toute l'histoire en une simple formule : défi/réponse. La réponse réussit en relevant le défi. Dès que le courant change, le défi, l'unique réponse qui réussissait jusqu'alors, ne marche plus, elle échoue. Et rien n'échoue aussi vite que le succès. C'est incroyable, mais c'est vrai. L'historien Arnold Toynbee l'a documenté à travers l'histoire. Il a remarqué que, quand de nouveaux défis surgissent, quand le courant change, la réponse reste la même parce que les gens ne veulent pas quitter leur zone de confort. Ils ont leurs privilèges, leur style de vie et ils ne veulent pas changer, ils y sont trop attachés.

Tout comme le pêcheur chevronné observe le courant, le dirigeant professionnel considère les conditions ambiantes – la lumière, la température, l'heure, l'environnement global – avant de choisir son matériel et son appât. Mais il n'y a peut-être rien dans son panier, aucun appât ni aucune mouche appropriés au courant. Peut-être que tout son attirail est ancien, démodé. Il voit ses concurrents au loin, utilisant des lampes, de la dynamite, et il n'a rien d'autre que sa vieille canne à pêche.

J'ai vu une fois une scène fascinante sur les rives de la rivière Yellowstone. D'un côté, il y avait un jeune homme, évidemment un touriste, qui lançait énergiquement une grande variété d'appâts à partir d'un point pittoresque qui surplombait l'eau. Il n'avait aucun succès, mais l'activité même de pêcher semblait le satisfaire, jusqu'au moment où un autre homme arriva de l'autre côté de la rivière et commença à pêcher.

D'après sa casquette, son gilet et ses grandes bottes de pêche, j'ai deviné que cet homme n'était pas étranger à la rivière. Et en effet, il attrapait tant de poissons qu'il a vite été obligé de les rejeter à l'eau pour ne pas dépasser la limite légale. Il continuait de pêcher, simplement pour le sport.

Entre-temps, le pauvre touriste n'a pas eu un seul poisson bien qu'il se trouvât au même endroit, le même jour, sur la même rivière. Il s'est senti de plus en plus frustré, au point qu'il semblait prêt à se lancer à l'eau pour essayer d'attraper à la main les poissons qui le dédaignaient.

Le problème est que la plupart des débutants n'ont pas envie d'attendre pendant des années pour apprendre l'art et le métier de la pêche à la mouche, ils veulent survoler les étapes rapidement, se poster au bord de l'eau et commencer à accumuler des résultats impressionnants. Il existe même des écoles de pêche qui flattent de telles ambitions, en promettant à leurs acolytes qu'en un tournemain ils sauront tout ce qu'il faut savoir sur les différents types de lignes, d'appâts, et de mouches.

Les professionnels expérimentés, en revanche, savent qu'il n'y a tout simplement pas de raccourci pour permettre de bien faire face à toutes les situations qui peuvent se produire au bord de l'eau. L'excellence n'est pas bon marché. Il faut payer un certain prix, en termes de pratiques, de patience et de persistance, quelles que soient nos capacités naturelles. Voici le dernier conseil d'un vieux sage :

« Souvent une touche ne peut être détectée qu'en guettant un petit frémissement ou un arrêt momentané dans la dérive de la ligne. Le défaut majeur de la plupart des pêcheurs, débutants ou non, est de ferrer trop tôt et trop fort, de façon abrupte et violente, avec comme résultat de trop tendre la ligne, de la casser et perdre le poisson. Il faut laisser s'enfoncer l'hameçon doucement, et simplement soulever un peu la canne pour tendre la ligne. Gardez la pointe aiguë et, dans tous les cas, agissez en douceur. »

Il m'est arrivé de travailler avec une grande chaîne de restaurants qui voulait accorder son style de management avec la philosophie qui dit « donner à quelqu'un un poisson c'est le nourrir un jour, lui apprendre à pêcher c'est le nourrir pour toujours ».

Cette société avait des centaines de restaurants, chacun avec son propre gérant. Chacun des gérants semblait avoir la pleine autorité et la totale responsabilité de la gestion d'un restaurant, employant plusieurs personnes, mais il n'était en réalité qu'un assistant sur place, sous l'autorité d'un directeur de secteur.

Presque toutes les décisions importantes relatives à l'embauche et à la gestion étaient prises par le directeur de secteur. Chaque fois que le gérant d'un restaurant rencontrait un problème, il allait chercher son « poisson » chez le directeur. Puisque le directeur de secteur ne gérait que les quelques restaurants de son secteur et était à son tour sous la supervision d'un directeur régional, il était pris dans le piège d'un mode de gestion par crises ou par résolution de problèmes.

Cette façon d'opérer avait créé chez la majorité des employés l'image d'un seul cheminement possible de leur carrière : il fallait commencer en bas de l'échelle, devenir un jour gérant d'un restaurant, puis avancer au poste de directeur de secteur... Normalement, plus on montait dans la hiérarchie, plus on passait son temps à voyager. Et plus les managers voyageaient, plus ils avaient des problèmes de couple et de familles. Une fois arrivés en haut de l'échelle, les managers se rendaient compte que celle-ci n'était pas appuyée contre le bon mur. Ils ne prenaient pas de plaisir dans leur travail et ils n'habitaient pas là où ils auraient voulu habiter, mais tel était le prix du succès.

Les restaurants, en outre, étaient plutôt gérés sur la base des règles et procédures de l'entreprise que sur celle des besoins et désirs des clients parce que les gérants ne disposaient pas de la souplesse et de l'initiative qui les auraient encouragés à développer et à utiliser leur propre jugement, leur ingéniosité et leur créativité pour résoudre ou éviter les problèmes. La hiérarchie entière était plutôt orientée vers les méthodes que vers les résultats ou les clients, en dépit du fait que les « rapports avec les clients » étaient le thème de presque toutes les réunions des managers. Les considérations politiques internes dominaient à tel point l'esprit des dirigeants que beaucoup de leurs décisions étaient prises selon des critères politiques ou sociaux.

En dépit de tout cela, la société marchait bien face à la concurrence, mais les dirigeants à tous les niveaux étaient conscients qu'il devait exister une meilleure approche.

Après avoir discuté avec eux des problèmes, nous nous sommes mis d'accord sur le fait qu'il fallait décentraliser les opérations en faisant descendre l'autorité et la responsabilité des prises de décisions aussi bas que possible dans l'échelle et en renforçant le rôle du gérant de restaurant. Ils ont aussi reconnu qu'il fallait davantage de formation et de développement en techniques de management pour rendre la décentralisation à la fois possible et profitable.

Le processus de changement a démarré lentement et s'est poursuivi pendant plusieurs années. L'engagement renouvelé sur le rôle du gérant individuel a été communiqué non seulement par le biais du langage utilisé dans les réunions et les documents internes de la société, mais aussi par un investissement accru dans la planification, la formation et les programmes d'aide à la gestion des carrières. En outre, le système des récompenses a été ajusté afin de récompenser les managers qui formaient leurs collaborateurs à assumer plus de responsabilités.

Il est bientôt devenu apparent qu'une vraie décentralisation obligerait les managers de tous les niveaux à développer de nouvelles compétences. Lorsqu'on a supprimé des niveaux entiers de gestion et de structures, les directeurs de secteur se sont trouvés responsables d'une vingtaine de restaurants au lieu de cinq ou six, ce qui rendait impossible leur intervention quotidienne dans les décisions opérationnelles de chaque restaurant. C'était dès lors au gérant du restaurant de prendre les décisions lui-même, il avait donc besoin d'une formation, pour apprendre à décider et à assumer pleinement la gestion de son restaurant.

L'heureux effet de cette décentralisation a été de créer une nouvelle possibilité de cheminement de carrière : à côté de la montée linéaire traditionnelle, un gérant de restaurant pouvait augmenter son prestige et son statut dans la communauté et disposait de plus de motivation financière pour agrandir le restaurant et former des employés à prendre la responsabilité d'autres restaurants dans l'entreprise. Qui plus est, cette deuxième option a eu pour effet de réduire le nombre de problèmes familiaux des managers de la société.

Dans les hautes sphères, les dirigeants ne passaient plus leur temps à diriger, contrôler, motiver et évaluer des pratiques qui les avaient beaucoup occupés jusque-là. Ils consacraient en revanche leur énergie à la formation et au développement, au conseil, à apprendre à leurs managers comment aller à la pêche et arrêter de leur donner leur poisson quotidien.

Ce changement les a libérés, leur permettant ainsi de se concentrer sur la planification, l'organisation et le développement des individus, des responsabilités qui avaient été négligées pendant les années de gestion par crises.

Le bénéfice le plus important de l'effort de décentralisation a peut-être été celui de déraciner certains des dirigeants qui avaient servi précédemment comme éclaireurs et entrepreneurs, en exposant leurs méthodes, enracinées mais inefficaces, de délégation, de communication et de responsabilisation.

Quand ces pionniers se sont consacrés à d'autres activités, beaucoup de gens se demandaient quelles en seraient les conséquences. À la surprise de certains, non seulement la transition s'est effectuée sans à-coups, mais elle a créé des possibilités d'avancement, d'enthousiasme, de gratitude. En trois jours l'entreprise s'est réorganisée pour l'essentiel, et rapidement la *qualité* et la profondeur de son leadership sont devenues apparentes à tout le monde. Les personnes ont été appelées à assumer plus de responsabilités, ont été formées à l'application des bons *principes* et se sont montrées à la hauteur de la tâche.

Au niveau personnel, cependant, la transition n'a été ni simple ni facile. Elle a suscité beaucoup d'interrogations, de déracinements et de douleur à tous les niveaux. Mais, puisque tous savaient que cette solution serait la meilleure à long terme, à la fois personnellement et pour l'entreprise, et parce que les dirigeants s'étaient engagés en faveur de la stratégie, elle a bien fonctionné.

En fait, au fur et à mesure que la vision de ce que pouvait devenir la société se transmettait, presque par osmose, partout dans l'entreprise, un sentiment puissant de sa mission s'est développé. La *culture* de l'entreprise a changé quand les employés se sont mis à partager les anecdotes et leurs expériences pour confirmer cette vision.

De tels résultats sont les conséquences naturelles de la pratique de management quand on gère une entreprise selon des *principes* justes.

Note personnelle

Il n'y a pas de comportement type au travail. Il n'existe que des comportements individuels, tout le reste en découle.

Le point d'achoppement entre Sigmund Freud et Carl Jung concernait la conscience. Freud croyait que la conscience ou le surmoi était un produit social ; Jung estimait que cela faisait partie de l'inconscient collectif, transcendant la *culture*, les races, la religion, les sexes et les nationalités.

Je pense que Jung avait raison et Freud tort. Ayant aidé des milliers de personnes et d'entreprises à travers le monde à préparer des énoncés de mission et à instaurer des valeurs, j'estime qu'il y a quatre conditions pour y parvenir : 1) un nombre suffisant de personnes ; 2) la possibilité d'interagir librement ; 3) une bonne information sur la réalité des situations ; 4) une ambiance où il est possible de s'exprimer sans peur du ridicule, sans contrainte d'aucune sorte. À partir de ce moment-là, quelles que soient la nationalité, la *culture*, la religion ou la race, les valeurs et la partie cruciale d'un énoncé de mission disent la même chose, bien que ce ne soit pas toujours dans les mêmes termes.

Ghandi a insisté sur ce point : « Une personne ne peut faire le bien dans un domaine en faisant le mal dans un autre. La vie est un tout indivisible. »

La mère du pasteur John Wesley, fondateur du méthodisme, a appris à son fils : « Lorsque tu sens que quelque chose affaiblit ta raison, te prive de la sensibilité de ta conscience, obscurcit ton sentiment de Dieu, t'éloigne des choses spirituelles, tout ce qui peut augmenter l'emprise du corps sur l'esprit, tu dois considérer cette chose comme le péché, quelle que soit son apparente innocence. »

Par ailleurs, je pense que Dieu est la vraie source de l'inconscient collectif et donc l'autorité morale suprême de l'univers. La prière quotidienne et l'étude de Sa Parole forment la discipline la plus importante et la plus puissante de la vie parce qu'elle nous montre la direction du *nord magnétique* – notre destin divin.

Cela nous mène aussi sur le chemin d'une vie au service des autres et je crains que, à moins d'être suffisamment nombreux à suivre la conviction de Georges Bernard Shaw, les problèmes sociaux actuels submergent la machine économique et ne disloquent la société. Le vrai bonheur dans la vie est de servir une cause que l'on sait être de la plus haute importance.

« Être une force de la nature plutôt qu'un être égoïste et nerveux, craintif et méfiant, se plaignant sans cesse que le monde ne fait rien pour vous rendre heureux. »

« Le jour de ma mort, j'espère me sentir usé, car plus je travaille plus j'aime. Je me réjouis de la vie en tant que telle. Pour moi la vie n'est pas une bougie vite consumée, mais plutôt une torche magnifique que je tiens dans la main pour l'instant et que je veux faire briller avec le plus d'éclat possible avant de la passer aux générations futures ».

Remerciements

Même si j'assume la pleine responsabilité des idées exprimées dans ce livre (à l'exception des cinq chapitres que j'ai écrits avec mes confrères), j'exprime ici ma gratitude envers mon collègue et ami Ken Shelton, qui a permis à cet ouvrage d'exister. Pendant huit ans il a été rédacteur en chef de notre bulletin *Executive Excellence*, qui a servi de matériau de base à ce livre. Il a entendu d'innombrables discours, a réalisé de nombreux entretiens, a édité une grande quantité d'écrits et préparé la version finale de la plupart des articles réunis dans cet ouvrage, après les avoir soumis à mon approbation. Je remercie aussi Greg Link, mon ami et associé, celui qui fait que « les choses se réalisent » et mon associé si présent et si stimulant, sans oublier le soutien et l'expérience professionnelle de Bob Asahina, vice-président et directeur de la rédaction de la division Summit des Éditions Simon & Schuster. Ils ont tous contribué à l'élaboration et à la rédaction de ce livre.

Ce travail est le fruit de la synergie interdépendante axée sur les *principes*, de mes soixante-dix collaborateurs au Covey Leadership Center, en y ajoutant nos clients et fournisseurs. Leur engagement envers notre mission, pour une vie axée sur les *principes*, leur *qualité* et leur excellence est pour moi une perpétuelle source d'inspiration, d'apprentissage et d'amélioration. Qu'ils trouvent ici l'expression de ma profonde admiration et de ma gratitude pour leur immense contribution au progrès de l'humanité.

Je remercie en particulier les personnes qui ont directement contribué à ce livre.

Le Dr Blaine Lee pour le chapitre intitulé « Le pouvoir axé sur les *principes* » et surtout pour son amitié et sa fructueuse collaboration à notre entreprise et au service de nos clients.

À Roger Merril pour le chapitre « Contrôle par l'entreprise ou autosupervision » ainsi que pour son amitié et ses précieuses capacités synergiques.

Keith Gulledge pour les chapitres « Le leadership de la *qualité totale* » et « Les Sept Habitudes et les *Quatorze Points* de Deming », pour sa soif de connaissances et son attention précise et pointilleuse.

Chuck Farnsworth pour le chapitre « L'environnement éducatif axé sur les *principes* », son dévouement passionné. Sans oublier celui de mon frère John Covey qui met la même passion à enseigner le leadership axé sur les *principes* aux générations futures à travers nos formateurs, nos étudiants et leurs parents.

Robert Thele pour son amitié et son excellente gestion de l'entreprise qui nous permet de dégager la marge dont nous avons tant besoin pour développer notre mission ; mes assistants Marilyn Andrews et Boyd Craig pour leur aide permanente et incessante, et enfin mon cher fils Stephen, pour son soutien énergique et parce qu'il fait ce qu'il dit.

Bienêtre

9341

Composition Nord Compo
Achevé d'imprimer en Slovaquie
par Novoprint
le 1er août 2010.
Dépôt légal : août 2010. EAN 9782290025796

Éditions J'ai lu
87, quai Panhard-et-Levassor, 75013 Paris
Diffusion France et étranger : Flammarion